il potere c

SUC

di frutta

Michael T. Murray, medico naturopata, è membro del Consiglio di Facoltà della Bastyr University di Seattle, Washington. Considerato una delle massime autorità nel campo della medicina naturale, da trentacinque anni si dedica allo studio dei benefici per la salute di una corretta alimentazione. È autore di oltre trenta libri tradotti in tutto il mondo, tra cui *Il potere curativo dei cibi*, pubblicato in Italia da red!.

www.rededizioni.it

Traduzione di Monica Berno dall'originale americano *The complete book of juicing. Revised and updated*, Clarkson Potter Publishers, New York

Illustrazioni (nell'ordine in cui compaiono a partire da pagina 69) da thenounproject.com: "Thumbs up" by Milky; "Find" by Aya Sofya; "Basket" by Ranjit Kumar; "Knife" by Gregory Sujkowski; "Blender" by Tomas Knopp

Stampa: LEGO Spa, Lavis (TN)

red! è un marchio Il Castello Srl
Via Milano 73/75 - 20010 Cornaredo (MI)
Tel 02 99762433 - Fax 02 99762445
www.ilcastelloeditore.it

Michael T. Murray

il potere curativo dei SUCCHI di frutta e verdura

red!

Ringrazio in modo particolare mia moglie, Gina,
non solo per l'incredibile influenza che ha avuto nella mia vita,
ma anche perché è una persona veramente meravigliosa.
Ai miei bambini, Lexi, Zach e Addison, grazie per essere
incredibilmente splendidi e per insegnarmi sempre tante cose sulla vita.
Sono fortunato.

Prefazione alla nuova edizione

Il dottor Michael Murray è la prima persona che chiamo quando ho delle domande che riguardano la salute o la nutrizione. È uno dei medici più noti e apprezzati negli Stati Uniti. Lo conosco da 22 anni. Lavorava nel Comitato Consultivo Nutrizionale della mia azienda, la Trillium Health Products, già all'inizio degli anni Novanta. Il nostro compito a quei tempi era semplice: educare le persone ad aver cura della propria salute e a nutrirsi in modo appropriato e fornire loro dei prodotti di qualità e dei programmi adatti a condurre uno stile di vita salutare. Insieme a Jay Kordich ci occupavamo di promuovere il consumo dei succhi di frutta e verdura freschi, grazie alle nostre pubblicità informative, alle centrifughe e al materiale educativo. Insieme abbiamo fatto conoscere i benefici dei succhi a milioni di persone.

Educare la gente a uno stile di vita sano è ancora oggi una causa cui tengo molto. Viaggiando per conferenze e consulenze negli Stati Uniti, incontro sempre più persone debilitate e senza energia che mi chiedono cosa possono fare per tornare a sentirsi di nuovo in forma. Il mio consiglio è sempre lo stesso: iniziate a bere succhi e leggete Il potere curativo dei succhi di frutta e verdura *di Michael Murray. Questa edizione aggiornata del libro è stata rivista con le più recenti informazioni nutrizionali disponibili al momento.*

Oggi si cominciano a vedere gli effetti a lungo termine di quello che abbiamo cominciato a insegnare più di vent'anni fa, con il supporto della comunità medica e scientifica. La frutta e la verdura fresche come parte di una dieta a basso contenuto di grassi e alto contenuto di fibra concorrono a garantire uno stato di salute generale e a prevenire le malattie.

Numerose autorevoli associazioni americane, come l'American Cancer Society, l'American Institute for Cancer Research, lo U.S. Surgeon General's Office e l'American Heart Association, concordano sul fatto che molte malat-

tie connesse all'alimentazione si potrebbero prevenire se la qualità delle nostre scelte alimentari migliorasse.

La salute ci dà una libertà che pochi apprezzano fino a quando non ci si ammala. Attualmente stiamo vivendo una solenne crisi della salute. Infarto, ictus e cancro sono le piaghe delle società occidentali. L'obesità infantile e il diabete giovanile hanno raggiunto picchi senza precedenti. I medici affermano che in America, per la prima volta nella storia, questa generazione di bambini potrebbe non sopravvivere ai propri genitori. Ma c'è una speranza. Gli esperti della salute pubblica sostengono che più del 75% di questi risultati possono essere significativamente ridotti migliorando la qualità di ciò che mangiamo, e una delle cose migliori da fare è aumentare la quota di frutta e verdura crude.

I succhi di frutta e verdura hanno cambiato la mia vita e quella di tantissime persone. Ho 58 anni, mi alleno 5 giorni la settimana, mi sento bene, sto bene e – se Dio vorrà – vivrò a lungo e in salute; i succhi sono una parte importante della mia vita. Negli ultimi vent'anni, ho ricevuto e-mail e chiamate da malati di tumore in stadio terminale o di pazienti con altre malattie debilitanti, cui non era stata data alcuna speranza di vita, che avevano iniziato a bere succhi di frutta e verdura facendo diventare questa abitudine una parte del loro stile di vita salutare e che oggi sono ancora qui. Sono in grado di riferire numerosi casi di perdita di peso, aumento dell'energia e della lucidità mentale, recupero della salute, diminuzione dell'uso di medicinali, riduzione del dolore e tanto altro ancora.

Michael Murray ha raccolto un gran numero di informazioni da molte autorevoli fonti scientifiche. La sua instancabile ricerca ed esperienza con i malati dimostra che un approccio preventivo alla cura della propria salute – usando la nutrizione come base – è il modo migliore per raggiungere un benessere ottimale. I suoi consigli sono clinicamente rilevanti e sempre scientificamente provati. Le informazioni che condivide in questo libro, illuminanti e affascinanti, sono esattamente ciò di cui abbiamo bisogno per vivere una vita in salute e sana dal punto di vista nutrizionale.

Con salute e vitalità
STEVEN CESARI
Presidente e ad Vital Visions Inc.

Prefazione alla prima edizione

Per più di sessant'anni ho reso pubblica e condiviso la mia personale passione per i succhi di frutta e verdura freschi. Il messaggio che ho sempre cercato di diffondere è che la dieta è una parte fondamentale della salute e che, riducendo il consumo di carne e latticini e aumentando quello di frutta e verdura fresca, cereali e legumi, è possibile prevenire le malattie legate all'alimentazione. Spremere frutta e verdura è un'ottima risorsa per aggiungere questi alimenti alla dieta, e inoltre è una cosa facile e piacevole da fare. Io sono la prova vivente di come una buona dieta ripaghi con una buona salute. Ho quasi 90 anni e non mi sono mai sentito meglio.

Questo libro di Michael Murray non si limita a esporre genericamente i tanti benefici dei succhi, ma offre invece uno sguardo approfondito e documentato sull'aspetto scientifico di questo fenomeno. Il volume è un "must" per chiunque sia interessato alla capacità dei succhi di migliorare concretamente la qualità della nostra vita.

Ai tempi in cui iniziai a promuovere il mio messaggio, ero una delle pochissime persone a sostenere come l'inclusione nella dieta di maggiori quantitativi di frutta e verdura fresche aiutasse a prevenire le malattie legate all'alimentazione e l'invecchiamento precoce. Oggi i medici e i professionisti della salute accettano e condividono quello che ho sostenuto da sempre: la frutta e la verdura fresche, se parte di una dieta povera di grassi e ricca di fibre, concorrono a promuovere la salute e a prevenire molte malattie. Nello specifico l'American Cancer Society, l'American Institute for Cancer Research, il dottor Dean Ornish, specialista in malattie cardiache dell'U.S. Surgeon General's Office, l'American Heart Association e molti altri enti sono concordi nell'affermare che diverse malattie legate all'alimentazione potrebbero essere evitate se migliorassimo la qualità della nostra dieta. Numerosi studi scientifici dimostrano che il cancro, le malattie cardiache, l'artrite, il diabete e l'ictus si potrebbero prevenire o potrebbero diminuire se alcune componenti che si trovano nella dieta a base vegetale (frutta, verdura, cereali e legumi) venissero consumate regolarmente.

Michael Murray ha raccolto al riguardo moltissime informazioni basate su prove scientifiche. La sua ricerca senza sosta e la sua esperienza pratica di lavoro con i malati sono la prova di come un approccio alla salute basato sulla nutrizione sia la via per raggiungere il benessere ottimale. I suoi consigli hanno una rilevanza clinica e sono provati scientificamente. I dati che fornisce supportano senza ombra di dubbio quello che ho affermato per tutta la vita: aumentare il consumo di frutta e verdura fresche nell'alimentazione quotidiana è una delle cose più importanti che si possa fare per il nostro corpo, e bere i succhi freschi è uno dei modi più semplici per farlo.

Michael Murray aggiunge questo nuovo libro alla sua impressionante collezione di pubblicazioni dedicate alla salute e alla nutrizione.

Vostro in salute
JAY KORDICH*

*Jay Kordich, più noto col nome di *Juiceman*, è molto famoso negli Stati Uniti per aver promosso da varie reti televisive il consumo dei succhi freschi di frutta e di verdura e per aver insegnato tantissime ricette di bevande. Scioccato da una diagnosi di cancro a vent'anni, quando era un giovane e promettente atleta del calcio americano, smise immediatamente di consumare cibo cotto e andò avanti per trent'anni, in piena salute, bevendo ogni giorno tredici bicchieri di succhi freschi e rivitalizzanti, più qualche piatto di verdure, soprattutto crude.

Introduzione

Il termine "salute" è difficile da definire: molte spiegazioni pongono inutili vincoli al suo significato. A me piace il modo in cui l'Organizzazione Mondiale della Sanità definisce la salute come "uno stato di completo benessere fisico, mentale e sociale, non la semplice assenza di malattia o infermità". Questa definizione va ben oltre l'assenza della malattia. La mia vita e questo libro vogliono aiutare le persone a raggiungere un livello di salute molto più elevato.

Molte delle nostre pratiche salutiste e dei nostri stili di vita si basano su consuetudini e campagne pubblicitarie. Tempo, energia e denaro sono spesi seguendo un marketing che ci porta verso cattive abitudini. I mass media ci bombardano continuamente con messaggi che promuovono scelte non salutari. Inoltre, usanze e stile di vita dei nostri genitori, di solito, si intrecciano nel tessuto dei nostri stili di vita. Non c'è da stupirsi quindi se molti occidentali vivono sullo scalino più basso della sequenza della salute.

Il primo passo per raggiungere e mantenere il benessere è assumersi le proprie responsabilità. In questo contesto, responsabilità significa scegliere un'alternativa salutare rispetto a una opzione meno salubre. Se volete essere in buona salute, dovete fare scelte salutari. Tutto questo può sembrare troppo semplicistico, ma se analizziamo gli effetti cumulativi delle nostre scelte quotidiane rispetto agli atteggiamenti, la dieta, lo stile di vita e l'esercizio fisico, è piuttosto evidente che di fatto siamo noi che controlliamo il livello di benessere che vivremo. La ricompensa per la maggior parte delle persone che mantengono un atteggiamento mentale positivo, seguono una dieta sana, praticano dell'esercizio fisico regolarmente, è una vita piena di energia, gioia, vitalità.

Spesso è difficile "vendere" la salute alla gente. Di solito non accade fino a quando in qualche modo il nostro corpo ci abbandona e allora ci rendiamo conto che non ci siamo presi cura di lui.

Il filosofo e scrittore americano Ralph Waldo Emerson affermò: "La prima ricchezza è la salute". Vi esorto ad agire ora.

Perché i succhi?

La qualità della vita ha inizio con la qualità degli alimenti che consumiamo e che ci sostengono. La via più sicura verso salute ed energia, ossa forti e pelle luminosa, comincia con una dieta ricca di cibi naturali, quali cereali integrali, legumi, frutta e verdura. Lungo questo percorso verso la salute sono particolarmente importanti i succhi di frutta e verdura freschi che, in una sola dose, forniscono proteine vitali, carboidrati, acidi grassi essenziali, vitamine, minerali e altri nutrienti essenziali per una buona salute.

Autorevoli enti, associazioni e ricercatori che a vario titolo si occupano di salute concordano ormai da tempo sul fatto che frutta e verdura fresche sono l'elemento fondante di una buona alimentazione.

Spremere succhi di frutta e verdura è il modo più veloce ed efficiente che esista per aumentare l'assunzione di questi alimenti vitali, in quanto fornisce tutti i vantaggi nutritivi del cibo vegetale in una forma concentrata facilmente assorbita dal corpo.

Ottenere una maggiore energia, rafforzare il sistema immunitario, ridurre il rischio di ammalarsi, avere ossa forti e pelle luminosa sono la prova di un'ottima salute, e sono vantaggi a portata di tutti se i succhi di frutta e verdura freschi assumono un ruolo chiave nella dieta quotidiana.

Le abitudini alimentari occidentali delle "società del benessere"

La dieta americana standard non include livelli adeguati di frutta e verdura, e lo stesso si può dire, purtroppo, per i regimi dietetici adottati nella maggior parte delle "società del benessere" occidentali. Secondo il National Health e le ricerche della Nutrition Examination condotte dall'U.S. National

Health Institution (Istituto Superiore di Sanità), nel corso degli ultimi 20 anni meno del 10% degli americani ha seguito la raccomandazione di consumare ogni giorno almeno 2 porzioni di frutta e 3 di verdura; infatti, il numero medio di porzioni giornaliere di verdure consumate da americani adulti è dello 0,3. Invece di nutrirsi con alimenti ricchi di sostanze nutrienti vitali, la maggior parte degli americani si concentra su cibi raffinati ad alto contenuto di calorie, zuccheri, grassi e colesterolo, si riempie di cheeseburger, patatine fritte, gelato e dolci e innaffia il tutto con bevande colorate artificialmente e dal sapore di frutta o cola.

È provato che un numero sempre crescente di additivi alimentari (come i conservanti, i coloranti, gli insaporitori e gli acidificanti) è estremamente dannoso per la salute. Molti sono stati messi al bando perché causavano il cancro, mentre tanti additivi alimentari sintetici ancora in uso sono connessi allo sviluppo di malattie come depressione, asma e altre allergie, iperattività e difficoltà di apprendimento nei bambini, ed emicrania. Gli additivi alimentari sintetici devono essere eliminati. È triste costatare che nella dieta americana standard le sigarette sono il primo coadiutore alla morte prematura e che 8 su 10 americani con più di 25 anni sono sovrappeso o obesi. La dieta e l'obesità contribuiscono alle malattie cardiache, ai tumori, agli ictus, al diabete e praticamente a ogni altra malattia importante che affligge la nostra società. C'è poco da stupirsi considerando quello che mangiamo!

Sulla base di dettagliate indagini sulla salute e la nutrizione, è stato stimato che, in un anno, l'americano medio consuma 45 kg di zucchero raffinato e 25 kg di grassi e oli in forma di:

- 300 bottiglie di bevande zuccherate
- 8 kg di caramelle
- 2,3 kg di patate fritte
- 3 kg di patatine in sacchetto, popcorn e bretzel
- 63 dozzine di ciambelle e paste
- 22,5 kg di torte e biscotti
- 75,5 kg di gelato

A questi dati aggiungiamo che un terzo della popolazione adulta fuma e almeno il 10% è alcolista. E che dire degli effetti sulla salute di più di 1,8 miliardi di kg di additivi, pesticidi ed erbicidi che consumiamo inconsapevolmente ogni anno insieme al cibo?

Non c'è da meravigliarsi se nel 2012 gli Stati Uniti, secondo l'Organizzazione Mondiale della Sanità e il Dipartimento per gli Affari Economici e Sociali delle Nazioni Unite, si sono classificati all'ultimo posto per quanto riguarda la speranza di vita rispetto ad altri 39 Paesi industrializzati, nonostante sia lo stato al mondo che spende di più per l'assistenza sanitaria.

Gli antiossidanti e la battaglia contro i radicali liberi

In questo libro si parla dei tanti straordinari benefici che derivano dal consumo di frutta e verdura freschi, ma forse il vantaggio più importante è dato dal fatto che essi forniscono elevati livelli di composti vegetali naturali noti come antiossidanti, capaci di proteggere il corpo da invecchiamento, tumori, malattie cardiache e molti altri disturbi degenerativi. Le cellule del corpo umano sono costantemente sotto attacco. I colpevoli? Elementi conosciuti come radicali liberi e pro-ossidanti. Un radicale libero è un'entità molecolare che contiene un elettrone spaiato altamente reattivo. Un pro-ossidante è una molecola che induce stress ossidativo. Queste molecole altamente reattive si legano e distruggono altri componenti cellulari. Il danno dei radicali liberi è una causa dell'invecchiamento ed è anche collegato allo sviluppo dei tumori, delle malattie cardiache, della cataratta, del morbo di Alzheimer e, tra gli altri, dell'artrite.

Di fatto la maggior parte dei radicali liberi che "sfreccia" nel nostro organismo è prodotta nel corso di normali e necessari processi metabolici, come la produzione di energia, le reazioni di disintossicazione e i meccanismi di difesa immunitaria. La principale fonte dei danni dei radicali liberi nel corpo è la molecola di ossigeno, la stessa molecola che ci dà la vita! Proprio come l'ossigeno arrugginisce il ferro, così le molecole di ossigeno tossiche creano radicali liberi o danni ossidativi quando viene loro concesso di attaccare le cellule.

La produzione del corpo di radicali liberi è rilevante, ma anche l'ambiente contribuisce notevolmente alla quantità di radicali liberi presenti nell'organismo. Per esempio, il fumo di sigaretta aumenta molto la quantità individuale di radicali liberi. Molti degli effetti nocivi del fumo sono correlati ai livelli estremamente elevati di radicali liberi che vengono inalati, riducendo i nutrienti antiossidanti determinanti come la vitamina C e il beta-carotene. Altre fonti esterne di radicali liberi annoverano le radiazioni ionizzanti, i farmaci chemioterapici, gli inquinanti atmosferici, i pesticidi, gli anestetici, gli idrocarburi aromatici, i cibi fritti, i solventi, l'alcol e la formaldeide: questi composti accentuano moltissimo i meccanismi antiossidanti dell'organismo. Le persone esposte a questi fattori ambientali hanno bisogno di un ulteriore supporto nutrizionale che i succhi freschi sono in grado di fornire.

Grazie all'aiuto degli antiossidanti e degli enzimi che troviamo negli alimenti vegetali che consumiamo – tra cui caroteni, flavonoidi, vitamine C ed E, composti contenenti zolfo e molti altri fitochimici – le nostre cellule possono proteggersi dai danni dei radicali liberi e ossidativi. I radicali liberi vengono trasformati dagli enzimi o neutralizzati chimicamente, prima di reagire con le molecole cellulari. Esempi di detossificazione del corpo sono la catalasi, la superossidodismutasi, la glutatione perossidasi. Non è stato dimostrato che l'assunzione di enzimi per via orale possa aumentare la presenza degli stessi nei tessuti cellulari, tuttavia, l'ingestione di nutrienti antiossidanti come manganese, amminoacidi contenenti zolfo, caroteni, flavonoidi e vitamina C ha dimostrato di aumentare le concentrazioni di enzimi tissutali.

Un altro modo in cui la cellula può proteggersi dai radicali liberi o dal danno ossidativo è legandosi all'antiossidante o neutralizzando il radicale libero o il pro-ossidante. Gli antiossidanti nella dieta bloccano il danno ossidativo reagendo chimicamente con il radicale libero o il pro-ossidante per neutralizzarlo. Nutrirsi di succhi freschi può aumentare la concentrazione tissutale di antiossidanti fitochimici, aiutando i normali meccanismi protettivi e bloccando i danni ossidativi dei radicali liberi alle cellule umane.

Il ruolo della dieta nella prevenzione della malattia

Un ampio corpo di ricerche ha stabilito in modo inequivocabile il legame tra la dieta americana standard e lo sviluppo delle principali "malattie della civilizzazione" come le malattie cardiache, i tumori, l'ictus, l'ipertensione, il diabete, i calcoli biliari, l'artrite e molte altre. Allo stesso modo, una delle migliori scelte che possiamo fare per prevenire praticamente ogni malattia cronica è adottare una dieta ricca di frutta e verdura di diversi colori. Le prove a sostegno di questa raccomandazione sono talmente evidenti da essere state supportate dalle agenzie sanitarie governative americane e praticamente da ogni grande organizzazione medica, inclusa la American Cancer Society.

Frutta e verdura sono così importanti nella lotta contro i tumori da portare alcuni esperti a ritenere che il cancro sia il risultato di un disadattamento nel tempo a un livello ridotto di assunzione di frutta e verdura. Uno studio pubblicato sulla rivista medica "Cancer Causes and Control" dichiara che "ortaggi e frutta contengono il cocktail antitumorale a cui ci siamo adattati. Noi lo abbandoniamo a nostro rischio e pericolo".[1]

Un grande numero di sostanze che si trovano in frutta e verdura sono note perché proteggono dai tumori e sono indicate collettivamente come "agenti chemio preventivi", ma sono meglio conosciute come fitochimici. I fitochimici comprendono pigmenti come caroteni, clorofilla e flavonoidi, fibra alimentare, enzimi, composti simili a vitamine e altri costituenti dietetici minori. Anche se lavorano in armonia con antiossidanti nutrizionali come la vitamina C, la vitamina E e il selenio, i fitochimici esercitano una protezione di gran lunga maggiore contro i tumori, rispetto a questi semplici nutrienti.

Tra i più importanti gruppi di sostanze fitochimiche si trovano pigmenti come clorofilla, caroteni e flavonoidi, responsabili dei colori di molti frutti e verdure. Una delle mie raccomandazioni dietetiche principali è di seguire una dieta "arcobaleno", focalizzandosi sul colore di frutta e verdura (vedi la tabella 1). Il consumo regolare dello spettro completo di frutta e verdura – rosso, arancione, giallo, verde, blu, viola – fornisce al corpo il contingente completo di pigmenti con effetti antiossidanti potenti, così come le sostanze nutritive di cui ha bisogno per funzionare in modo ottimale e proteggersi dalle malattie. I succhi di frutta e verdura sono un ottimo modo per colorare la vostra dieta con questi alimenti che danno la vita.

Bere almeno 200-500 ml di succo ogni giorno è semplice, potete sostituire il caffè del mattino con un succo; se lavorate lontano da casa, fatevi il succo e portatevelo in ufficio in un thermos. Bere un succo a metà mattina e a metà pomeriggio è un modo sano per mantenere elevato il livello di energia. Cominciate il pranzo e la cena bevendo un'Insalata nel bicchiere (pagina 190), non appena inizierete a sperimentare alcuni dei benefici dei succhi freschi, inserire frutta e verdura nella vostra routine quotidiana diventerà naturale.

Tabella 1. Assortimento "arcobaleno"

Rosso	Anguria Ciliegie Fragole Lamponi	Mirtilli Peperoni (rossi) Pomodori Pompelmo (rosa)	Prugne (rosse) Ravanelli Mele (rosse) Uva (rossa)
Arancione	Albicocche Arance Carote Igname	Mango Melone Papaia Patate dolci	Peperoni (arancioni) Zucca Zucca Butternut
Giallo e verde chiaro	Ananas Avocado Banana Cavolfiore Cavolo Cipolle	Finocchio Kiwi Lattuga Lime Limoni Mele (verdi o gialle)	Pak Choi Peperoni (gialli) Pere (verdi o gialle) Sedano Zucca (gialla) Zucchine (gialle)
Verde scuro	Asparagi Bietole Broccoli Carciofi Cavolini di Bruxelles Cavolo riccio	Cavolo riccio Cetrioli Cime di rapa Fagioli verdi Lattuga (verde scuro) Melone verde	Peperoni (verdi) Piselli Porri Senape indiana Spinaci Uva (verde)
Blu/viola	Barbabietole Cavolo (viola) Ciliegie Cipolle (rosso)	Melanzana Mirtilli More Pere (rosso)	Prugne (viola) Ravanelli Ribes Uva (viola)

Succhi freschi contro frutta e verdura interi

Potreste chiedere: "Perché i succhi? Non dovremmo mangiare frutta e verdura per la loro fibra?". La risposta è che, certo si deve fare, ma i succhi arrivano all'organismo più velocemente. Frutta e verdura spremute fresche forniscono fibra, in particolare fibra solubile che, è stato dimostrato, abbassa i livelli di colesterolo. Pensateci: la fibra è materiale indigeribile, ma ciò che è importante per una adeguata funzione dell'intestino è il succo della pianta che, in ultima analisi, contiene i nutrienti che... ci nutrono.

Il nostro organismo converte il cibo che mangiamo in succhi per poterlo assorbire, per questo i succhi di fatto risparmiano l'energia del corpo con conseguente aumento dei livelli energetici. I succhi aiutano anche i processi digestivi, consentono un assorbimento rapido di nutrienti di alta qualità e forniscono i massimi benefici nutrizionali di frutta e verdura nel modo più semplice e più digeribile.

Succhi freschi contro succhi in scatola, in bottiglia o surgelati

Il succo fresco non solo contiene maggiori valori nutrizionali rispetto al suo corrispondente in scatola, in bottiglia o congelato, ma conserva anche enzimi e altri ingredienti "vivi". Al contrario, i succhi in scatola, in bottiglia e confezionati sono stati pastorizzati per poter restare a lungo sugli scaffali e hanno perso quelle vitamine e minerali che li identificavano, così come altri componenti non ancora studiati in modo approfondito.

Un gruppo di ricercatori della Health Canada ha sviluppato uno studio scientifico per comparare l'attività antivirale del succo di mela fresco con quello del succo di mela conservato (dal concentrato al sidro al vino di mela).[2] L'attività antivirale più potente è risultata quella del succo di mela fresco. Perché? I succhi di mela commerciali sono prodotti con metodi, come la pastorizzazione, che distruggono gli enzimi e alterano molti elementi importanti; in questo modo si perde anche gran parte dell'attività antivirale. I composti responsabili dell'attività antivirale del succo di mela fresco

Tabella 2. Concentrazione di flavonoidi nel succo di mela fresco e confezionato

FLAVONOIDI	SUCCO FRESCO (mg/l)	SUCCO CONFEZIONATO (mg/l)
Acidi idrossicinnamici	57-593	69-259
Flava-3-ol/ proantocianidine	50-393	14-124
Flavonoli	0,4-27	4-14
Diidrocalcone	10-171	9-87
Flavonoidi totali	154-970	110-459

Fonte: C. Gerhauser, "Cancer Chemopreventive Potential of Apples, Apple Juice, and Apple Components", *Planta Medica* 74 (2008): 1608-24.

sono numerose molecole flavonoidi. Nel capitolo "Che cosa c'è nei succhi? I fitochimici" si parlerà diffusamente di questi composti, qui il punto è che i flavonoidi sono stati trovati in alte quantità nel succo di mela fresco e non in quello confezionato (vedi la tabella 2).

Il succo di mela fresco contiene anche acido ellagico, un composto che esercita potenti proprietà antitumorali e antiossidanti[3], mentre il succo di mela confezionato è stato cotto e privato di questo fattore naturale arricchente. L'acido ellagico protegge dai danni ai cromosomi, mentre blocca l'azione cancerogena di molti inquinanti, quali gli idrocarburi policiclici aromatici presenti nel fumo di sigaretta e le sostanze chimiche tossiche come il benzopirene. L'acido ellagico non viene distrutto dal congelamento o dalla liofilizzazione, ma può essere distrutto dal calore. Mentre le mele intere fresche e il succo di mela fresco contengono da 100 a 130 mg di acido ellagico per 100 g, la quantità trovata nei prodotti cotti o conservati è pari a zero.[4] I flavonoidi e l'acido ellagico sono eccezionalmente alti in molte bacche, in particolare in lamponi e more che racchiudono fino a 1,5 mg di acido ellagico per grammo. I livelli rilevati nelle bacche sono circa 5-6 volte più alti di quelli presenti in altri alimenti.[5] Ma, anche in questo caso, i dati si applicano solo alla frutta fresca e ai succhi.

Un altro esempio dell'impatto che ha la freschezza dell'alimento sul valore nutrizionale si ottiene osservando il glutatione, una piccola proteina composta da tre amminoacidi creati nelle nostre cellule, che aiuta nella disintossicazione dai metalli pesanti quali il piombo e nell'eliminazione di pesticidi e solventi. La domanda di glutatione da parte del nostro corpo è proporzionale alla quantità di frutta e verdura fresche che consumiamo. Se frutta e verdura fresche ci consentono di fare il pieno di glutatione, gli alimenti trasformati non lo fanno (vedi la tabella 3).[6] Per ottenere il massimo beneficio dal cibo, dovremmo consumarlo nelle sue forme più fresche.

Nella moderna trasformazione di un frutto come l'arancia, si assiste a una perdita del valore nutrizionale a ogni fase. Per esempio, il contenuto di vitamina C nel succo d'arancia pastorizzato è estremamente incerto, così come nella maggior parte dei succhi elaborati, e la qualità nutrizionale complessiva è sostanzialmente inferiore rispetto a quella del succo fresco. Questo si verifica in particolare nei succhi conservati in contenitori di cartone rivestiti con cera o polietilene. Questi prodotti perdono fino al 75% del loro contenuto di vitamina C in tre settimane.[7] Il succo congelato non è migliore e le bevande color arancione non contengono vitamina C, a meno che non sia aggiunta.

Tutto ciò evidenzia come nelle ultime fasi che vi ho descritto non si assiste solo a una diminuzione del valore nutrizionale, ma anche a un aumento del numero degli additivi sintetici.

L'evoluzione moderna dell'arancia

Cruda, arance intere o succo d'arancia appena spremuto

⇩

Succo d'arancia raffinato, trasformato (pastorizzato) non zuccherato

⇩

Succo d'arancia raffinato, trasformato, zuccherato o concentrato

⇩

Succo d'arancia raffinato, altamente trasformato, zuccherato, colorato artificialmente e insaporito all'arancia

⇩

Prodotti completamente trasformati (come l'aranciata)

Tabella 3. Confronto tra la quantità di glutatione presente nel succo fresco e imbottigliato

ALIMENTO	GLUTATIONE (mg/100 mg peso a secco)	
	Fresco	Imbottigliato o in brick
Carote	74,6	0,0
Mele	21,0	0,0
Pomodori	169,0	0,0
Pompelmo	70,6	0,0
Spinaci	166,0	27,1

Fonte: D.P. Jones, R.J. Coates, E.W. Flagg et al., "Glutathione in Foods Listed in the National Cancer Institutes Health Habits and History Food Frequency Questionnaire", *Nutrition and Cancer* 17 (1995): 57-75.

Succhi freschi contro alimenti trasformati

Il miglior modo per ridurre l'esposizione a conservanti e altri additivi sintetici è consumare il più possibile prodotti freschi e naturali. Spremere frutta e verdura fresche non è solo un ottimo modo per aumentare l'assunzione di importanti componenti nutrizionali, ma serve anche per evitare di ingerire gran parte di additivi e conservanti nocivi. Questo è valido, in particolare, se spremete solo alimenti biologici.

Cucinare: "fatto in casa" non sempre significa "sano"

Anche se in modo meno spietato dei metodi di trasformazione commerciali, le preparazioni e le cotture casalinghe comportano una perdita di nutrienti nella frutta e nella verdura. Per esempio, durante la cottura le verdure a foglia perdono fino all'87% del loro contenuto di vitamina C, mentre carote, patate e altri tuberi perdono fino al 33% di vitamina B_1, il 45% di B_2, il 61% di B_3, e il 76% di vitamina C. Tuttavia, la cottura non è l'unico modo per

Che parte si consuma dell'ortaggio?

Gli ortaggi non sono tutti ugali: secondo la tipologia, la parte edibile della della pianta può differire. Di alcune specie si consumano i bulbi (è il caso di aglio e cipolla, per esempio), a volte invece i fiori (broccoli e cavolfiore), i frutti (zucche e pomodori), le foglie (spinaci e lattuga), le radici (carote e barbabietole), i semi (legumi, piselli e mais), i gambi (sedano), gli steli (asparagi) o i tuberi (patate e patate dolci).

far perdere il valore nutrizionale a frutta e verdura: l'esposizione all'ossigeno può essere altrettanto dannosa. Una fetta di melone lasciata scoperta in frigorifero perderà il 35% del suo contenuto di vitamina C in 24 ore. I cetrioli affettati freschi, se lasciati nel piatto, perdono tra il 41 e il 49% del loro contenuto di vitamina C in sole tre ore.[8]

Da queste informazioni si può concludere che è meglio bere il succo fresco appena viene preparato. Se non è possibile, il succo deve essere conservato in un thermos o in un contenitore ermetico in frigorifero.

Succhi, obesità e pressione alta

Molti occidentali sono sovralimentati ma denutriti. Si stima che fino all'80% della popolazione americana adulta sia sovrappeso. I succhi possono aiutare a regolare il controllo dell'appetito, fornendo al corpo i nutrienti di alta qualità di cui ha bisogno. Questo è sempre importante, ma lo è in modo particolare durante il dimagrimento. Se il corpo non è alimentato, pensa di morire di fame e il metabolismo rallenta, ciò significa che viene bruciato meno grasso.

Le diete che prevedono il consumo di un'alta percentuale (fino al 60% delle calorie) di alimenti crudi registrano un'importante perdita di peso e un abbassamento della pressione sanguigna nelle persone sovrappeso.[9] Le diete crudiste producono questi effetti attraverso le modalità descritte di seguito.

- Una dieta crudista fornisce alti livelli nutritivi. La cottura può causare la perdita fino al 97% di acqua solubile, vitamine (vitamine del gruppo B e C) e fino al 40% di vitamine liposolubili (A, D, E e K). Dal momento che gli alimenti non cotti, come i succhi, contengono più vitamine e altre sostanze nutritive, essi possono contribuire ad aumentare la sensazione di sazietà rispetto a una dieta a ridotto apporto calorico.
- L'abbassamento della pressione sanguigna dovuta all'assunzione di cibi crudi è, probabilmente, legata alle scelte più sane di alimenti, fibre e potassio. Quando i pazienti passano da una dieta crudista a una dieta di alimenti cotti (senza cambiare l'apporto calorico e il contenuto di sodio), si assiste a un rapido aumento della pressione arteriosa che torna ai livelli pre-studio.
- Una dieta in cui una media del 60% delle calorie ingerite proviene da cibi crudi riduce lo stress sull'organismo. Nello specifico, la presenza di enzimi negli alimenti crudi, l'allergenicità ridotta dei cibi crudi e il loro effetto sulla flora batterica intestinale aiutano la digestione rispetto a una dieta centrata sui cibi cotti.

L'utilizzo di succhi di frutta e verdura freschi è un modo fenomenale per raggiungere l'obiettivo di ingerire il 60% del totale delle calorie da alimenti crudi. I succhi aiutano il processo digestivo del corpo e consentono un rapido assorbimento di nutrienti di alta qualità. Il risultato: aumento dei livelli di energia. Questo è uno dei più grandi vantaggi di utilizzo di succhi freschi in un piano di dimagrimento controllato.

Alcuni succhi sono migliori di altri nel promuovere la perdita di peso. I più efficaci sono quelli ricchi di nutrienti, ma con poche calorie. Di seguito un elenco, in ordine decrescente, di frutta e verdura tra i più nutrienti adatti alla spremitura:

- **Peperoni**
- **Prezzemolo**
- **Cavolo riccio**
- **Broccoli**
- **Spinaci**
- **Sedano**
- **Cavolini di Bruxelles**
- **Cavolfiore**
- Carote
- Cavolo
- Barbabietole
- Ananas
- Melone
- Anguria
- Pomodori
- Mele

- Fragole
- Pere
- Arance
- Uva

Gli otto ortaggi in grassetto non sono solo ricchi di nutrienti, ma sono anche molto gustosi. Provate a mischiarli a carote, mele o succo di pomodoro. Ricordate che i frutti si trovano più in basso nella scala nutrizionale rispetto alle verdure. Anche se la frutta è ricca di preziose sostanze nutritive, contiene molti più zuccheri degli ortaggi e ciò significa che ha molte più calorie ed è potenzialmente responsabile di uno stress glicemico. Mangiatene con parsimonia.

In sintesi

Molti esperti medici e tutte le agenzie del governo degli Stati Uniti che si occupano di salute – tra cui la National Academy of Science, il Department of Agriculture e il Department of Health and Human Services, così come il National Research Council e il National Cancer Institute – raccomandano di consumare ogni giorno da 2 a 3 porzioni di frutta e da 3 a 5 porzioni di verdura. Purtroppo, la maggior parte degli americani non si avvicina neppure lontanamente a questi obiettivi, e lo stesso vale purtroppo per la maggior parte delle popolazioni occidentali.

I succhi freschi sono un modo semplice ed efficace per soddisfare le esigenze alimentari di frutta e verdura, nella modalità più ricca di nutrienti. Uno dei benefici tra i più importanti dei succhi, oltre alla superiorità nutrizionale, è la loro ricca offerta di sostanze fitochimiche dalle eccezionali attività antiossidanti. Il danno ossidativo è una causa di invecchiamento ed è anche connesso allo sviluppo del cancro, delle malattie cardiache, delle cataratte, del morbo di Alzheimer, dell'artrite e, praticamente, di ogni altra malattia cronica degenerativa. È stato provato che il consumo di frutta e verdura offre una protezione significativa contro lo sviluppo di queste malattie.

Che cosa c'è nei succhi?
I nutrienti

In questo capitolo sono descritti gli elementi nutritivi presenti nei succhi freschi di frutta e di verdura e si dimostra quanto siano importanti per la nostra salute. I succhi sono innanzitutto una preziosa fonte di acqua e riforniscono il corpo di proteine facilmente assorbite, carboidrati, acidi grassi essenziali, vitamine e minerali. Contengono poi numerosi fitochimici, inclusi enzimi e pigmenti come carotene, clorofilla e flavonoidi, di cui si parlerà nel prossimo capitolo.

Acqua: vitale per ottenere prestazioni ottimali

In primis il succo fresco fornisce acqua. Nel nostro organismo l'acqua è la sostanza più abbondante: costituisce oltre il 60% del peso corporeo, vale a dire che dentro di noi ci sono quasi 38 litri di acqua. Più di due terzi dell'acqua del corpo si trova all'interno delle cellule, il resto si muove nell'organismo portando nutrienti vitali e cellule ematiche. L'acqua è importante anche per le naturali reazioni chimiche del corpo, serve come lubrificante per le articolazioni, funziona come isolante e ammortizzatore della temperatura corporea, aiutando a mantenerla stabile.[1]

Ogni giorno il nostro corpo ha bisogno di un apporto di oltre 1 litro e mezzo di acqua per funzionare in modo ottimale. Meno di un litro proviene dal cibo e ciò significa che è necessario bere almeno un litro di liquidi ogni giorno per mantenere un buon equilibrio idrico. Nei climi più caldi e per le persone che praticano sport serve più acqua.

Naturalmente, occorre che l'acqua che si beve sia di ottima qualità; se si ha l'abitudine di bere quella del rubinetto, è consigliabile accertarsi che contenga livelli accettabili di cloro e fluoruro e che sia priva di potenziali contaminanti: composti organici tossici e chimici come i PCB (policlorobifenili), residui di pesticidi, nitrati e metalli pesanti come piombo, mercurio e cadmio.

Non bere abbastanza liquidi, o non mangiare cibi ad alto contenuto idrico, mette il corpo sotto stress: potrebbe compromettere la funzione renale, portare alla formazione di calcoli biliari e renali e pregiudicare il funzionamento del sistema immunitario.

Bere succhi di frutta e verdura freschi (in particolare da prodotti biologici) è un modo semplice, veloce e piacevole per dare al vostro corpo, in maniera assolutamente naturale, l'acqua pura di cui ha bisogno per "funzionare" bene.

Proteine: essenziali per una buona salute

La parola proteina deriva dal greco *proteios*, vale a dire "primario". Il nome è perfetto perché, dopo l'acqua, le proteine sono il secondo componente più abbondante del nostro organismo. Il corpo produce proteine per creare capelli, muscoli, unghie, tendini, legamenti e altre strutture. Le proteine funzionano anche come enzimi, ormoni e come elementi importanti per altre cellule, come i nostri geni. Il corpo umano contiene qualcosa tra le 30.000 e le 50.000 proteine uniche. I mattoni per tutte le proteine sono le molecole conosciute come amminoacidi.

Il corpo si sforza di fare buon uso delle sue proteine. Nel corso della giornata, circa mezzo chilo di proteine del corpo di un adulto viene ridotto in singoli amminoacidi e riassemblato in nuove proteine. La proteina viene distrutta e prodotta per consentirci di mantenere l'integrità delle proteine soggette all'usura quotidiana. Questa rotazione delle proteine su una base continua ci consente di crescere, guarire e difenderci dall'interno. Le cellule e le loro strutture si rimodellano costantemente. Poiché c'è una certa perdita, e anche se siamo in grado di produrre alcuni amminoacidi, l'assunzione di proteine con una dieta adeguata è fondamentale per fornire quegli amminoacidi di cui non possiamo fare a meno: gli amminoacidi essenziali.

Equilibrio acido-base e salute umana

Per funzionare correttamente, l'organismo deve mantenere il giusto equilibrio di acidità e alcalinità (pH) nel sangue e negli altri fluidi corporei. Bere succhi è un modo fenomenale per garantire il corretto equilibrio del pH, in particolare ha un forte effetto alcalinizzante che contrasta la tipica acidità creata dalla dieta quotidiana di tanti occidentali. Ci sono sempre più prove che evidenziano come alcune patologie come l'osteoporosi, l'artrite reumatoide e la gotta, tra le altre, siano causate da un eccesso di acido dovuto agli alimenti presenti nella dieta. Per esempio, l'osteoporosi può essere il risultato di un'assunzione continua di cibi acidi che in modo consistente superano il consumo di alimenti alcalini e ciò fa sì che le ossa del corpo rilascino i minerali alcalini (calcio e magnesio) per tamponare l'eccesso di acido.

Per la maggior parte delle persone, il raggiungimento di un giusto equilibrio del pH è piuttosto semplice: è sufficiente aumentare il consumo di alimenti alcalini rispetto a quelli acidi. Fondamentalmente, una dieta alcalina si concentra su verdure, frutta e legumi, evitando un consumo eccessivo di cereali, carne, prodotti lattiero-caseari, noci e nocciole.

Ricordatevi che c'è una differenza tra alimenti acidi e alimenti che formano l'acido: cibi come pomodori e agrumi sono acidi, ma in realtà hanno un effetto alcalinizzante sul corpo. Ciò che di fatto determina il pH del cibo nell'organismo sono i prodotti metabolici che si hanno quando esso viene digerito. Per esempio, l'acido citrico degli agrumi viene metabolizzato nel corpo nella sua forma alcalina (citrato) e può anche essere convertito in bicarbonato, un altro composto alcalino. Nell'Appendice A trovate una tabella sugli effetti acidi o alcalini degli alimenti comuni.

La dose giornaliera di proteine raccomandata (RDA) si basa sul peso corporeo: ammonta a 0,8 g per kg di peso corporeo. Prendetevi un minuto per calcolare il vostro fabbisogno. La quantità richiesta è di solito decisamente minore rispetto a quella ingerita dalla maggior parte degli americani e in generale di chi vive nelle società occidentali. La RDA si calcola in questo modo: moltiplicate 0,8 g per il vostro peso in kg, il risultato sarà il vostro fabbisogno proteico giornaliero. Per esempio, una donna che pesa 53 kg ne-

Tabella 1. Fabbisogno proteico raccomandato

ETÀ	RDA in grammi
Neonati	
Fino a 6 mesi	13
6 mesi-1 anno	14
Bambini	
1-3	16
4-6	24
7-10	28
Maschi	
11-14	45
15-18	59
19-24	58
25-50	63

ETÀ	RDA in grammi
Femmine	
11-14	46
15-18	44
19-24	46
25-50	50
51+	50
Donne incinte	60
Allattamento	
Primi 6 mesi	65
Successivi 6 mesi	62

cessita di 42,4 g di proteine ogni giorno (0,8x53=42,4 g). Per farsi un'idea del fabbisogno giornaliero proteico in base all'età vedi la tabella 1.

L'occientale medio raggiunge facilmente e spesso supera questo fabbisogno proteico (anche se non sta seguendo una dieta proteica). In effetti il consumo giornaliero di proteine varia da 88 a 92 g per gli uomini e da 63 a 66 g per le donne.

Ci sono molte situazioni in cui sono necessarie delle proteine extra: nell'infanzia/adolescenza (crescita), nella gravidanza, nell'allattamento, durante allenamenti che richiedono sforzi intensi e resistenza e nel caso di malattie come AIDS o tumori. Atleti e anziani possono aver bisogno di un'ulteriore quantità di proteine per conservare la massa muscolare.

Poiché al corpo non servono, e non usa, le proteine in eccesso, esse possono diventare un peso per i reni e il fegato, gli organi che si occupano di eliminare le tossine. Al contrario delle credenze popolari, si può ingrassare anche seguendo una dieta ad alto contenuto proteico. L'assunzione eccessiva di proteine aumenta l'uso di amminoacidi come fonte di energia giornaliera che a sua volta, diminuisce la distruzione e l'utilizzo del grasso come fonte di energia, promuovendo in tal modo un aumento del grasso corporeo.

Le proteine sono composte da mattoncini, singole molecole denominate amminoacidi. Il corpo umano può produrre gran parte degli amminoacidi necessari per creare le proteine del corpo. Tuttavia, ci sono nove amminoacidi, detti amminoacidi essenziali, che il corpo non può produrre e devono essere assunti attraverso la dieta: arginina, istidina, isoleucina, lisina, metionina, fenilalanina, treonina, triptofano e valina. La qualità di una fonte di proteine si basa sui suoi livelli di amminoacidi essenziali insieme alla sua capacità di essere utilizzata dall'organismo.

Una fonte di proteine complete è quella che fornisce tutti i nove amminoacidi essenziali in quantità significativa. I prodotti-animali – carne, pesce, prodotti lattiero-caseari, pollame – sono esempi di proteine complete. Agli alimenti vegetali, in particolare cereali e legumi, spesso mancano uno o più amminoacidi essenziali, ma possono diventare completi quando sono combinati. Per esempio, mettendo insieme cereali e legumi (fagioli) si ottiene una proteina completa, in quanto le due fonti proteiche sono complementari. Con una dieta varia di cereali, legumi, frutta e verdura, una persona è quasi certa di consumare proteine complete a patto che la dieta abbia un carico calorico sufficientemente elevato.

La frutta e la verdura fresca contengono spesso la serie completa di amminoacidi e una percentuale relativamente elevata di calorie in forma proteica (vedi la tabella 2). Ma, poiché la frutta e la verdura contengono proteine in quantità minore, sono generalmente considerate fonti proteiche povere. Tuttavia, come precedentemente menzionato, le qualità nutrizionali di frutta e verdura si concentrano nella forma dei succhi, rendendoli un'ottima fonte di amminoacidi e proteine facilmente assorbibili. Proprio perché frutta e verdura sono comunque carenti di proteine, non si deve pensare che i succhi freschi possano soddisfare tutti i bisogni proteici del corpo. È necessario assumere altre fonti di proteine, come i tagli magri di carne e pollame o cereali e legumi; oppure si può completare il succo con una fonte proteica quale il siero di latte, riso, soia, o le proteine della canapa.

Tabella 2. Percentuale calorica da proteine in frutta e ortaggi comuni

FRUTTA	
Limone	16
Melone verde	10
Melone	9
Fragole	8
Arance	8
More	8
Ciliegie	8
Uve	8
Anguria	8
Mandarini	7
Papaia	6
Pesche	6
Pere	5
Banane	5
Pompelmo	5
Ananas	3
Mele	1

ORTAGGI	
Spinaci	49
Cavolo verde riccio	45
Broccoli	45
Cavolini di Bruxelles	44
Cime di rapa	43
Cavolo riccio	43
Cavolfiore	40
Prezzemolo	34
Lattuga	34
Zucchine	28
Cetrioli	24
Peperoni verdi	22
Carciofi	22
Cavolo	22
Sedano	21
Melanzana	21
Pomodori	18
Cipolle	16
Barbabietole	15
Zucca	12
Patate	11

Carboidrati: fonte di energia del corpo

I carboidrati forniscono l'energia necessaria alle funzioni dell'organismo. Si dividono in due gruppi: semplici e complessi. I carboidrati semplici, o zuccheri, vengono rapidamente assorbiti dall'organismo per avere una fonte di energia disponibile. Gli zuccheri semplici naturali nella frutta e nella verdura hanno un vantaggio rispetto al saccarosio (zucchero bianco) e ad altri zuccheri raffinati, perché sono bilanciati da una vasta gamma di sostanze nutritive che supportano l'utilizzo degli zuccheri. I problemi con i carboidrati cominciano quando vengono raffinati e privati di questi nutrienti. Nella raffinazione dei cereali si toglie il rivestimento esterno e la crusca e praticamente si rimuove tutto il contenuto di vitamina da pane bianco, dolci e da molti cereali usati per la colazione. Quando si ingeriscono alimenti ad alta concentrazione di zuccheri, la glicemia sale velocemente, creando uno strappo al controllo glicemico.

Consumare troppi zuccheri semplici, anche quelli che si trovano nei succhi di frutta e verdura, può essere dannoso, in particolare se si soffre di ipoglicemia, diabete o candidosi. I succhi di frutta hanno un contenuto di zuccheri più alto di quelli di verdura e per questo il loro utilizzo deve essere limitato. E le fonti di zucchero raffinato dovrebbero essere limitate ancora di più. Leggete le etichette degli alimenti con attenzione per scoprire se contengono zuccheri. Se trovate sull'etichetta parole come *saccarosio*, *glucosio*, *maltosio*, *lattosio*, *fruttosio*, *sciroppo di mais* o *succo concentrato di uva bianca* significa che è stato aggiunto dello zucchero extra.

I carboidrati complessi, o amidi, sono composti da molti zuccheri (polisaccaridi) uniti tra loro da legami chimici. L'organismo scompone lentamente i carboidrati complessi in zuccheri semplici e ciò porta a un migliore controllo degli zuccheri nel sangue. Verdure, legumi e cereali sono ottime fonti di carboidrati complessi.

L'indice glicemico

Più importante della catalogazione di uno zucchero come carboidrato semplice o complesso è, forse, considerare il suo *indice glicemico* e il suo *carico glicemico*. L'indice glicemico (IG) è un parametro numerico che esprime l'aumento di glucosio nel sangue dopo aver ingerito un particolare alimento;

Consumo di frutta e diabete

Non c'è dubbio che l'aumento del consumo di bevande zuccherate accresca il rischio di diabete di tipo 2 e il peso corporeo. Ma per quanto riguarda lo zucchero naturale dei succhi di frutta o verdura? Cominciamo ad analizzare il rischio di diabete. Utilizzando i dati di 350.000 persone di otto Paesi europei, i ricercatori hanno scoperto che consumando quotidianamente 350 ml di una bevanda zuccherata, il rischio di diabete aumenta del 22%, se comparato al consumo della stessa una volta al mese o meno.[2] Ma il consumo di succo di frutta o verdura non è stato collegato all'incidenza diabetica. Queste scoperte richiamano alcune ricerche simili fatte negli Stati Uniti e in Giappone, dove diversi studi hanno dimostrato come l'assunzione di bevande zuccherate è fortemente connessa a un peso corporeo superiore alla norma e a patologie come il diabete di tipo 2, ma questo non vale per il consumo di succo di frutta puro al 100%.[3]

Per quanto riguarda il consumo di frutta nei pazienti con diabete di tipo 2, la raccomandazione generale è di attenersi rigidamente al consumo di non più di 2 razioni al giorno, ma nuove ricerche in questo ambito stanno portando a rivedere tale consiglio. In realtà, gli studi dimostrano che non solo il consumo moderato di frutta non influisce negativamente sul controllo degli zuccheri nel sangue, ma offre importanti benefici alla salute dei pazienti con diabete di tipo 2.[4] Cosa ancora più importante, il consumo di frutta in questi pazienti è associato a una maggiore attività antiossidante nel sangue.

In conclusione, non si deve evitare il consumo di frutta per il timore di incidere negativamente sul controllo della glicemia. Ma pur incoraggiando un consumo moderato di succo di frutta e verdura (1-2 porzioni al giorno), vi consiglio di non superare questi livelli, specialmente se soffrite di diabete sia di tipo 1 sia di tipo 2.

si misura valutando l'incremento della glicemia con l'assunzione di 50 g di glucosio, che viene preso come punto di riferimento stabilendone un valore pari a 100 nella scala dell'IG. La tabella 3 fornisce l'IG di alcuni alimenti comuni.

L'IG è importante, ma il suo difetto principale è che non specifica la quantità di carboidrati presenti in una porzione. Per questo è necessario un altro strumento: il carico glicemico (CG) che valuta l'effetto di un alimento sulla glicemia basandosi sulle quantità e dà un quadro più completo degli effetti che un cibo ha sulla glicemia rispetto al solo indice glicemico. Per esempio, prendiamo in considerazione le bietole, un alimento con un alto IG ma un basso CG. Anche se i carboidrati presenti nelle bietole hanno un alto IG, non ce ne sono molti, per cui una porzione di bietole cotte ha un CG relativamente basso (circa 5). Quando consideriamo il CG, un valore di 20 o più è alto, da 11 a 19 incluso è medio e da 10 in giù è basso. Perciò se si mangia una porzione adeguata di un alimento a basso CG, l'impatto glicemico è accettabile anche se il cibo ha un IG alto. Per esempio, un diabetico può gustarsi l'anguria (IG pari a 72) se ne mangia una porzione ragionevole (120 g hanno un CG pari a 4).

In generale, gli alimenti composti per lo più di acqua (per esempio mela o anguria), fibra (per esempio barbabietola o carota) o aria (per esempio popcorn) non causano un innalzamento repentino della glicemia anche se il loro IG è alto, a patto che vengano consumati con moderazione. Lo stesso vale per i succhi. Per un bicchiere di succo ad alto contenuto di zuccheri come la mela non zuccherata, la carota, l'arancia o la maggior parte dei succhi di frutta, il CG si aggira intorno al 10-12, mentre i succhi di verdura come pomodoro, sedano, barbabietole, cavoli hanno un CG di 4-5 al massimo.

Uso dell'indice glicemico e del carico glicemico

Nella Appendice B trovate una lista di alimenti comuni con il loro indice glicemico (IG), contenuto in fibre e carico glicemico (CG). È utile per aiutarvi a costruire una dieta salutare. Qui di seguito diamo invece qualche raccomandazione pratica che serve per migliorare la salute e introdurre l'uso dei succhi di frutta e verdura nella dieta.

1. Mantenete il vostro CG sotto il 20 per un periodo di 3 ore. Se siete diabetici o state cercando di perdere peso, mantenete il valore sotto il 15.
2. Quando bevete dei succhi, limitatevi a non più di un bicchiere ogni tre ore per i succhi con alto CG (mela, carota, arancia e la maggior parte dei succhi di frutta).

Tabella 3. Indice glicemico di alcuni alimenti comuni

ZUCCHERI	
Maltosio	105
Glucosio	100
Miele	75
Saccarosio	60
Fruttosio	20
FRUTTA	
Uvetta	64
Banane	62
Succo di arancia	46
Arance	40
Mele	39
ORTAGGI	
Patate al forno	98
Patate novelle bollite	70
Barbabietole	64
Carote cotto	36
Carote crudo	31

CEREALI	
Riso soffiato	95
Cornflakes	80
Pane integrale	72
Riso	70
Pane bianco	69
Cereali di grano	67
Mais	59
Cereali di crusca	51
Farina di avena	49
Pasta	45
LEGUMI	
Piselli	39
Fagioli	31
Lenticchie	29
ALTRI ALIMENTI	
Gelato	36
Latte	34
Noci	13

3. Focalizzatevi su nutrienti di qualità, frutta e verdura da spremere a basso CG.

4. Utilizzate piccole quantità di alimenti con CG alto (per lo più frutta e carote) come base a cui aggiungere sapore e gusto e focalizzatevi sui nutrienti più elevati, scegliendo un CG basso.

Grassi e oli: importanti componenti delle cellule

Nei succhi freschi di frutta o verdura ci sono molti pochi grassi, ma quelli presenti sono fondamentali per la salute umana. Gli acidi grassi essenziali, acidi linoleico e linolenico forniti da frutta e verdura servono al nostro corpo come componenti per cellule nervose, membrane cellulari e sostanze ormonosimili. I grassi aiutano il corpo anche a produrre energia.

Grassi buoni contro grassi cattivi

Ciò che rende un grasso "cattivo" o "buono" dipende molto dalla funzione dei grassi nelle nostre membrane cellulari, che sono fatte per lo più di acidi grassi. Ciò che determina il tipo di acido grasso presente nella membrana cellulare è il genere di grassi che si consumano. Dopo tutto, siamo quello che mangiamo! Una dieta composta per lo più di grassi saturi, acidi grassi animali, acidi grassi trans (margarina e altre fonti di grassi vegetali idrogenati) e ad alto contenuto di colesterolo porta ad avere delle membrane molto meno fluide di quelle di una persona che consuma livelli ottimali di acidi grassi insaturi.

Secondo la patologia moderna un'alterazione nella funzione della membrana cellulare è, praticamente, il fattore principale nello sviluppo di ogni malattia. Per esempio, nel caso del diabete, una struttura non normale della membrana cellulare dovuta all'ingestione di grassi sbagliati porta a un'azione alterata dell'insulina.

Senza una membrana sana, le cellule perdono la capacità di trattenere acqua, nutrienti ed elettroliti, restano prive anche dell'abilità di comunicare con altre cellule e di essere controllate regolando gli ormoni, inclusa l'insulina. Senza il giusto tipo di grassi nelle membrane cellulari, praticamente le cellule non funzionano correttamente. Ci sono molte prove che dimostrano come le disfunzioni delle membrane cellulari siano un elemento cruciale per lo sviluppo di molte malattie.

Il profilo dietetico legato ai tipi di grassi, che si collega a molte patologie, prevede un'abbondanza di acidi grassi saturi e acidi grassi trans (oli vegetali idrogenati) insieme a una certa scarsità di acidi grassi mo-

I grassi animali, solidi a temperatura ambiente, sono detti grassi saturi, mentre i grassi vegetali, liquidi a temperatura ambiente, sono denominati grassi insaturi o oli. Sono moltissime le ricerche che collegano una dieta ricca di grassi saturi a numerosi tumori, malattie cardiache e ictus. Sia l'American Cancer Society che l'American Heart Association raccomandano una dieta il cui contenuto di grassi produca meno del 30% delle calorie. La tabella 4 chiarisce come, per la maggior parte delle persone, il modo più semplice per raggiungere questo obiettivo sia di mangiare meno prodotti animali e più alimenti vegetali.

noinsaturi e omega 3. Il rovescio della medaglia è proprio l'effetto opposto dimostrato da diete ad alto contenuto di grassi monoinsaturi e di omega 3.

La tradizionale "dieta mediterranea" fornisce un apporto ottimale dei tipi di grassi corretti e contrasta malattie cardiache e tumori. Le sue caratteristiche sono:

- l'olio di oliva è la principale fonte di grassi;
- si basa su una grande varietà di alimenti vegetali (frutta, verdura, pani, pasta, patate, fagioli, noci e semi);
- gli alimenti vengono trasformati poco e vi è una particolare attenzione per la stagionalità dei cibi freschi e per i prodotti locali;
- il dolce tipico quotidiano è la frutta fresca;
- i prodotti lattiero-caseari (soprattutto formaggi e yogurt) vengono consumati tutti i giorni, ma in modiche quantità;
- il pesce viene mangiato regolarmente;
- pollo e uova sono consumati in quantità moderate (1-4 volte alla settimana) o per niente;
- la carne rossa viene assunta moderatamente;
- il vino viene bevuto in quantità ridotte, normalmente a pasto.

L'olio di oliva non è solo un acido grasso monoinsaturo, detto acido oleico, ma contiene anche diversi agenti antiossidanti utili per la salute. L'olio di oliva è particolarmente apprezzato, perché protegge dalle malattie cardiache; abbassa il colesterolo LDL dannoso (lipoproteine a bassa densità), aumenta il colesterolo HDL (lipoproteine ad alta densità) e aiuta anche a eliminare il colesterolo LDL già in circolo.

Tabella 4. Percentuale calorica dei grassi

UOVA E LATTICINI	%
Burro	100
Panna da montare	92
Formaggio spalmabile	90
Tuorlo	80
Cheddar	71
Formaggio svizzero	66
Uovo, intero	65
Latte vaccino	49
Yogurt bianco	49
Gelato	48
Cottage cheese	35
Latte a basso contenuto di grassi (2%)/ Yogurt	31
CARNI	**%**
Bistecca di manzo*	83
Salsiccia di maiale	83
Bistecca alla fiorentina*	82
Costata*	82
Mortadella	81
Costine	80
Würstel	80
Costolette di agnello*	79
Salame	76
Roastbeef*	71
Prosciutto*	69
Carne macinata magra	64
Arrosto di vitello*	64
Cosciotto di agnello	61
Bistecca di girello*	61
Coscia di pollo*	56
Spalla di manzo, solo magra	50
Cosce di tacchino senza pelle	47
Petto di pollo+	44
FRUTTA	**%**
Uva	11
Fragole	11
Mele	8
Mirtilli	7
Limoni	7
Pere	5
Albicocche	4
Arance	4
Banane	4
Melone	3
Ananas	3
Pompelmo	2
Papaia	2
Pesche	2
Prugne	1
ORTAGGI	**%**
Senape indiana	13

Cavolo riccio	13
Foglie di barbabietola	12
Lattuga	12
Cime di rapa	11
Cavolo	7
Cavolfiore	7
Fagiolini	6
Sedano	6
Cetrioli	6
Rapa	6
Zucchine	6
Carote	4
Piselli	4
Barbabietola	2
Patate	1

* Magra, con grasso. + Con pelle, arrosto.

Vitamine: essenziali per la vita

Le vitamine sono fondamentali per mantenersi in buona salute; senza di loro i processi più importanti del corpo si arrestano. Le carenze di vitamine e minerali impediscono a molte persone di raggiungere uno stato di salute ottimale. Esistono 15 diverse vitamine conosciute, ciascuna con il proprio particolare compito. Le vitamine sono classificate in due gruppi: liposolubili (A, D, E e K) e idrosolubili (le vitamine del gruppo B e vitamina C).

Vitamine ed enzimi lavorano insieme in reazioni chimiche necessarie alle funzioni del corpo (tra queste la produzione di energia), e insieme agiscono come catalizzatori per accelerare la formazione o la scomposizione di legami chimici che uniscono le molecole. Questo vale per esempio per le funzioni della vitamina C nella produzione di collagene, la principale sostanza proteica del corpo. Nello specifico la vitamina C interviene nella conversione della prolina, un amminoacido, in idrossiprolina, un importante componente strutturale del collagene. Poiché il collagene è una proteina molto importante per le strutture che tengono insieme il corpo (tessuto connettivo, cartilagini, tendini), la vitamina C è di vitale importanza per la riparazione delle ferite, per avere gengive sane e per prevenire le ecchimosi.

I succhi di frutta e verdura freschi sono fonti ricche di vitamine idrosolubili e di alcune vitamine liposolubili (carotene provitamina A e vitamina K), perché la spremitura fornisce nutrienti importanti nella loro forma

Tabella 5. Contenuto di vitamina C in alcuni alimenti

Milligrammi per 100 grammi

Peperoni, peperoncino rosso	369
Guaiava	242
Peperoni, rosso dolce	190
Cavolo riccio	186
Prezzemolo	172
Cavolo riccio	152
Cime di rapa	139
Peperoni, verde dolce	128
Broccoli	113
Cavolini di Bruxelles	102
Senape indiana	97
Crescione	79
Cavolfiore	78
Cachi	66
Cavolo, rosso	61
Fragole	59
Papaia	56
Spinaci	51
Arance e succo	50
Cavolo	47
Succo di limone	46
Pompelmo e succo	38
Bacche di sambuco	36
Fegato di vitello	36
Rapa	36
Mango	35
Asparagi	33
Melone	33
Bietole	32
Cipollotti	32
Fegato di manzo	31
Gombo	31
Mandarini	31
Spinaci	30
Ostriche	30
Fagioli di Spagna	29
Fagioli dall'occhio nero	29
Germogli di soia	29
Piselli	27
Ravanelli	26
Lamponi	25
Cavolo cinese	25
Zucca estiva	25
Loganberry	24
Melone d'inverno	23
Pomodori	23
Fegato di maiale	23

più naturale, offrendo una concentrazione nutritiva. La cottura distrugge molte delle vitamine del gruppo B e la vitamina C, per cui i succhi freschi contengono alte dosi di questi nutrienti rispetto alla frutta e verdura cotte. La maggior parte delle persone crede che la frutta sia la migliore fonte di vitamina C, in realtà alcune verdure ne contengono alti livelli, soprattutto i broccoli, i peperoni, le patate e i cavolini di Bruxelles (vedi la tabella 5). Per le vitamine del gruppo B (a eccezione della vitamina B_{12}), le fonti migliori sono i cereali e le verdure a foglia verde, come spinaci, cavolo riccio, prezzemolo e broccoli.

Una vitamina che viene spesso trascurata è la vitamina K. La vitamina K_1, che si trova nelle verdure a foglia verde, svolge un ruolo importante per quanto riguarda il tessuto osseo, convertendo una proteina dell'osso (osteocalcina) nella sua forma attiva. L'osteocalcina è la principale proteina-non collagene della matrice ossea. La vitamina K è necessaria per attivare la molecola dell'osteocalcina, in modo che si unisca al calcio e lo trattenga nell'osso. Una carenza di vitamina K porta a una ridotta mineralizzazione dell'osso a causa di livelli di osteocalcina inadeguati. Livelli ematici molto bassi di vitamina K_1 sono stati rilevati in pazienti con fratture dovute all'osteoporosi. La gravità della frattura è fortemente correlata ai livelli sanguigni di vitamina K. Più bassa è la vitamina K, più grave è la frattura. La vitamina K è uno dei fattori protettivi contro l'osteoporosi, e le verdure a foglia verde (spinaci, cavolo riccio, senape indiana ecc.) ne sono una fonte naturale eccellente.

Minerali: necessari per sangue, ossa e funzioni cellulari

Nella nutrizione umana esistono 22 diversi minerali importanti. I minerali funzionano, insieme alle vitamine, come componenti di enzimi dell'organismo; sono necessari anche per la corretta composizione del tessuto osseo, del sangue e il mantenimento della normale funzione cellulare. I minerali che hanno funzione nutritiva sono classificati in due categorie, più o meno importanti, sulla base dei livelli di assunzione richiesti nella dieta. I principali minerali comprendono calcio, fosforo, potassio, sodio, cloruro, magnesio e zolfo. I minerali meno importanti, o tracce, includono ferro, iodio, zinco, cromo, vanadio, silicio, selenio, rame, fluoruro, cobalto, molibdeno, manganese, stagno, boro e nichel.

Tabella 6. Contenuto di potassio in alcuni alimenti

Milligrammi per 100 g

Alimento	mg	Alimento	mg
Alga palmaria palmata	8060	Zucca	369
Alga kelp	5273	Pollo	366
Semi di girasole	920	Carote	341
Germe di grano	827	Sedano	341
Mandorle	773	Ravanelli	322
Uvetta	763	Cavolfiore	295
Prezzemolo	727	Crescione	282
Noci brasiliane	715	Asparagi	278
Arachidi	674	Cavolo rosso	268
Datteri	648	Lattuga	264
Fichi, essiccati	640	Melone	251
Avocado	604	Lenticchie, cotte	249
Noci pecan	603	Pomodoro	244
Igname	600	Patate dolci	243
Bietole	550	Papaia	234
Germogli di soia, cotti	540	Melanzane	214
Aglio	529	Peperoni verdi	213
Spinaci	470	Barbabietole	208
Noci	450	Pesche	202
Miglio	430	Zucca estiva	202
Fagioli, cotti	416	Arance	200
Funghi	414	Lamponi	199
Patate con buccia	407	Ciliegie	191
Broccoli	382	Fragole	164
Cavolo riccio	378	Spremuta di pompelmo	162
Banane	370	Cetrioli	160
Carne	370	Uva	158

Cipolle	157
Ananas	146
Latte, intero	144
Succo di limone	141
Pere	130

Uova	129
Mele	110
Anguria	100
Riso integrale, cotto	70

Visto che le piante prendono dal terreno i minerali presenti nei loro tessuti, la frutta e la verdura sono ottime fonti minerali, soprattutto di potassio (vedi la tabella 6). I minerali, così come si trovano nella terra, sono inorganici, vale a dire senza vita. Tuttavia, nelle piante la maggior parte dei minerali è generalmente legata a molecole organiche, nei succhi vengono assorbiti meglio dall'organismo, rispetto al frutto integro o vegetale, perché la spremitura libera i minerali in una forma altamente assimilabile. Le verdure a foglia verde sono la miglior fonte vegetale per molti minerali, soprattutto per il calcio.

Abbiamo già detto che i vegetariani hanno un rischio molto basso di soffrire di osteoporosi. Oltre alla vitamina K_1, gli elevati livelli di molti minerali presenti nei cibi vegetali, in particolare negli ortaggi, sono probabilmente responsabili di questo effetto protettivo.

Un minerale traccia sul quale si sta spostando l'attenzione per la sua capacità di proteggere dall'osteoporosi è il boro. È stato provato che il boro ha un effetto positivo sul calcio e sui livelli di estrogeni attivi nelle donne in post-menopausa, gruppo a più alto rischio di sviluppare l'osteoporosi. In uno studio si è visto che se si integra la dieta delle donne in post-menopausa con 3 mg di boro al giorno, si riduce l'eliminazione urinaria di calcio del 44% e si aumentano incredibilmente i livelli di estradiolo 17-beta, l'estrogeno più attivo biologicamente.[5] Sembra che il boro sia necessario per attivare alcuni ormoni, tra cui estrogeni e vitamina D.

Dal momento che frutta e verdura sono le principali fonti alimentari di boro, le diete carenti non possono che presentare una deficienza di questo minerale. Mentre l'alto contenuto di boro di una dieta vegetariana può essere considerato un fattore aggiuntivo nella protezione contro l'osteoporosi.

Potassio: la chiave per controllare la pressione sanguigna

Uno dei principali benefici nutrizionali dei succhi di frutta e verdura freschi è la forte presenza di potassio e il bassissimo contenuto di sodio. L'equilibrio tra sodio e potassio è estremamente importante per la salute umana: troppo sodio nella dieta può portare a incrinare questo equilibrio. Numerosi studi hanno dimostrato che una dieta con alti livelli di sodio e poco potassio può incidere nello sviluppo di tumori e di malattie cardiovascolari (malattie cardiache, ipertensione, ictus).[6] Al contrario, una dieta con molto potassio e poco sodio protegge dal rischio di queste patologie e può essere terapeutica nel caso di ipertensione.[7] Ma, nella maggior parte delle persone la sola restrizione di sodio non basta a migliorare il controllo della pressione arteriosa, è necessario accompagnarla con un'assunzione elevata di potassio.

Gran parte degli americani segue una dieta con un rapporto potassio-sodio (K:Na) inferiore a 1:2, vale a dire che ingerisce il doppio di sodio rispetto al potassio. Per mantenersi in salute i ricercatori raccomandano una dieta con un rapporto potassio-sodio superiore a 5:1, dieci volte superiore all'assunzione media. Una dieta ricca di frutta e verdura può portare a un rapporto potassio-sodio superiore a 100:1, perché la maggior parte di frutta e verdura ha un rapporto minimo K: Na di almeno 50:1. Ecco, per esempio, un rapporto K:Na medio di alcuni alimenti vegetali freschi:

- Banane: 440:1
- Arance: 260:1
- Patate: 110:1
- Mele: 90:1
- Carote: 75:1

Funzioni del potassio

Il potassio è un elettrolita, cioè un sale minerale che può condurre elettricità quando viene disciolto in acqua. Gli elettroliti sono sempre in coppia: una molecola positiva come sodio o potassio è sempre accompagnata da una molecola negativa come il cloruro. Il potassio è un elettrolita importante le cui funzioni nel corpo umano sono:

- equilibrio e distribuzione dell'acqua;
- equilibrio acido-base;
- funzione muscolare e delle cellule nervose;
- funzione cardiaca;
- funzione renale e surrenale.

Nell'organismo più del 95% del potassio si trova all'interno delle cellule; di contro, la maggior parte del sodio si trova fuori dalle cellule ematiche e in altri fluidi. Come avviene tutto ciò? Grazie alla *pompa sodio-potassio* presente in tutte le membrane cellulari, attraverso la quale le cellule espellono sodio e potassio. Questa funzione è molto importante, perché previene che le cellule si gonfino: se il sodio non viene eliminato, l'acqua si accumula nella cellula che si riempie e può scoppiare.

La pompa sodio-potassio mantiene anche la carica elettrica all'interno della cellula, cosa particolarmente importante per le cellule muscolari e nervose. Durante la trasmissione nervosa e la contrazione muscolare, il potassio esce dalla cellula e il sodio entra, con un conseguente scambio in carica elettrica che provoca un impulso nervoso o contrazione muscolare. Non sorprende quindi che una carenza di potassio colpisca per primi i muscoli e i nervi.

Il potassio è fondamentale anche per la trasformazione degli zuccheri del sangue in glicogeno, la fonte di deposito e di riserva che si trova nei muscoli e nel fegato. Una carenza di potassio porta a bassi livelli di riserva del glicogeno, poiché il glicogeno è utilizzato per dare energia ai muscoli, una mancanza di potassio dà origine a una forte stanchezza e a debolezza muscolare: in genere questi sono i primi sintomi di una carenza di potassio.

Carenza di potassio

La carenza di potassio è caratterizzata da confusione mentale, irritabilità, debolezza, disturbi cardiaci e problemi di conduzione dell'impulso nervoso e di contrazione muscolare. La carenza di potassio nella dieta è tipica delle diete povere di frutta e verdura fresche, ma con alto contenuto di sodio. La mancanza di potassio nella dieta è abbastanza comune nelle persone anziane, meno comune però rispetto della carenza dovuta a una eccessiva perdita di fluidi (sudorazione, diarrea o minzione) o per l'uso di diuretici, lassativi, aspirina e altri farmaci.

La quantità di potassio perso nel sudore può essere molto significativa, soprattutto se l'esercizio fisico è prolungato e in un ambiente caldo. Gli atleti o le persone che si allenano regolarmente hanno bisogno di quantità di potassio più elevate.

Quanto potassio ci serve?

La stima del Committee on Recommended Daily Allowances per un'assunzione giornaliera, sicura e adeguata, di potassio va da 1,9 a 5,6 g. Se il fabbisogno di potassio del corpo non si raggiunge con la dieta, l'integrazione diventa fondamentale per restare in una buona salute. In particolare questo vale per le persone anziane e per gli atleti. I sali di potassio vengono solitamente prescritti dai medici in un dosaggio da 1,5 a 3 g al giorno; possono però dare nausea, vomito, diarrea e ulcere. Effetti che non si verificano se il livello di potassio viene aumentato solo con la dieta, attraverso l'uso di succhi, cibi, o integratori alimentari che aiutino il corpo a rifornirsi di questo prezioso sale minerale. La maggior parte dei succhi di frutta e verdura contengono circa 400 mg di potassio per 250 ml di prodotto.

Si può assumere troppo potassio? Certo, ma la maggior parte delle persone è in grado di gestire l'eccesso, a parte chi soffre di malattie renali o chi assume alcuni medicinali. In questi casi non controllando correttamente il potassio, si può andare incontro a problemi cardiaci o altre conseguenze legate alla tossicità del minerale. Chi ha disturbi renali di solito limita l'assunzione di potassio e segue una dieta apposita prescritta da specialisti. Le persone che assumono ACE inibitori e farmaci per la pressione alta (Captopril, Lisinopril ecc.) devono prestare attenzione all'eccessiva assunzione.

In sintesi

I succhi freschi di frutta e verdura freschi forniscono un eccellente nutrimento in una forma facilmente assimilabile; sono ricchi di molte sostanze vitali, tra cui l'acqua pura, e sono densi di nutrienti, in quanto forniscono un'elevata quantità di alimenti di qualità per caloria. Nei succhi freschi, proteine, carboidrati, vitamine e minerali si trovano nella loro forma naturale. Uno dei minerali importanti contenuto nei succhi freschi è il potassio, vitale per molte funzioni del corpo e particolarmente importante per il cuore, i nervi e il tessuto muscolare.

Che cosa c'è nei succhi?

I fitochimici

Il succo fresco contiene una serie di composti spesso indicati collettivamente come *sostanze fitochimiche*: enzimi, pigmenti come carotenoidi, clorofilla e flavonoidi e un lungo elenco di altri elementi cui spesso ci si riferisce come "componenti alimentari accessori". In genere i nutrienti sono descritti come sostanze che forniscono il nutrimento o sono necessari per le funzioni del corpo o delle strutture.

In passato, le sostanze fitochimiche sono state spesso definite *anutrienti*, dove il prefisso "a" davanti al sostantivo nutrienti indicava che questi composti non davano alcun vantaggio nutrizionale. Anche se tecnicamente non sono dei nutrienti, i fotochimici favoriscono il benessere e la salute, infatti gli anutrienti sono responsabili di molti dei benefici che apportano frutta e verdura. Per cui il termine anutriente è davvero improprio.

La cosa importante è che i "nutrienti essenziali" non sono l'unica componente rilevante degli alimenti nella nostra dieta. Infatti, le sostanze fitochimiche possono essere ancora più efficaci per vivere in salute e proteggersi da patologie come le malattie cardiache e i tumori. Una delle principali raccomandazioni dietetiche dell'American Cancer Society per ridurre il rischio di sviluppare un tumore è quella di includere nella dieta le Crucifere come cavoli, broccoli, cavolini di Bruxelles e cavolfiori. È stato dimostrato che questi alimenti esercitano un effetto protettivo contro molti tipi di cancro, che va oltre l'effetto protettivo del loro contenuto nutrizionale. In altre parole, i loro effetti antitumorali hanno poco a che fare con il loro valore nutrizionale in termini di vitamine e minerali. I composti antitumorali nelle Crucifere comprendono fenoli, indoli, isotiocianati e glucosinolati (contenenti zolfo). Questi composti non svolgono alcuna reale attività nutrizionale e sono quindi esempi di anutrienti, tuttavia stimolano l'organismo a disintossicarsi e a

Tabella 1. Effetti benefici sulla salute di alcuni fitochimici

FITOCHIMICI	BENEFICI	FONTI
Carotenoidi	Antiossidanti, rinforzano il sistema immunitario, proprietà anticancro	Ortaggi come carote, zucca, spinaci, cavolo riccio, prezzemolo e anche melone, albicocche e agrumi
Composti solforati	Abbassano il livello di colesterolo, proprietà antitumorali	Aglio e cipolle
Cumarina	Proprietà antitumorali, stimola i meccanismi antiossidanti	Carote, sedano, finocchio, barbabietole, agrumi
Dithiolthione	Blocca la reazione dei composti che causano il cancro nelle cellule	Crucifere
Flavonoidi	Proprietà antiossidante, antivirale e antinfiammatoria	Frutta, in particolare quella scura come ciliegie, mirtilli; anche le verdure, compresi pomodori, peperoni, e broccoli
Ftalidi	Stimolano la detossificazione enzimatica	Prezzemolo, carote, sedano
Glucosinolati e indoli	Stimolano gli enzimi che disintossicano i composti che causano il cancro	Cavolo, cavolini di Bruxelles, cavolo riccio, ravanelli, senape indiana
Isotiocianati e tiocianati	Inibiscono i danni al materiale genetico (DNA)	Crucifere
Limonoidi	Proteggono dal cancro	Agrumi
Steroli	Bloccano la produzione di composti causa del cancro	Cetrioli, zucca, Crucifere

eliminare le sostanze chimiche responsabili dei tumori: sono dunque un'arma molto efficace e potente nella guerra al cancro.

Ogni anno gli scienziati individuano sostanze fitochimiche che hanno effetti rilevanti sulla salute (per qualche esempio vedi la tabella 1). Si tratta di scoperte che sottolineano quanto sia importante non affidarsi agli integratori vitaminici e minerali per quelle esigenze nutrizionali che possono essere soddisfatte con una dieta salutare. Gli integratori sono pensati come aggiunte a una dieta sana ed è per questo che si chiamano così. Una dieta salubre deve includere non solo adeguati livelli di nutrienti noti, ma anche grandi quantità di frutta e verdura fresche per il loro elevato contenuto di anutrienti, conosciuti o meno, sostanze fitochimiche e altri componenti salutari.

Enzimi: necessari per la vita

Una delle ragioni fondamentali per cui il succo fresco è considerato un "cibo vivo" è perché contiene enzimi attivi. Come accennato nel capitolo "Che cosa c'è nei succhi? I nutrienti", gli enzimi sono composti da vitamine e minerali. Il loro compito è di accelerare le reazioni chimiche. Senza enzimi, non ci sarebbe vita nelle nostre cellule. Gli enzimi prevalgono nei cibi crudi, come per esempio i succhi freschi, perché sono estremamente sensibili al calore e vengono distrutti durante la cottura e la pastorizzazione.

Ci sono due tipi di enzimi principali: sintetasi e idrolasi. Le sintetasi aiutano a costruire le strutture del corpo facendo, o sintetizzando, molecole più grandi e sono note anche come *enzimi metabolici*. Le idrolasi, o enzimi digestivi, lavorano per rompere le molecole di grandi dimensioni in parti più piccole, più facilmente digeribili, aggiungendo acqua alla molecola più grande. Questo processo è noto come idrolisi.

La digestione è il processo corporeo che utilizza il massimo livello di energia. Ecco perché uno dei principali benefici del succo fresco è la sua forma altamente digeribile. Quando mangiamo, il nostro organismo lavora duramente per separare il succo dalla fibra nel nostro cibo (ricordatevi che è il succo che nutre le nostre cellule). L'estrattore di succo lo fa al posto del corpo, ma questo non è l'unico beneficio dei succhi freschi. I succhi e altri alimenti vivi contengono gli enzimi digestivi che contribuiscono a distruggere il cibo nel tubo digerente, risparmiando così preziosi enzimi digestivi del corpo.

Questa azione parsimoniosa è nota come la *legge della secrezione adattativa degli enzimi digestivi*[1]: se parte degli alimenti vengono digeriti da enzimi contenuti nel cibo, il corpo secerne meno dei propri enzimi, consentendo all'energia vitale nell'organismo di spostarsi dalla digestione ad altre funzioni, come la riparazione e il ringiovanimento.

I succhi di frutta freschi richiedono pochissima energia per essere digeriti e da pochi a 5 minuti per cominciare a essere assorbiti. Al contrario, un piatto con filetto e patate può restare nello stomaco per ore. Se un pasto è composto completamente di alimenti cotti (senza enzimi), la maggior parte dell'energia corporea è utilizzata per la digestione. Che cosa accade ai nostri livelli energetici dopo un pasto abbondante di cibi cotti? Se siete come la maggior parte delle persone, i livelli di energia diminuiscono drasticamente. E come sarebbe la vostra vita se incanalaste meno energia nella digestione e più energia in altre funzioni del corpo? Vivreste una vita con un incremento di energia. Per ottenere massimi livelli di energia, si consiglia spesso una dieta con il 50-75% (di volume) proveniente da frutta cruda, verdure, noci e semi: l'utilizzo di succhi freschi vi assicura di raggiungere questa percentuale.

Enzimi e salute umana

Probabilmente il miglior esempio dei benefici effetti degli enzimi vegetali è offerto dalla bromelina, un enzima della pianta dell'ananas. La bromelina è stata introdotta come sostanza terapeutica nel 1957 e da allora sono stati pubblicati più di 200 studi scientifici sulle sue applicazioni terapeutiche.[2]

In questi studi scientifici si riconosce alla bromelina l'apporto di un'ampia gamma di vantaggi, tra cui:

- aiutare la digestione;
- ridurre l'infiammazione nei casi di artrite, lesioni sportive o traumi;
- prevenire il gonfiore (edema) dopo traumi o interventi chirurgici;
- inibire l'aggregazione delle piastrine del sangue;
- migliorare l'assorbimento antibiotico;
- alleviare la sinusite;
- inibire l'appetito;
- migliorare la guarigione delle ferite.

Anche se la maggior parte degli studi si basa sull'utilizzo di un preparato commerciale di bromelina, è ipotizzabile che il succo fresco di ananas non possa che esercitare benefici simili, se non superiori. Quando si parla di enzimi come la bromelina, ci si chiede sempre se il corpo, di fatto, assorba gli enzimi nella loro forma attiva. Ci sono prove che sia negli animali sia negli esseri umani, la bromelina assunta per via orale venga assorbita intatta fino al 40%.[3] Questo fa pensare che anche altri enzimi vegetali possano essere assimilati intatti ed esercitino effetti positivi.

Caroteni

I caroteni, o carotenoidi, sono il gruppo più diffuso di pigmenti organici. Il tipico colore dal rosso al giallo dipende dalla struttura molecolare, sono dei composti liposolubili attivi nelle piante per proteggerle dai danni creati durante la fotosintesi.[4] I caroteni sono molto conosciuti per la loro capacità di convertirsi in vitamina A, l'attività antiossidante e la correlazione con l'aspettativa massima di vita degli esseri umani, di altri primati e dei mammiferi.

Sono stati individuati più di 400 caroteni, ma si pensa che solo tra i 30 e i 50 producano la vitamina A: questi sono i cosiddetti caroteni provitamina A. Gli effetti biologici dei caroteni si sono sempre misurati sulla attività corrispondente della vitamina A. Il beta-carotene è stato a lungo considerato come il più laborioso dei caroteni, perché ha un'attività della provitamina A più alta di altri caroteni. Però un'importante ricerca dimostra che queste attività di vitamina A sono state sopravalutate, poiché ci sono altri caroteni non-provitamina A che vantano capacità antiossidanti e antitumorali molto più potenti come la luteina, il licopene e l'astaxantina.[5] Nella tabella 2 trovate i caroteni più comuni, la loro attività di vitamina A e le fonti alimentari.

La conversione di un carotene provitamina A in vitamina A dipende da diversi fattori: il livello di vitamina A nell'organismo, lo stato proteico e l'adeguatezza dei livelli di ormoni tiroidei, zinco e vitamina C. La conversione diminuisce con l'aumento dell'assunzione di carotene e quando i livelli sierici di vitamina A sono adeguati; se i livelli di vitamina A sono sufficienti, il carotene non viene convertito in vitamina A, ma viene distribuito nei tessuti per essere immagazzinato.

A differenza della vitamina A, che viene accumulata principalmente nel fegato, i caroteni non convertiti sono trattenuti nelle cellule adipose, nelle cel-

Tabella 2. Caroteni, attività della vitamina A e fonti alimentari

CAROTENE	ATTIVITÀ VITAMINA A (%)	FONTI
Beta-carotene	100	Verdure a foglia verde, carote, patate dolci, zucca, spinaci, albicocche, peperoni verdi
Criptoxantina	50-60	Mais, peperoni verdi, cachi, papaia, limoni, arance, prugne, mele, albicocche, paprika, pollame
Alfa-carotene	50-54	Verdure a foglia verde, carote, zucca, mais, anguria, peperoni verdi, patate, mele, pesche
Gamma-carotene	42-50	Carote, patate dolci, mais, pomodori, anguria, albicocche
Beta-zeacarotene	20-40	Mais, pomodori, lievito, ciliegie
Cantaxantina	0	Funghi, trota, crostacei
Capsantina	0	Peperoni rossi, paprika
Crocetina	0	Zafferano
Luteina	0	Verdure a foglia verde, mais, patate, spinaci, carote, pomodori, frutta
Zeaxantina	0	Spinaci, paprika, mais, frutta

lule epiteliali e in altri organi (ghiandole surrenali, testicoli e ovaie hanno la più alta concentrazione). Le cellule epiteliali si trovano nella pelle e nei rivestimenti degli organi interni (compresi il tratto respiratorio, gastrointestinale e genito-urinario). Un numero considerevole di studi ha dimostrato una forte correlazione tra l'assunzione di carotene e una serie di tumori che coinvolgono i tessuti epiteliali (per esempio polmone, pelle, cervice, tratto gastrointestinale): più è alto il consumo di carotene, minore è il rischio di cancro.

Il cancro e l'invecchiamento condividono una serie di caratteristiche comuni, compreso un legame con il danno ossidativo che ha portato all'idea che la prevenzione del cancro dovrebbe promuovere al tempo stesso la longevità. Di fatto, i cibi e i composti alimentari che proteggono dal cancro incentivano anche la longevità. Ci sono alcune prove a sostegno di questa affermazione, poiché sembra che la presenza di carotene nei tessuti crei una migliore correlazione con l'aspettativa di vita massima dei mammiferi, compreso l'uomo, rispetto a qualsiasi altro fattore studiato.[6] Per esempio, l'aspettativa di vita umana massima (120 anni circa) sarebbe correlata ai livelli sierici di carotene da 50 a 300 mcg/dl (microgrammi per decilitro di sangue), mentre altri primati, come il macaco Rhesus, hanno un'aspettativa di vita massima di circa 34 anni con una correlazione di livelli sierici di carotene da 6 a 12 mcg/dl.

Visto che la presenza di caroteni nei tessuti sembra essere il fattore più significativo nel determinare l'aspettativa di vita massima di una specie, la conclusione logica è che gli individui all'interno della specie con livelli di carotene più elevati nei loro tessuti sopravvivono più a lungo degli altri. I livelli di carotene si aumentano attraverso una dieta ad alto contenuto di caroteni misti. Le migliori fonti di caroteni sono le verdure a foglia verde (cavoli neri ricci, cavoli neri e spinaci), frutta e verdura giallo-arancio (albicocche, melone, carote, patate dolci, igname e zucca). Nella tabella 3 si trovano i livelli di carotene per frutta e verdura crude. I caroteni presenti nelle piante verdi si trovano nei cloroplasti con la clorofilla, in genere associati a una proteina o a un grasso. Il beta-carotene è la forma predominante nella maggior parte delle foglie verdi; più il verde è intenso, maggiore è la concentrazione di beta-carotene.

Frutta e verdura di colore arancione (carote, albicocche, mango, patate dolci, igname, zucca) in genere hanno più alte concentrazioni di caroteni provitamina A. Anche in questo caso, il contenuto di provitamina A è proporzionale all'intensità del colore. In frutta e verdura di colore arancione e giallo, le concentrazioni di beta-carotene sono elevate, ma sono presenti anche altri caroteni, tra cui molti con effetti antiossidanti e antitumorali più potenti del beta-carotene. Verdure e frutti rossi e viola (come pomodori, cavolo rosso, frutti di bosco e prugne) contengono una grande quantità di pigmenti attivi di non-vitamina A, tra cui flavonoidi e caroteni. Anche i legumi, i cereali e i semi sono fonti di caroteni.

I succhi forniscono vantaggi maggiori rispetto agli integratori di beta-carotene o agli alimenti ricchi di carotene, perché la spremitura rompe

Tabella 3. Contenuto di carotene in frutta e ortaggi crudi

Microgrammi per 100 grammi

Cavolo riccio	75.000	Albicocche	3500
Spinaci	37.000	Pesche	2700
Cavolo riccio	20.000	Arance	2400-2700
Zucca Butternut	17.700	Meloni	2100-6200
Carote	11.100	Zucca gialla	1400
Barbabietola, foglie	10.000	Papaia	1100-3000
Pomodori	7200	Peperone verde	900-1100
Cavolini di Bruxelles	7000	Zucchine	900
Mele, con buccia	5500-12.600	More	600
Broccoli	5200	Uva	200
Zucca Acorn	3900	Mele, senza buccia	100-500

le membrane cellulari, liberando importanti composti nutrizionali come i caroteni che altrimenti restano bloccati nelle pareti cellulari della pianta. Gli integratori di beta-carotene, anche se benefici, forniscono solo un tipo particolare di carotene, mentre spremere una grande varietà di alimenti ricchi di caroteni ne procura una vasta gamma, molti dei quali con proprietà più vantaggiose di quelle del beta-carotene.

Per esempio, la luteina è un carotene giallo-arancio che pare protegga dalla degenerazione maculare[7], mentre il licopene – un carotene rosso che si trova nei pomodori, nell'anguria e in altri frutti e ortaggi rossi – ha suscitato interesse per la sua capacità di proteggere dalle malattie cardiache e dai principali tumori (seno, colon, polmone, pelle, prostata).[8]

In uno degli studi esistenti più dettagliati sul licopene, i ricercatori di Harvard hanno rilevato, negli uomini che consumavano alti livelli di licopene (6,5 mg al giorno), una diminuzione del 21% del rischio di cancro alla prostata rispetto a chi ne assumeva quantità più basse.[9] Nel corso dei 22 anni dello studio, gli uomini che prendevano due o più porzioni di salsa di

Succhi, alimenti o integratori?

Aumentare i livelli di licopene, luteina e zea-xantina può essere veramente importante per proteggersi dallo sviluppo della degenerazione maculare. Gli integratori di licopene e luteina stanno facendo capolino nel mercato, ma sono ancora relativamente costosi, soprattutto se si confrontano i prezzi con quelli degli alimenti fonte di questi caroteni.

FONTE DI LICOPENE	MILLIGRAMMI TOTALI DI LICOPENE	COSTO
Concentrato di pomodoro, 30 mg	16	€0,25
Integratore di licopene (1 capsula-15 mg)	15	€0,43
1 lattina di concentrato di pomodoro	192	€1,25
Integratore di licopene (1 conf. di 60 capsule da 15 mg cad.)	900	€26,00

In breve, sembra che il modo più economico e più sano per aumentare i livelli di licopene, luteina e zea-xantina sia attraverso la dieta. Segue la top 20 degli alimenti più ricchi di questi importanti carotenoidi.

- Arancia
- Broccoli
- Cavolini di Bruxelles
- Cetriolo
- Concentrato di pomodoro o succo
- Fagioli verdi
- Kiwi
- Mais
- Mango
- Mela
- Melone
- Peperoni (rosso, arancione, verde, giallo)
- Pesca
- Piselli
- Scalogno
- Sedano
- Uva rossa
- Uva verde
- Verdura verde (spinaci, cavoli, bietole)
- Zucche (zucchine, zucca Butternut ecc.)

pomodoro ogni settimana avevano il 23% in meno di possibilità di sviluppare il cancro alla prostata, rispetto agli uomini che ne consumavano meno di una porzione al mese. È stato dimostrato che il consumo di licopene riduce il rischio di malattie cardiache, cataratta e degenerazione maculare.

Ma si può consumare troppo carotene? Studi condotti sul beta-carotene non ne hanno dimostrato una significativa tossicità, anche se usato in alte dosi nel trattamento di numerose patologie mediche.[10] Tuttavia, l'aumento del consumo di carotene può portare a un colorito della pelle leggermente giallo-arancio, a causa del suo deposito nelle cellule epiteliali. In questo caso si parla di carotenodermia ed è probabilmente un segno positivo, perché indica che il corpo ha una buona scorta di caroteni.

Flavonoidi: modificatori della risposta biologica della natura

I flavonoidi sono pigmenti vegetali che esercitano un'attività antiossidante, in genere più potente ed efficace, contro una più vasta gamma di ossidanti rispetto ai nutrienti antiossidanti tradizionali, quali vitamine C ed E, beta-carotene, selenio e zinco. I flavonoidi colorano i frutti e i fiori e sono responsabili di molte delle proprietà medicinali di alimenti, succhi, erbe e polline di api. Secondo la loro struttura chimica sono stati caratterizzati e classificati più di 8000 composti flavonoidi, talvolta soprannominati "modificatori della risposta biologica della natura" a causa delle loro proprietà antinfiammatorie, antiallergiche, antivirali e antitumorali.[11]

I flavonoidi sono considerati nutrienti "semi-essenziali", ma a mio avviso sono importanti per l'alimentazione umana tanto quanto i cosiddetti nutrienti "essenziali". Visto che possiedono un'attività antiossidante molto più ampia, così come effetti antitumorali, inserite nella vostra dieta quanti più flavonoidi diversi potete.

Studi recenti sostengono che i flavonoidi sono utili nella prevenzione e nella cura di una lunga serie di patologie, comprese le malattie cardiovascolari, i tumori e le allergie. Di fatto molti degli effetti medicinali degli alimenti, dei succhi, delle erbe e dei prodotti delle api (come per esempio polline e propoli) sono ormai noti per essere direttamente correlati al loro contenuto flavonoide. Flavonoidi differenti forniscono benefici diversi. Per esempio, i

Tipi di flavonoidi

• Le antocianidine e OCP (oligomeri proantocianidolici o proantocianidine) sono i pigmenti blu o viola che si trovano nell'uva, nei mirtilli e in altri alimenti e possono anche venire estratti anche dalla corteccia di pino. Queste sostanze aiutano prevenire la distruzione del collagene, una proteina importante per la salute della pelle e del tessuto connettivo. Gli estratti dei semi d'uva e della corteccia di pino sono integratori diffusi che forniscono OCP.

• La quercetina si trova in molti alimenti, ma una delle migliori fonti alimentari è la cipolla. La quercetina spesso è utilizzata per curare le allergie.

• I bioflavonoidi degli agrumi sono presenti in arance, lime, limoni e pompelmi; pare migliorino la circolazione sanguigna e aumentino l'integrità dei piccoli vasi sanguigni (capillari). Spesso i bioflavonoidi degli agrumi vengono inglobati negli integratori di vitamina C, perché ne migliorano l'attività.

• I polifenoli sono flavonoidi complessi contenuti in alimenti come tè verde, vino rosso e persino cioccolato. Proteggono dalle malattie cardiache e da varie tipologie di cancro, in particolare dai tumori del tratto gastrointestinale, poiché agiscono neutralizzando le sostanze cancerogene come le nitrosammine.

flavonoidi responsabili dei colori che vanno dal rosso al blu di mirtilli, more, ciliegie, uva, bacche del biancospino e di molti fiori sono chiamati antocianine e proantocianidine, si trovano nella polpa del frutto così come nella buccia ed esercitano una forte attività legata alla "vitamina P". Tra le loro capacità c'è quella di aumentare i livelli di vitamina C all'interno delle nostre cellule, diminuire la permeabilità e la rottura di piccoli vasi sanguigni, proteggere contro i danni dei radicali liberi e rafforzare le articolazioni.

I flavonoidi hanno anche un effetto molto benefico sul collagene, la proteina più abbondante del nostro organismo, responsabile dell'integrità della sostanza di base che tiene insieme i tessuti del nostro corpo. Il collagene si trova anche in tendini, nei legamenti e nella cartilagine, viene distrutto con i processi infiammatori che si verificano con l'artrite reumatoide, la perio-

Tabella 4. Contenuto di flavonoidi in alcuni alimenti

Milligrammi per 100 grammi

ALIMENTO	4- OXO FLAVONOIDI*	ANTOCIANINE	CATECHINE+	BIFLAVANI
Frutta				
Albicocche	10-18		25	
Amarene		45		25
Arance, succo	20-40			
Arance, succo	50-100			
Biancospino, bacche			200-800	
Ciliegie			6-7	15
Fragole	20-100	15-35	30-40	
Lamponi neri		300-400		
Lamponi rossi		30-35		
Mela	3-16	1-2	20-75	50-90
Mela, succo				15
Mirtilli		130-250	10-20	
Mirtilli rossi americani	5	60-200	20	100
Pere	1-5		5-20	1-3
Pesche				
Pompelmo	50			
Prugne, blu		10-25	200	

ALIMENTO	4-OXO FLAVONOIDI*	ANTOCIANINE	CATECHINE+	BIFLAVANI
Prugne, gialle		2-10		
Ribes nero	20-400	130-400	15	50
Ribes, succo		75-100		
Uva rossa		65-140	5-30	50
Uva, succo	20			
Ortaggi				
Cavolo rosso		25		
Cipolle	100-2000	0-25		
Pomodori	85-130			
Prezzemolo	1400			
Rabarbaro		200		
Altri alimenti				
Cioccolato fondente semidolce				170
Fagioli secchi		10-1000		
Salvia	1000-1500			
Tè	5-50		10-500	100-200
Vino rosso	2-5	50-120	100-150	100-250

* 4-oxo-flavonoidi: la somma di flavanoni, flavoni e flavanoli (compresa la quercetina).

+ Le catechine includono le proantocianidine.

dontite, la gotta e altre condizioni infiammatorie che coinvolgono le ossa, le articolazioni, le cartilagini e altri tessuti connettivi. Le antocianine e altri flavonoidi influenzano il metabolismo del collagene in molti modi:

- hanno la capacità unica di collegare trasversalmente le fibre di collagene rinforzando il naturale reticolo di collagene che forma il cosiddetto tessuto connettivo (sostanza di base, cartilagine, tendini ecc.);
- impediscono i danni dei radicali liberi con la loro azione di potenti antiossidanti e di "cacciatori" dei radicali liberi;
- inibiscono la distruzione di strutture di collagene da parte degli enzimi secreti dai nostri globuli bianchi durante l'infiammazione;
- impediscono il rilascio e la sintesi di composti che promuovono l'infiammazione, quali l'istamina.

I componenti flavonoidi dei frutti di bosco fanno molto bene nei casi di artrite e indurimento delle arterie. Gli alimenti ricchi di antocianine e proantocianidine pare siano in grado di agire sulla prevenzione e sulla potenziale inversione dei processi aterosclerotici spesso letali.

Nella tabella 4 è indicata la quantità di flavonoidi presenti in alcuni alimenti.

Diversi studi hanno dimostrato che le persone che assumono elevate quantità di flavonoidi sviluppano meno probabilità di morire per malattie cardiache o di avere alcuni tipi di tumore o altre malattie croniche. In uno dei più grandi studi mai effettuati, nel quale sono state esaminate le diete di quasi 100.000 donne e uomini, è stato scoperto che chi aveva mangiato frutta e verdura ricca di diversi flavonoidi registrava un rischio di mortalità minore per attacchi cardiaci e ictus.[12] Altre ricerche hanno provato un rischio minore per altre malattie croniche che coinvolgevano i polmoni, il cancro alla prostata, il diabete di tipo 2 e l'asma.

E ancora ci sono flavonoidi che sono composti antiallergici notevoli, modificano e riducono tutte le fasi della risposta allergica inibendo la formazione e la secrezione di potenti composti infiammatori. Molti farmaci sviluppati appositamente per malattie allergiche (asma, eczema, orticaria ecc.) sono stati effettivamente ricalcati sulle molecole flavonoidi. Un esempio di flavonoide antiallergico è la quercetina, disponibile in molti frutti e ortaggi; si tratta di un potente antiossidante che inibisce il rilascio di istamina e altri composti allergici.

Clorofilla: agente di pulizia naturale

La clorofilla è il pigmento verde delle piante che si trova nel cloroplasto, un organulo delle cellule vegetali. È nel cloroplasto che l'energia elettromagnetica (luce) viene convertita in energia chimica nel processo noto come fotosintesi. La molecola di clorofilla è fondamentale per ottenere questa reazione.

La clorofilla naturale nelle piante verdi è liposolubile, ma la maggior parte dei prodotti a base di clorofilla che si acquistano nei negozi contiene clorofilla idrosolubile, che non viene assorbita dal tratto gastrointestinale e il cui uso è limitato a patologie ulcerative della pelle e del tratto gastrointestinale.[13] Il suo effetto benefico è in gran parte dovuto alle sue proprietà astringenti, che si accompagnano alla capacità di stimolare la guarigione delle ferite, effetti rilevati anche con l'uso topico di clorofilla idrosolubile nel trattamento di ferite cutanee. La clorofilla idrosolubile viene usata in medicina anche per aiutare l'organismo a controllare l'odore delle feci e delle urine[14].

Per produrre la clorofilla idrosolubile, la molecola della clorofilla naturale deve essere modificata chimicamente. La forma liposolubile, la forma naturale della clorofilla come si trova nel succo fresco, offre diversi vantaggi rispetto alla soluzione idrosolubile. Questo vale in particolare per quanto riguarda la capacità della clorofilla di stimolare l'emoglobina e la produzione di globuli rossi e di alleviare il flusso mestruale eccessivo.[15] Infatti, la molecola di clorofilla è molto simile all'eme, parte della molecola dell'emoglobina dei nostri globuli rossi.

A differenza della clorofilla idrosolubile, quella liposolubile viene assorbita bene dal resto del corpo e contiene altri componenti del complesso cloroplastico (compresi beta-carotene e vitamina K_1) che offrono significativi vantaggi salutari non riscontrati nella clorofilla idrosolubile.

Come altri pigmenti vegetali, anche la clorofilla ha effetti antiossidanti e antitumorali.[16] Alcuni esperti di salute pubblica hanno proposto di aggiungere la clorofilla in bevande, cibi, tabacco da masticare e da fiuto per ridurre il rischio di carcinomi. Sarebbe meglio, però, includere regolarmente nella dieta i succhi freschi di ortaggi a foglia verde, per esempio prezzemolo, spinaci, cavoli ed erbette, che sono ricchi non solo di clorofilla, ma anche di minerali come calcio e caroteni. In alcuni studi emerge come il prezzemolo, per esempio, dovrebbe essere utilizzato ogni volta che mangiamo qualcosa di fritto, arrosto o grigliato perché riduce il rischio di neoplasie legato al consumo di cibi preparati con queste modalità.[17] È probabile che molte altre verdure offrano una protezione similare.

Terpeni: antitumorali naturali

Il termine *terpeni* potrebbe evocare immagini di solventi per la pulizia e, in effetti, i terpeni naturali sono utilizzati come alternativa ai terpeni sintetici in molti prodotti detergenti naturali, ma il loro beneficio primario sulla salute è connesso agli incredibili effetti antitumorali, a livello sia preventivo sia curativo.

Il D-limonene e l'alcol perillyl (monoterpene) sono i terpeni più ampiamente testati, in quanto sono risultati efficaci contro un ampio numero di tumori in studi condotti su animali. Entrambi sono stati provati su esseri umani colpiti da tumori in stadio avanzato, ottenendo risultati incoraggianti: per esempio, assumendo il D-limonene, 6 persone con un carcinoma in stadio avanzato sono riuscite ad arrestare la crescita del tumore, in media da 6 a 12 mesi.[18]

Le migliori fonti alimentari di terpeni sono gli agrumi, i frutti di bosco, le ciliegie e le erbe aromatiche volatili come menta piperita, basilico, timo e rosmarino. Le bucce degli agrumi, in particolare quelle dei limoni, sono una fonte ricca di D-limonene, per cui assicuratevi di spremere anche le bucce.

In sintesi

I succhi freschi contengono una vasta gamma di sostanze, un tempo denominate collettivamente anutrienti, ma oggi semplicemente chiamate fitochimici. In questa categoria sono inclusi enzimi e pigmenti come caroteni, clorofilla e flavonoidi e altri componenti. Anche se queste sostanze possiedono poco o nessun vero e proprio valore dal punto vista strettamente nutrizionale, apportano incredibili benefici alla salute.

Sempre più spesso, gli esperti si stanno rendendo conto che non solo i nutrienti essenziali sono importanti. Una dieta sana deve includere, oltre a livelli adeguati di sostanze nutritive note, anche grandi quantità di frutta e verdura fresche per il loro alto contenuto di nutrienti sconosciuti e conosciuti, anutrienti, sostanze fitochimiche e altri "agenti di guarigione accessori". Bere frutta fresca e succhi di verdura è un modo fenomenale, perché semplice, veloce e piacevole, per aumentare l'assunzione di questi agenti di guarigione.

Per cominciare

Come spremere

Per ottenere il meglio dalla spremitura di frutta e verdura è necessario scegliere un apparecchio adatto tra i molti presenti sul mercato. Prima di descrivere le caratteristiche dei diversi apparecchi, è importante capire la differenza tra spremitore, o estrattore, e frullatore.

Lo spremitore separa il liquido dalla polpa. Ricordatevi che la fibra è molto importante, ma è il succo che nutre le nostre cellule ed è il succo quello che viene assorbito.

Un frullatore, invece, è progettato per liquefare tutto ciò che ci si mette dentro, triturandolo ad alte velocità: può liquefare, ma ciononostante i nutrienti non vengono rilasciati. Detto questo, un frullatore può essere molto utile se combinato con un estrattore per ottenere degli ottimi frullati.

Un tempo gli spremitori si acquistavano solo nei negozi di alimenti naturali, ora si trovano ovunque. La maggior parte dei grandi magazzini, di solito, offre solo una selezione di estrattori a bassa potenza, però se volete fare sul serio con la vostra salute, acquistate un buon estrattore.

Tipi diversi di estrattori

Gli estrattori di succo utilizzano delle lame, o dei dischi, che tagliano la frutta o la verdura in piccoli pezzi per farla poi girare vorticosamente, separando il succo dalla polpa; la maggior parte è in grado di spremere molti tipi di frutta e verdura, incluse le bucce, i semi e i germogli. Alcuni fanno anche sorbetti, paté o il burro di semi. Attualmente sul mercato esistono tre tipi principali di estrattori di succo, ciascuno con i suoi vantaggi e svantaggi:

- centrifughe;
- estrattori di succo masticatori;
- estrattori di succo trituratori.

Centrifughe

Le centrifughe sono tra gli estrattori di succo meno costosi e più diffusi. Inserendo il prodotto nel tubo di alimentazione, esso entra in contatto con il fondo del cestello, dove viene grattugiato o ridotto in piccoli pezzi o in polpa. Poi, grazie alla forza centrifuga, i minuscoli pezzi grattugiati vengono gettati contro i lati del cestello per estrarre il succo. A seconda del modello, la polpa viene espulsa o trattenuta all'interno dell'apparecchio.

Le centrifughe sono facili da usare e anche convenienti (in genere si va dai 50 ai 200 €). Tuttavia, poiché la centrifuga ruota a una data velocità, con giri al minuto molto alti, il succo diventa schiumoso e si ossida rapidamente. Quando il succo si ossida, può diventare amaro e perdere alcuni dei fitochimici a causa del calore generato nella trasformazione. Queste macchine possono risultare piuttosto laboriose da pulire.

Estrattori di succo masticatori

Gli estrattori di succo masticatori (noti anche come estrattori a singola coclea) non utilizzano la forza centrifuga. L'alimento viene inserito in un tubo ed entra in contatto con una coclea (una vite senza fine) che "mastica" la frutta o la verdura riducendola in polpa, proprio come quando mastichiamo il cibo. La polpa viene schiacciata su un filtro per estrarre il succo e poi espulsa.

Gli estrattori di succo masticatori sono più efficienti delle centrifughe, perché ottengono più succo dalla stessa quantità di alimento crudo. Hanno anche una velocità di giri al minuto ridotta, in particolare gli estrattori lenti (vedi il riquadro a pagina 65), che permette di diminuire la schiuma e l'ossidazione. La maggior parte dei modelli è adatta a una gran varietà di frutta e verdura e alcuni possono anche fare sorbetti, burro di semi, paté, alimenti per l'infanzia e altro ancora. Sono macchine resistenti, ma hanno dei tubi di alimentazione piccoli per cui frutta e verdura vanno tagliate in pezzetti, prima di essere inserite. In genere sono piuttosto pesanti, poco maneggevoli e costose.

Estrattori di succo trituratori

I trituratori sono estrattori di succo a doppio albero, con due ingranaggi usati per triturare frutta e verdura crude. Sono gli estrattori più efficienti in assoluto e hanno una velocità al minuto a bassissimi giri, per cui gli effetti di schiuma e ossidazione sono pressoché nulli. Sono più efficienti anche nella spremitura del grano e delle verdure a foglia verde. Così come i modelli masticatori possono fare sorbetti, paté, alimenti per l'infanzia e altro ancora. Purtroppo, sono piuttosto costosi e più lenti rispetto a centrifughe e masticatori. Anche la pulizia è più laboriosa, perché questi apparecchi sono più ingombranti da smontare e riassemblare.

Qualche consiglio

In ogni categoria esistono buoni estrattori di succhi, perciò è difficile consigliare un articolo piuttosto che un altro. Però esistono alcune linee guida generali:

- se avete intenzione di utilizzare uno spremitore solo di tanto in tanto o non vi interessa fare il burro con i semi, i sorbetti o altre cose, allora orientatevi su una centrifuga. Assicuratevi però che sia di ottima qualità, perché la differenza tra i modelli di fascia alta e di fascia bassa è enorme;
- un estrattore di succo masticatore, in particolare un estrattore a spremitura lenta, è un'ottima scelta se pensate di fare succhi di frequente e volete di più da un estrattore, a parte un ottimo prezzo. Probabilmente questi estrattori vi dureranno una vita e inoltre combinano la facilità d'uso e una migliore qualità del succo;
- un estrattore di succo trituratore è ideale per chi segue una dieta crudista, desidera una maggiore funzionalità e spreme frutta e verdura regolarmente. È costoso, ma in generale vale l'investimento se si pensa di spremere anche il grano con una certa frequenza.

Anche se "spremere" può sembrare un'operazione ovvia, prendetevi del tempo per leggere il manuale o guardare il video didattico, se è incluso nella confezione dell'estrattore. Le linee guida per i tipi di frutta e verdura sono spiegate nei prossimi due capitoli.

Che cos'è un estrattore a spremitura lenta?

Gli estrattori che usano una spremitura lenta funzionano a soli 80 giri al minuto, invece dei 1000-24.000 giri tipici di una centrifuga ad alta velocità. L'estrattore per eccellenza in questa categoria è lo spremitore Hurom, i cui produttori sono anche titolari dell'esclusiva tecnologia brevettata. Questo è l'estrattore che possiedo al momento. Un estrattore a spremitura lenta è un po' diverso da un tipico masticatore in quanto utilizza la coclea a vite come un mortaio per schiacciare e spremere il succo di frutta o verdura, espelle molto più succo dagli alimenti e lascia la polpa molto più secca. L'importante vantaggio di questo spremitore è dato dal fatto che il basso numero di giri conserva i preziosi enzimi, nutrienti e sostanze fitochimiche, perché non crea calore, ha meno attrito e danneggia meno i cibi nel processo di spremitura. Quando si usano velocità più elevate, questi composti hanno maggiori probabilità di danneggiarsi e di conseguenza il sapore risulta un po' più amaro. Un estrattore a spremitura lenta generalmente produce succhi di qualità superiore e dal gusto migliore. Questo è il motivo principale per cui io uso l'estrattore Hurom.

Acquistare prodotti biologici locali

Vi consiglio vivamente di acquistare sempre frutta e ortaggi biologici e locali. L'unico modo che abbiamo per chiedere una riduzione rilevante di pesticidi ed erbicidi è quello di smettere di comprare gli alimenti che vengono trattati. Negli Stati Uniti, l'EPA (agenzia per la protezione dell'ambiente) stima che, ogni anno, più di 540 miliardi di kg di pesticidi ed erbicidi vengano sparsi nelle colture alimentari. Questo significa che per ogni uomo, donna e bambino sono destinati 2,22 kg di pesticidi. La preoccupazione crescente è che oltre a questi veleni, che causano un numero significativo di tumori, l'esposizione ad essi danneggi i meccanismi di detossificazione del nostro corpo, aumentando così il rischio di ammalarsi di cancro e di altre malattie.

Siamo tutti esposti ai pesticidi e ad altre tossine presenti nell'aria che respiriamo, nell'ambiente e nel cibo che mangiamo. Per capire come i pesticidi possano essere problematici, diamo un rapido sguardo ai problemi di salute dei contadini. Lo stile di vita degli agricoltori è generalmente più salutare rispetto a quello di chi vive nelle città: hanno accesso a tanto cibo fresco, respirano aria pulita, sono impegnati in un'attività fisica varia e hanno un tasso più basso di consumo di tabacco e alcolici. Eppure le ricerche dimostrano che i contadini hanno un rischio maggiore di sviluppare linfomi, leucemie e tumori dello stomaco, della prostata, del cervello e della pelle.[1]

Forse i pesticidi più problematici sono quelli della famiglia degli idrocarburi alogenati – DDE (dichlorodiphenyltrichloroethylene), PCB (policlorobifenili), PCP (pentaclorofenolo), dieldrin e clordano. Queste sostanze chimiche restano nell'ambiente per un tempo indefinito come il DDT (dichlorodiphenyltrichloroethane), un pesticida che è stato vietato dal 1972 negli Stati Uniti e dal 1978 in Italia e che può ancora essere trovato nel suolo e negli ortaggi come carote e patate. Così come l'ambiente, anche i nostri organismi fanno molta fatica a disintossicarsi e a eliminare questi composti che, però, finiscono per accumularsi nelle cellule adipose. Inoltre, all'interno dell'organismo queste sostanze chimiche possono agire come fossero estrogeni e sono quindi sospettate di essere una delle principali cause della crescente epidemia di problemi di salute legati a questi ormoni, tra cui il cancro al seno. È scientificamente provato che queste sostanze chimiche aumentano il rischio di linfomi, leucemie e cancro del pancreas e sono responsabili della fertilità ridotta negli uomini (bassa conta di spermatozoi).

Evitare i pesticidi è particolarmente importante nei bambini in età prescolare, i quali sono a rischio per due motivi: mangiano più cibo rispetto alla loro massa corporea e consumano alimenti con piu residui di pesticidi quali succhi, frutta fresca e verdura. Uno studio dell'Università di Washington del 2006 ha analizzato i livelli di residui di pesticidi organo fosforici (una classe di insetticidi che arrestano il sistema nervoso) presenti nelle urine di 39 bambini di età tra i 2 ei 4 anni, provenienti dalla città e da zone suburbane. Le concentrazioni di pesticidi metaboliti erano 6 volte più basse nei bambini che avevano mangiato frutta e verdura biologica, rispetto a chi aveva preso alimenti prodotti in modo convenzionale.[2]

Dopo un'analisi sui residui dei pesticidi effettuata tra il 1999 e il 2000, il Dipartimento dell'Agricoltura degli Stati Uniti e l'Unione Americana dei Consumatori hanno messo in guardia i genitori di bambini piccoli affinché limitino o evitino di dare ai figli alimenti coltivati in modo convenzionale per l'alta percentuale di residui pesticidi presenti, per esempio mele, meloni, fagiolini (in scatola o congelati), pere, fragole, pomodori e zucche invernali.

Ecco i miei consigli per evitare i pesticidi nella vostra dieta.

- Limitate il consumo di alimenti per la cui produzione, tipicamente, si utilizzano i pesticidi, come carne, uova, formaggio e latte.
- Cercate di acquistare prodotti di stagione e a km 0.
- Acquistate prodotti biologici coltivati senza l'ausilio di pesticidi e fertilizzanti sintetici.
- Sviluppate un buon rapporto con il vostro negoziante di fiducia. Spiegategli il vostro desiderio di ridurre l'esposizione a pesticidi e cere e chiedetegli quali sono le misure che prende per assicurarsi che i residui di pesticidi siano entro i limiti approvati.
- Sbucciate o rimuovete lo strato esterno di alcuni prodotti: potrebbe essere tutto quello che dovete fare per ridurre i livelli di pesticidi. Il rovescio della medaglia è che molti dei benefici nutrizionali sono concentrati nella buccia e negli strati esterni. Una misura alternativa da adottare è quella di rimuovere i residui di pesticidi superficiali, le cere, i fungicidi e i fertilizzanti, mettendo a bagno i prodotti in una soluzione in cui avete sciolto del sapone puro o del sapone di Marsiglia naturale. Detergenti biodegradabili naturali si trovano anche nella maggior parte dei negozi di alimenti naturali: spruzzate l'alimento con il detergente, strofinate delicatamente e risciacquate.

In sintesi

Per preparare succhi di frutta e verdura freschi, avrete bisogno di un buon apparecchio. Ogni tipo di estrattore ha pregi e difetti. Per quanto riguarda gli alimenti, è meglio acquistare prodotti locali e biologici. Aumentano le prove sulla pericolosità dei pesticidi per la nostra salute. Se comprate alimenti non biologici è importante che prendiate le giuste precauzioni per ridurre l'esposizione alle tossine.

Guida alla frutta da spremere

A voler essere precisi, un frutto è l'ovaio maturo di un fiore femminile, ma per i nostri scopi diciamo che i frutti sono quegli elementi vegetali che consumiamo solitamente come antipasto, dolce, merenda. I più noti e facilmente reperibili sono descritti qui di seguito, partendo dalle diverse tipologie, dalle origini, dai loro benefici nutrizionali, per poi passare alla scelta della frutta e a come prepararla per la spremitura. In generale, quando si spreme la frutta, per esempio mele e pere, è consigliabile iniziare con quella più morbida e continuare con la più dura. Preparatela secondo le linee guida che trovate più avanti e seguendo il manuale del vostro estrattore.

Visto che la frutta contiene una discreta quantità di zucchero naturale, in genere si raccomanda di assumere non più di 250 ml di succo alla volta per una o due volte al giorno. Gli zuccheri vengono assorbiti piuttosto rapidamente e questo è positivo, se avete bisogno di un po' di energia rapida, ma se soffrite di ipoglicemia, diabete, candidiasi o gotta, anche piccole porzioni di frutta o di succo possono peggiorare la situazione. Se avete una di queste patologie, vi raccomando di limitare i succhi di frutta a non più di 125 ml (mezzo bicchiere) alla volta, non più di due volte al giorno.

Albicocca

L'albicocca è tecnicamente classificata come drupa: un frutto carnoso contenente un solo seme osseo. Fa parte della stessa famiglia di mandorla, ciliegia, pesca e prugna, tutte originarie della Cina. Pare sia stato Alessandro Magno a introdurre l'albicocca in Grecia e quindi nella civiltà occidentale.

Benefici

Le albicocche sono una buona fonte di caroteni, quali licopene e luteina, che danno i colori rosso e arancione a frutta e verdura. I caroteni sono particolarmente benefici per prevenire la degenerazione maculare, le malattie cardiache e i tumori.

Le albicocche sono anche una buona fonte di potassio, magnesio e ferro. Le albicocche essiccate sono molto diffuse, ma la maggior parte contiene alti livelli di diossido di zolfo o anidride solforosa, un gas usato come conservante che è un allergene comune e che viene aggiunto durante il processo di essiccazione per inattivare gli enzimi che farebbero marcire il frutto. È bene privilegiare prodotti conservati con metodi che non prevedano lo zolfo.

Analisi nutrizionale

3 ALBICOCCHE SENZA NOCCIOLO (110 g)		
Nutrienti ed energia	**Vitamine**	**Minerali**
Acqua 88 g	Vitamina A 90 RE	Potassio 115 mg
Calorie 55 kcal	Vitamina C 10 mg	Calcio 20 mg
Proteine 2 g	Tiamina 0,03 mg	Ferro 0,6 mg
Grassi tracce	Riboflavina 0,04 mg	Magnesio 7 mg
Carboidrati 12,8 g	Niacina 0,6 mg	Fosforo 23 mg

Cosa significa la sigla RE?

Nei riquadri delle pagine che seguono, i livelli di assunzione della vitamina A (retinolo) sono espressi in RE (retinolo equivalenti), secondo la seguenti relazioni:

- 1 RE = 1 microgrammi di retinolo = 2 microgrammi di beta-carotene dissolto in olio = 6 microgrammi di beta-carotene presente nei cibo = 12 microgrammi di altri carotenoidi presenti nel cibo, come alfa-carotene, gamma-carotene, beta-cryptoxanthin).

Scelta

Le albicocche devono essere di colore giallo-arancione, rotonde e del diametro di circa 5 cm. La buccia delle albicocche mature cede sotto una leggera pressione. Se il frutto è duro o ha un aspetto più giallo, è acerbo; se è piuttosto morbido o pastoso, è troppo maturo. La stagione delle albicocche va da giugno ad agosto.

Preparazione per la spremitura

Lavate sotto l'acqua corrente le albicocche biologiche prima di asportare i piccioli, altrimenti assorbono troppa acqua. Tagliatele a metà e denocciolatele.

Ricette di succo di albicocca

Le albicocche sono più asciutte (circa 85% di acqua in meno) rispetto a molti altri frutti carnosi e quindi non sono ideali da utilizzare come unico ingrediente per un succo. Si sposano bene con altri tipi di frutta, soprattutto mele, arance e pesche. Oltre alle ricette riportate qui di seguito, nell'indice trovate succhi con albicocche e altri ingredienti.

ALBICOCCA-ARANCIA

- 4 albicocche, senza nocciolo
- 2 arance, senza buccia

ALBICOCCA-PERA

- 4 albicocche, senza nocciolo
- 1 pera, a fette

Ananas

L'ananas è originario del Sudamerica e pare sia stato visto per la prima volta nel 1493 da Cristoforo Colombo, anche se in alcuni mosaici romani si possono trovare dei frutti simili. Oggi le piantagioni commerciali si trovano nelle Hawaii, in Florida (gli USA sono il primo produttore mondiale), nelle Filippine, in Asia sudorientale, in America Latina e a Cuba. La polpa dell'ananas ha un sapore particolare, che a molti ricorda un mix di mela, fragola e pesca.

Benefici

L'ananas fresco è ricco di bromelina, un insieme di enzimi proteolitici (cioè coinvolti nella digestione delle proteine) che aiutano la digestione e riducono l'infiammazione e il gonfiore e sono stati usati in via sperimentale come agenti antitumorali. In studi clinici umani la bromelina ha mostrato di avere effetti antinfiammatori significativi, di essere in grado di ridurre il gonfiore in condizioni infiammatorie come sinusite acuta, mal di gola, artrite e gotta e di accelerare il recupero da infortuni e interventi chirurgici. Per massimizzare gli effetti antinfiammatori della bromelina, l'ananas va consumo lontano dai pasti, cosicché i suoi enzimi non vengano utilizzati per la digestione.[1]

L'ananas è una fonte eccellente di manganese, un minerale traccia che è un fattore essenziale in un certo numero di enzimi importanti nella produzione di energia e difese antiossidanti. Per esempio, il ruolo antiossidativo dell'enzima superossido dismutasi, che disarma i radicali liberi prodotti all'interno dei mitocondri (le fabbriche di produzione di energia all'interno delle cellule), richiede manganese. Una tazza di succo d'ananas fresco fornisce più del 50% del fabbisogno quotidiano di questo importante minerale traccia.

Analisi nutrizionale

1 TAZZA DI ANANAS A PEZZETTI E SENZA BUCCIA (155 g)		
Nutrienti ed energia	**Vitamine**	**Minerali**
Acqua 135 g	Vitamina A 4 RE	Potassio 175 mg
Calorie 77 kcal	Vitamina C 23,9 mg	Calcio 11 mg
Proteine 0,6 g	Tiamina 0,143 mg	Ferro 0,57 mg
Grassi 0,66 g	Riboflavina 0,056 mg	Magnesio 21 mg
Carboidrati 19,21 g	Niacina 0,651 mg	Fosforo 11 mg
		Sodio 1 mg

Scelta

L'ananas deve essere privo di macchie di muffa o marciume. Controllate la base dello stelo. L'ananas maturo ha un profumo fruttato e intenso, un colore che tende più al giallo che al verde ed è pesante per le sue dimensioni.

Preparazione per la spremitura

Tagliate la parte superiore. Lavate e strofinate bene l'ananas. Se il vostro estrattore lo consente, tagliate l'ananas con la buccia e spremetelo così.

Ricette di succo d'ananas

L'ananas ha poche calorie ed è una base fantastica per le bevande a base di frutta, in particolare quando viene mescolato ai frutti di bosco. Consultate l'indice per trovare ricette di succhi con ananas e altri ingredienti.

Anguria

Originaria dell'Africa, l'anguria è coltivata in Europa e in Asia dall'antichità. Oggi cresce in tutto il mondo in climi tropicali, semitropicali e nelle zone temperate. Esistono almeno 50 varietà diverse di anguria. In Italia le principali cultivar sono l'anguria romagnola, il gigante di Fontarronco, l'anguria di Viadana, il cocomero di Pistoia e di Faenza.

Benefici

L'anguria è un'ottima fonte di acqua pura e un eccellente diuretico. Ha poche calorie e se il succo viene preparato utilizzando anche la buccia e i semi, ricchi di nutrienti, la qualità nutrizionale aumenta molto.

Analisi nutrizionale

1 TAZZA DI POLPA DI ANGURIA SENZA SEMI (160 g)		
Nutrienti ed energia	**Vitamine**	**Minerali**
Acqua 146,42 g	Vitamina A 58 RE	Potassio 186 mg
Calorie 50 kcal	Vitamina C 15,4 mg	Calcio 13 mg
Proteine 0,99 g	Tiamina 0,128 mg	Ferro 0,28 mg
Grassi 0,68 g	Riboflavina 0,032 mg	Magnesio 17 mg
Carboidrati 11,5 g	Niacina 0,32 mg	Fosforo 14 mg
		Sodio 3 mg

Scelta

Molte persone “bussano” sulla buccia dell’anguria per capire se risuona come fosse vuota e, se lo fa, significa che è matura, ma questa pratica non garantisce sempre una valutazione corretta. Scegliete angurie con una buccia liscia e il “ventre” (il punto dove il frutto poggiava sul terreno durante la maturazione) color crema. Nonostante tutte le attenzioni, è comunque difficile stabilire la qualità di un cocomero senza tagliarlo a metà. Una volta aperto gli indicatori di un buon frutto sono la polpa soda, succosa, con un colore acceso e i semi neri (a seconda della varietà). La presenza di striature bianche nella polpa di solito indica che il frutto non è maturo.

Preparazione per la spremitura

Lavate, strofinate e sciacquate le angurie. Tagliatele (con la buccia) in lunghe strisce che poi metterete nell’estrattore.

Ricette di succo di anguria

Il succo di cocomero è ottimo consumato da solo o miscelato al succo di melone. Consultate l’indice per trovare i succhi con anguria e altri ingredienti.

Arancia

L’arancia moderna è il risultato dell’evoluzione di qualità autoctone della Cina e del Sudest asiatico. In alcuni testi antico-romani si trova citata già nel I secolo.

Oggi è l’agrume più diffuso al mondo e se ne coltivano centinaia di varietà: a polpa bionda o a polpa rosa. Solo in Italia le varietà sono più di 20, adatte sia al consumo a tavola sia alla spremitura. La definizione “Arancia rossa di Sicilia” indica la tipologia di arance a polpa rossa che seguono il disciplinare Arancia rossa di Sicilia IGP. A Ribera, in provincia di Agrigento, si coltiva invece un frutto a marchio DOP, l’Arancia di Ribera, particolarmente apprezzata per le qualità organolettiche.

Benefici

Tutti sanno che le arance sono un'ottima fonte di vitamina C. Altrettanto importante, per il valore nutrizionale delle arance, è il loro contenuto di flavonoidi. Grazie alla combinazione di vitamina C e flavonoidi questo frutto è un valido aiuto per rafforzare il sistema immunitario, sostenendo il tessuto connettivo dell'organismo – come articolazioni e gengive – e nel complesso promuovendo la salute.

Uno dei più importanti flavonoidi dell'arancia è l'esperidina che, in studi fatti su animali, ha dimostrato di abbassare la pressione sanguigna e il colesterolo e di avere delle forti proprietà antinfiammatorie. La maggior parte dell'esperidina si trova nella buccia e nell'albedo (la polpa bianca sotto al buccia) piuttosto che nel liquido arancione della polpa.[2]

È stato provato che il consumo di arance e di succo d'arancia protegge contro il cancro, sostiene il sistema immunitario e contribuisce a combattere le infezioni virali. Oltre alla vitamina C e ai flavonoidi, l'arancia contiene anche buone quantità di caroteni, pectina, potassio e acido folico.

Analisi nutrizionale

1 ARANCIA MEDIA (120 g)		
Nutrienti ed energia	**Vitamine**	**Minerali**
Acqua 104,5 g	Vitamina A 28 RE	Potassio 217 mg
Calorie 59 kcal	Vitamina C 58,7 mg	Calcio 48 mg
Proteine 1,26 g	Tiamina 0,205 mg	Ferro 0,11 mg
Grassi 0,36 g	Riboflavina 0,048 mg	Magnesio 12 mg
Carboidrati 14,49 g	Niacina 0,332 mg	Fosforo 21 mg
		Sodio 0 mg

Scelta

Le arance fresche sono della migliore qualità quando hanno un bel colore, sono pesanti, sode e hanno la buccia liscia. Evitate quelle ammuffite, morbide e gonfie. Le arance si mantengono bene in frigorifero per più di una settimana.

Preparazione per la spremitura

Sbucciate le arance, cercando di mantenere quanto più albedo (parte bianca spugnosa) possibile. Tagliatele a spicchi e mettetele nell'estrattore.

Ricette di succo d'arancia

Il succo d'arancia è delizioso da solo. In genere con tre arance si ottengono circa 240 ml di succo. Oltre alle ricette riportate qui di seguito, nell'indice trovate succhi con arancia e altri ingredienti.

ARANCIA-PAPAIA

- 2 arance, senza buccia
- ½ papaia, senza semi e a fette

ARANCIA-PESCA

- 2 arance, senza buccia
- 1 pesca, senza nocciolo

Banana

La banana è la bacca della pianta di banano, la più grande pianta erbacea dotata di fiore. Il banano non è un albero, ma una pianta, una palma tropicale. La differenza tra un albero e una pianta è che per essere un albero, ci deve essere il legno nello stelo, a partire dal suolo.

Si pensa che le banane siano originarie della Malesia e poi si siano diffuse in India, nelle Filippine e nella Nuova Guinea. Le banane che si trovano in Italia sono di diverse tipologie e la più famosa è la Cavedish, originaria del Vietnam e coltivata soprattutto nelle Canarie, la banana baby o Ladyfinger, piccola, dolce e succosa, e la banana rossa, più rara e particolare, perché ha la polpa rosata. Il platano, molto simile alla banana, è un frutto asiatico, richiede un coltello per essere sbucciato e ha una polpa simile a quella della patata. Viene consumato bollito, fritto e arrosto. Le banane costituiscono, dopo l'uva, il principale raccolto di frutta del mondo.

Benefici

Le banane sono ricche di elementi nutritivi, in particolare di potassio. Una banana media contiene ben 440 mg di potassio e solo 1 mg di sodio.

L'efficacia degli alimenti ricchi di potassio come le banane nell'abbassare la pressione sanguigna e proteggere da malattie cardiache e ictus è dimostrata da molti studi. Per esempio, in una ricerca, durata più di 4 anni, fatta per determinare gli effetti della dieta sulla pressione arteriosa, sono stati seguiti più di 40.000 maschi americani occupati nell'ambito sanitario: gli uomini che si erano attenuti a diete con alimenti molto ricchi di potassio e di magnesio avevano ridotto sostanzialmente il rischio di ictus.[3] Le banane sono una buona fonte di pectina, una fibra solubile che abbassa il colesterolo e normalizza la funzione intestinale. In generale, le banane rilassano il tratto gastrointestinale. I platani si sono dimostrati efficaci nel trattamento delle ulcere peptiche.

Analisi nutrizionale

1 BANANA MEDIA (115 g)		
Nutrienti ed energia	**Vitamine**	**Minerali**
Acqua 85 g	Vitamina A 9 RE	Potassio 451 mg
Calorie 105 kcal	Vitamina C 10,3 mg	Calcio 7 mg
Proteine 1,18 g	Tiamina 0,051 mg	Ferro 0,35 mg
Grassi 0,55 g	Riboflavina 0,014 mg	Magnesio 33 mg
Carboidrati 26,71 g	Niacina 0,616 mg	Fosforo 22 mg
		Sodio 1 mg

Scelta

Le banane migliori sono di colore giallo, senza striature verdi o puntini marroni. Le banane con le punte verdi non sono abbastanza mature, ma continueranno a maturare se conservate a temperatura ambiente. Dopo la maturazione, le banane possono essere conservate in frigorifero e, se la buccia diventa marrone scuro, rimarranno fresche da 3 a 5 giorni. Le banane ammaccate, scolorite o molli sono deteriorate e non vanno consumate.

Preparazione per la spremitura

Le banane non sono ideali da spremere, ma si possono frullare con un frullatore e mischiare poi ad altri succhi freschi. In estate provate a congelare una banana, poi frullatela con del succo fresco di mela e fragola: otterrete uno smoothie delizioso.

Ricette per smoothie di banana

Oltre alla ricetta riportata qui di seguito, nell'indice trovate altri succhi ai quali potete aggiungere le banane.

SMOOTHIE BANANA-MELONE

- ½ melone, a fette
- 1 banana, senza buccia

Fate un succo di melone, poi versatelo nel frullatore, aggiungete la banana e frullate il tutto.

Ciliegia

Le ciliegie sono coltivate nella maggior parte del mondo, anche se non si sa quale sia la loro origine. Esistono due tipi di ciliegia, dolce e acida, e molte varietà: dalla Ferrovia, una ciliegia grossa dal colore rosso brillante, alla Giorgia, un frutto rosso brillante mediamente dolce-acido; dalla Cristalina, cuoriforme dal colore rosso scuro e dal gusto intensamente dolce, alla Black Star, un frutto di grandi dimensioni dal colore rosso scuro. E ancora nel mercato italiano si trovano la Mora di Verona, dal gusto molto dolce; la Mora dalla Punta, tonda e medio grande; la Moretta di Vignola, una nota varietà autoctona modenese leggermente acidula e molto profumata; il Durone Nero di Vignola, un frutto molto grosso dal colore rosso-nero; la Ciliegia di Marostica IGP, dalla caratteristica forma tonda e nota per la sua polpa molto soda e dolce. Le ciliegie sono tra i frutti migliori da spremere. In generale più una ciliegia è scura, meglio è.

Benefici

Le ciliegie, sia dolci sia acidule, sono ricche di vitamina C, beta-carotene, potassio e pectina; contengono anche quantità importanti di boro, che incide favorevolmente sulla salute delle ossa. Il succo di ciliegia veniva usato tradizionalmente nel trattamento e nella prevenzione della gotta – una forma dolorosa di artrite caratterizzata da un aumento di acido urico nel sangue che forma cristalli nelle articolazioni.[4]

In una ricerca è stato chiesto a 10 donne sane di assumere una ciotola di ciliegie a colazione; nei 2 giorni precedenti, non è stato permesso loro di bere tè o vino rosso, né di mangiare fragole o qualsiasi altro frutto o verdura ricco di antiossidanti che avrebbero potuto interferire con la valutazione degli effetti delle ciliegie. I risultati hanno dimostrato che mangiare le ciliegie non solo aveva abbassato i livelli ematici di acido urico, ma aveva anche aumentato l'escrezione urinaria di acido urico e abbassato i marcatori dell'infiammazione come la proteina C reattiva (una sostanza chimica prodotta dal fegato che aumenta rapidamente durante l'infiammazione, come per esempio in un attacco di gotta) e l'ossido nitrico (una molecola strategica che può essere responsabile dei danni alle articolazioni artritiche).[5]

In uno studio clinico di follow-up su uomini e donne in buona salute che avevano consumato l'equivalente di 45 ciliegie al giorno per 28 giorni, sono risultate ancora delle significative riduzioni di proteina C-reattiva e ossido nitrico.[6]

In ricerche più recenti effettuate presso la Boston University School of Medicine in Massachusetts su 633 pazienti con gotta, l'assunzione di ciliegie (½ tazza o 10-12 ciliegie o il loro equivalente in forma di estratto) per 2 giorni è stata associato al 35% in meno di rischio di attacchi di gotta, mentre l'uso di estratto è stato associato al 45% in meno. Il rischio di attacchi di gotta è stato ridotto del 75% quando l'assunzione di ciliegie veniva combinata con l'allopurinolo, il farmaco standard usato nella prevenzione degli attacchi di gotta.[7]

Gli effetti benefici sono dovuti principalmente ai flavonoidi, noti come antocianine. Questi composti sono conosciuti per la capacità di inibire l'infiammazione e apportano anche altri vantaggi alla salute, tra cui la protezione dalle malattie coronariche e alcuni tipi di cancro. In una ricerca condotta presso la Michigan State University è emerso che due delle antocianidine trovate nelle ciliegie – isoquercitrina e quercitrina – inibiscono la crescita del cancro al colon.

Le ciliegie contengono anche alcol perillyl (POH), un composto naturale che sembra essere estremamente potente nel ridurre l'incidenza di tutti i tipi di cancro. Uno studio recente afferma che il POH arresta la crescita delle cellule tumorali privandole delle proteine di cui hanno bisogno per crescere. Nelle ricerche, il POH ha dato buoni risultati nella cura di carcinomi in stadio avanzato di seno, prostata e ovaie e, nei test preclinici, ha anche dimostrato la capacità di contrastare il cancro al seno. Nelle ricerche su animali, il POH ha portato a una regressione dell'81% i piccoli tumori al seno e fino al 75% i tumori al seno in stadio avanzato.[8]

Analisi nutrizionale

1 TAZZA DI CILIEGIE SENZA NOCCIOLO (145 g)		
Nutrienti ed energia	**Vitamine**	**Minerali**
Acqua 117,09 g	Vitamina A 31 RE	Potassio 325 mg
Calorie 104 kcal	Vitamina C 10,2 mg	Calcio 218 mg
Proteine 1,74 g	Tiamina 0,073 mg	Ferro 0,56 mg
Grassi 1,39 g	Riboflavina 0,087 mg	Magnesio 16 mg
Carboidrati 24 g	Niacina 0,58 mg	Fosforo 28 mg
		Sodio 1 mg

Scelta

Le ciliegie buone presentano una superficie brillante, luminosa, piena e gli steli freschi. Dovrebbero essere sode non dure. Le ciliegie troppo mature in genere hanno delle macchioline. La polpa molle che si sfalda e tende al marrone, con presenza di muffa, è segno di marciume.

Preparazione per la spremitura

Lavate le ciliegie sotto l'acqua corrente. Rimuovete gli steli, apritele a metà e togliete il nocciolo, altrimenti usate lo snocciola ciliegie.

Ricette di succo di ciliegie

Il succo delle ciliegie è delizioso da solo, ma può essere utilizzato anche insieme ad altri frutti. Oltre alle ricette riportate qui di seguito, nell'indice trovate succhi con ciliegie e altri ingredienti.

CILIEGIA-ANANAS

- 1 tazza di ciliegie, senza nocciolo
- 1 ananas, con la buccia e a fette

CILIEGIA-PERA

- 1 tazza di ciliegie, senza nocciolo
- 2 pere, a fette

CILIEGIA-PESCA

- 1 tazza di ciliegie, senza nocciolo
- 1 pesca, senza nocciolo
- 1 mela o pera, a fette

Cranberry o mirtillo rosso americano

I cranberry noti anche come mirtilli rossi americani o ossicocchi americani (*Vaccinium macrocarpon, Ait.*) crescono selvatici in Europa, Nordamerica e in Asia, ma sono di origine americana. Non deve essere confuso con il mirtillo rosso, una pianta che produce un frutto simile di origine europea ed asiatica. La maggior parte dei cranberry coltivati provengono dagli Stati Uniti.

Il cranberry è una bacca rossa di discrete dimensioni.

Benefici

I cranberry sono piuttosto amari e sono utilizzati più per i loro benefici curativi che nutrizionali. I frutti e il succo sono impiegati per la cura di infezioni della vescica e, in diversi studi clinici, hanno dimostrato la loro grande efficacia. I cranberry sono stati studiati a lungo per la capacità di ridurre il rischio di infezioni nel tratto urinario. Nel 1994 uno studio controllato con placebo su 153 donne anziane, pubblicato nel "Journal of American Medical Association" (JAMA), ha dimostrato che i mirtilli rossi americani aiutano a prevenire le infezioni del tratto urinario.[9]

Nello studio JAMA, nel gruppo cui era stato somministrato il succo di cranberry, le donne soggette a infezioni del tratto urinario erano meno della metà – 42% per essere precisi – rispetto al gruppo di controllo che aveva ricevuto una bevanda placebo, che non conteneva vero succo di ossicocchi. In questa ricerca innovativa, la dose di succo di cranberry era di 300 ml (circa 1 tazza e ¼), mentre nella maggior parte degli studi successivi i soggetti hanno bevuto circa 470 ml (2 tazze) di succo ogni giorno. Un certo numero di altre ricerche ha ulteriormente confermato l'efficacia di questo frutto sia nella cura sia nella prevenzione delle infezioni del tratto urinario.

Il succo di cranberry non solo acidifica le urine grazie a un agente antibatterico chiamato acido ippurico, ma è stato dimostrato che è in grado di ridurre la capacità del batterio *Escherichia coli* di aderire alle pareti del tratto urinario (perché si verifichi l'infezione, un patogeno deve prima aderire e penetrare la superficie mucosa delle pareti del tratto urinario. Se l'*E. coli* non riesce ad aderire, viene portato via e annullato con il flusso di urina). Circa l'80-90% delle infezioni del tratto urinario sono causate da *E. coli*: i cranberry forniscono una protezione significativa contro questo problema comune.[10]

I mirtilli rossi americani possono essere d'aiuto anche nella prevenzione dei calcoli renali. Questi frutti contengono acido chinico, il quale non essendo scomposto nell'organismo, ma escreto immodificato nelle urine, le rende leggermente acide. Questa lieve acidità impedisce agli ioni di calcio e fosfato di formare dei calcoli insolubili. È stato anche provato che nei pazienti con calcoli renali ricorrenti, il succo di cranberry riduce la quantità di calcio ionizzato di oltre il 50%. Poiché in molti casi (dal 75 all'85% negli Stati Uniti) i calcoli renali sono composti di sali di calcio, gli effetti dei cranberry sul calcio possono portare a dei benefici rilevanti.[11]

Così come altri frutti di bosco, in studi preliminari i cranberry hanno dimostrato di avere effetti considerevoli nella protezione contro le malattie cardiache e il cancro, grazie alla presenza di flavonoidi.[12]

Analisi nutrizionale

1 TAZZA DI CRANBERRY (145 g)		
Nutrienti ed energia	**Vitamine**	**Minerali**
Acqua 122,68 g	Vitamina A 15 RE	Potassio 129 mg
Calorie 82 kcal	Vitamina C 18,9 mg	Calcio 9 mg
Proteine 1 g	Tiamina 0,070 mg	Ferro 0,24 mg
Grassi 0,55 g	Riboflavina 0,073 mg	Magnesio 7 mg
Carboidrati 20,49 g	Niacina 0,521 mg	Fosforo 15 mg
		Sodio 9 mg

Scelta

I cranberry maturi sono pieni, rossi, lucidi e sodi. Quando la qualità è scarsa, il frutto tende ad avvizzire, è opaco e molle. I cranberry freschi possono essere conservati in frigorifero per diversi mesi con una minima perdita di umidità e valore nutrizionale.

Preparazione per la spremitura

Questi frutti non vanno immersi nell'acqua, ma lavati accuratamente sotto l'acqua corrente o passati in una soluzione di acqua e aceto in rapporto 1:3 e poi risciacquati molto bene.

Ricette di succo di cranberry

I cranberry sono un po' amari, per cui è meglio combinarli con frutta più dolce come mele o uva. Oltre alla ricetta riportata qui di seguito, nell'indice trovate succhi con cranberry e altri ingredienti.

CRANBERRY-PERA

- 1 tazza di cranberry
- 2 pere, a fette

Fragola vedi **frutti di bosco**

Frutti di bosco

More, mirtilli, lamponi, fragole, ribes e altri frutti di bosco vengono descritti in un unico gruppo. Questi frutti crescono in molte parti del mondo, soprattutto nell'emisfero settentrionale, e oggi esistono anche centinaia di varietà nate da incroci accidentali o intenzionali (ibridazione).

Benefici

Le bacche sono ricche di sostanze nutrienti vitali a basso contenuto calorico, per questo sono alimenti ottimi per tutte le persone che hanno un debole per i dolci, ma hanno la necessità di non introdurre troppe calorie e al contempo di migliorare la propria qualità nutrizionale.

I succhi freschi fatti con i frutti di bosco in genere contengono meno di 100 calorie per 225 g e sono una ricca fonte di potassio, acqua pura, fibre idrosolubili e flavonoidi; questi ultimi, principalmente un gruppo noto come antocianidine, sono responsabili del colore di questi frutti. Per esempio, il colore nero violaceo delle more viene dall'antocianidina nota come cianidina, mentre il rosso delle fragole è dovuto alla pelargonidina. Gli effetti benefici dei flavonoidi sono spiegati nel capitolo "Che cosa c'è nei succhi? I fitochimici".

Quando i ricercatori della Tufts University hanno analizzato la capacità antiossidante di 60 diversi frutti e ortaggi, i mirtilli hanno dimostrato di essere i più potenti nella distruzione dei radicali liberi. Altri frutti di bosco hanno una significativa capacità antiossidante, ma non raggiungono i livelli dei mirtilli.

La maggior parte della ricerca si è concentrata su mirtilli e fragole, ma probabilmente i ricercatori hanno studiato anche altri frutti di bosco. Gran parte degli studi sui mirtilli si è incentrata sul potere di proteggere cervello e occhi dallo stress ossidativo. Per esempio, i ricercatori hanno scoperto che le cavie di una certa età alimentate con l'equivalente umano di una tazza di mirtilli al giorno, avevano migliorato significativamente sia la capacità di apprendimento sia le capacità motorie e che erano mentalmente equivalenti a cavie più giovani. Quando vennero esaminati i cervelli degli animali, si è notato che le cellule cerebrali delle cavie che si erano nutrite di mirtilli comunicavano più efficacemente tra loro rispetto a quelle delle altre cavie.[13] Anche con le fragole si sono ottenuti effetti simili, per cui probabilmente tutti i frutti di bosco condividono questa efficacia.[14]

L'interpretazione pratica di questi studi è che il consumo di frutti di bosco può aiutare gli esseri umani a combattere i disordini delle malattie cerebrali legati allo stress ossidativo, come per esempio il morbo di Alzheimer e il morbo di Parkinson.

I frutti di bosco sono stati utilizzati a lungo per i loro effetti curativi, e oggi la ricerca avalla molti degli usi popolari di questi frutti. Durante la seconda guerra mondiale, i piloti britannici della Royal Air Force consumavano il bilberry (una varietà di mirtillo) prima delle missioni notturne, seguendo la saggezza popolare che vuole che i mirtilli migliorino la visione notturna. Dopo la guerra, numerosi studi hanno dimostrato che, in effetti, gli estratti di mirtillo fanno migliorare l'acuità visiva notturna, portano a un rapido adattamento dell'occhio al buio e a un più veloce ripristino dell'acuità visiva dopo l'esposizione alla luce forte.

In Europa gli estratti di bilberry sono stati utilizzati dai medici per scopi curativi sin dal 1945. La maggior parte delle applicazioni terapeutiche riguardava disturbi agli occhi. I risultati sono stati particolarmente rilevanti nei soggetti con retinite pigmentosa, sensibilità alla luce, retinopatia diabetica e degenerazione maculare. Inoltre, ulteriori ricerche hanno evidenziato che i mirtilli possono proteggere dalla cataratta e dal glaucoma e possono essere un valido aiuto nel trattamento di vene varicose, emorroidi e ulcera peptica.[15]

La maggior parte degli studi clinici ha utilizzato una varietà di estratti di frutti di bosco, in particolare ribes e mirtilli neri, con forte concentrato di antocianine. Per ottenere una tale concentrazione con la frutta fresca ci vorrebbe un'assunzione giornaliera da 250 a 500 ml di succo fresco.

I frutti di bosco, in particolare le fragole, sono buone fonti di acido ellagico, un composto antitumorale. In uno studio, le fragole sono risultate in cima a una lista di otto alimenti capaci di abbassare i tassi di decessi per cancro in un gruppo di 1271 persone anziane del New Jersey. Le persone che avevano assunto più fragole mostravano una probabilità tre volte minore di sviluppare un tumore rispetto a chi aveva mangiato poche fragole o nessuna.[16]

Uno studio clinico su esseri umani ha dimostrato la potenziale capacità preventiva tumorale dell'assunzione di fragole: su 36 pazienti trattati con una dose di 60 g di polvere essiccata di fragola, il grado istologico di lesioni precancerose all'esofago si è ridotto nell'80%. Data la maggiore concentrazione di composti attivi nelle fragole fresche e crude, il succo fresco potrebbe dare risultati anche migliori.[17]

Analisi nutrizionale

1 TAZZA DI FRUTTI DI BOSCO (115 g)		
Nutrienti ed energia	**Vitamine**	**Minerali**
Acqua 123 g	Vitamina A 24 RE	Potassio 282 mg
Calorie 74 kcal	Vitamina C 30,2 mg	Calcio 46 mg
Proteine 1,04 g	Tiamina 0,043 mg	Ferro 0,83 mg
Grassi 0,65 g	Riboflavina 0,058mg	Magnesio 29 mg
Carboidrati 18,38 g	Niacina 0,576 mg	Fosforo 30 mg
		Sodio 0 mg

Scelta

Acquistate i frutti di bosco freschi. Quando non è stagione, potete comperarli congelati non zuccherati e usarli per gli smoothie, frullandoli con il succo fresco.

Preparazione per la spremitura

Lavate accuratamente i frutti di bosco biologici.

Ricette di succo di frutti di bosco

Mescolate 1 tazza di frutti di bosco e 2 mele per smorzare il sapore forte dei frutti di bosco. Oltre alle ricette riportate qui di seguito, nell'indice trovate succhi con frutti di bosco e altri ingredienti.

FRUTTI DI BOSCO-ANANAS

- 1 tazza di frutti di bosco
- ½ ananas, a fette

FRUTTI DI BOSCO-ARANCIA

- 1 tazza di fragole o di altri frutti di bosco
- 2 arance, senza buccia

FRUTTI DI BOSCO-PERA

- 1 tazza di frutti di bosco
- 2 pere, a fette

TRIS DI FRUTTI DI BOSCO

- ½ tazza di more
- ½ tazza di fragole
- ½ tazza di altri frutti di bosco
- 1 mela o pera, a fette

Kiwi

Il kiwi è originario della Cina, arrivò in Inghilterra all'inizio dell'Ottocento e nel Novecento si diffuse in Nuova Zelanda, dove furono avviate coltivazioni intensive. Il suo nome, definitivo solo nel 1957, rimanda all'uccello simbolo della Nuova Zelanda per una vaga somiglianza tra l'animale e il frutto. Alla fine del Novecento si diffuse anche in Europa e soprattutto in Italia, ben presto divenuta il secondo produttore al mondo.

Il kiwi è un piccolo ovale marrone, leggermente peloso all'esterno, ma all'interno ha una polpa verde con tanti piccoli semi neri commestibili.

Benefici

Se spremuti con la buccia e con i semi i kiwi sono ricchi di enzimi e pieni di antiossidanti che comprendono la luteina e la zeaxantina, note perché sostengono la salute degli occhi.[18] Inoltre, in uno studio effettuato su bambini di 6-7 anni nell'Italia settentrionale e centrale, è stato dimostrato che più i bambini mangiavano kiwi, meno soffrivano di problemi respiratori compresi respiro sibilante, mancanza di respiro o tosse notturna.[19]

Analisi nutrizionale

1 KIWI GRANDE (90 g)		
Nutrienti ed energia	**Vitamine**	**Minerali**
Acqua 75,58 g	Vitamina A 16 RE	Potassio 302 mg
Calorie 55 kcal	Vitamina C 89 mg	Calcio 24 mg
Proteine 0,9 g	Tiamina 0,018 mg	Ferro 0,37 mg
Grassi 0,4 g	Riboflavina 0,046 mg	Magnesio 27 mg
Carboidrati 13,54 g	Niacina 0,455 mg	Fosforo 37 mg
		Sodio 4 mg

Scelta

I kiwi devono essere sodi, ma non troppo duri; dovrebbero cedere un pochino quando li schiacciate.

Preparazione per la spremitura

Tagliateli con la buccia o senza (se biologici). I kiwi si sposano bene con la maggior parte degli altri frutti, in particolare uva e arance.

Ricette con succo di kiwi

Oltre alle ricette riportate qui di seguito, nell'indice trovate succhi con kiwi e altri ingredienti.

KIWI-ARANCIA

- 3 kiwi
- 2 arance, senza buccia

KIWI-PAPAIA

- 3 kiwi
- ½ papaia, senza semi e a fette

Lampone vedi frutti di bosco

Lime

Il lime è simile al limone, solo più piccolo e più verde. Come il limone è originario di qualche zona del Sudest asiatico e veniva utilizzato dai marinai per combattere lo scorbuto durante i lunghi viaggi, soprattutto dai marinai britannici.

Benefici

I lime non differiscono molto nel valore nutrizionale dai limoni (vedi la voce). Sono un'ottima fonte di vitamina C e forniscono buone quantità di vitamina B_6, potassio e acido folico, oltre a flavonoidi e limonene.

Scelta

I lime devono essere di un bel verde e piuttosto pesanti per la loro grandezza. Se il lime ha delle macchie marroni o viola significa che sta marcendo.

Preparazione per la spremitura

Lavate bene i lime, anche quelli biologici. Potete usare anche la buccia (solo da frutti biologici) se spremete meno di mezzo lime, altrimenti è meglio sbucciarli (vedi la voce pompelmo).

Ricette con succo di lime

In genere il succo di lime è troppo acido da bere da solo e deve essere mischiato ad altri succhi. L'aggiunta di lime ha un effetto rinfrescante. Il lime può sostituire il limone in ogni ricetta. Consultate l'indice per trovare i succhi con lime e altri ingredienti.

Limone

Il limone ha origini incerte, probabilmente proviene dal Sudest asiatico. È un frutto più sensibile alle fredde temperature rispetto ad altri agrumi e per questo la sua coltivazione richiede un clima mite. Pare che già gli antichi Romani lo conoscessero; in Europa la coltivazione su vasta scala partì dalla Sicilia nel X secolo e più tardi si diffuse a Genova (XV secolo). Nel XIX secolo il limone iniziò a essere coltivato intensamente in California e Florida.

Benefici

I limoni sono ricchi di vitamina C e potassio. Il loro alto contenuto di vitamina C e la capacità di conservazione ha fatto in modo che venissero utilizzati dai marinai, durante i lunghi viaggi, per combattere lo scorbuto. I limoni contengono anche il d-limonene (vedi il capitolo "Che cosa c'è nei succhi? I fitochimici"), una sostanza utilizzata per sciogliere i calcoli biliari e che si sta rivelando un antitumorale estremamente promettente.[20]

Il più alto contenuto di limonene si trova nella buccia e nel suo interno spugnoso bianco (albedo).

Analisi nutrizionale

1 LIMONE MEDIO SENZA BUCCIA (60 g)		
Nutrienti ed energia	**Vitamine**	**Minerali**
Acqua 51,61 g	Vitamina A 2 RE	Potassio 80 mg
Calorie 17 kcal	Vitamina C 30,7 mg	Calcio 15 mg
Proteine 0,64 g	Tiamina 0,023 mg	Ferro 0,35 mg
Grassi 0,17 g	Riboflavina 0,012 mg	Magnesio 4 mg
Carboidrati 5,41 g	Niacina 0,058 mg	Fosforo 9 mg
		Sodio 1 mg

Scelta

Un limone maturo dovrebbe avere una bella buccia, dal colore giallo intenso, ed essere sodo al tatto. Di solito i limoni dal colore giallo intenso sono meno acidi rispetto alle varietà dal colore giallo paglierino-verdognolo, hanno anche la buccia più sottile e sono molto succosi. Evitate i limoni avvizziti, secchi o con la buccia troppo dura.

Preparazione per la spremitura

Lavate bene i limoni, anche quelli biologici. Potete usare anche la buccia (solo da frutti biologici) se spremete meno di mezzo limone, altrimenti è meglio sbucciarli (vedi la voce pompelmo).

Ricette con succo di limone

In genere il succo di limone è troppo acido da solo, deve essere miscelato con altri succhi di frutta. Ecco una ricetta facile per una limonata eccezionale: spremete 4 mele e ½ limone con la buccia e servite su ghiaccio tritato. Per altre ricette, nell'indice trovate succhi con limone e altri ingredienti.

Mandarino vedi arancia

vedi arancia

Mango

Il mango, originario dell'India, oggi cresce soprattutto in zone dal clima tropicale come California, Hawaii e Florida. In Italia, la produzione siciliana segue la stagionalità della fruttificazione e quindi è limitata, ma è di eccellente qualità. È una delle colture di frutta leader nel mondo, non a caso è un frutto che viene consumato da molte persone regolarmente, più di quanto lo siano le mele.

Benefici

Il mango è un'ottima fonte di potassio, vitamina C, caroteni, flavonoidi e fornisce una ricca varietà di antiossidanti, infatti è stato a lungo apprezzato per la capacità di salvaguardare la salute. Una ricerca del 2002, condotta dalla dottoressa Sue Percival – professoressa associata all'Istituto di Scienze dell'alimentazione e dell'agricoltura dell'Università della Florida – ha dimostrato che il mango è in grado di inibire la formazione e la crescita di cellule tumorali.[21]

È interessante notare che la dottoressa Percival ha messo a confronto un estratto organico, contenente i caroteni di mango, con un estratto idrosolubile di mango, per testare la loro efficacia come anticancro. Secondo i risultati ottenuti, la dose di mango idrosolubile era 10 volte più efficace nella prevenzione antitumorale rispetto al suo carotene. I composti nella parte acquosa del mango includono non solo dei nutrienti idrosolubili come la vitamina C, ma anche preziosi composti flavonoidi.

Le ricerche della dottoressa Percival hanno confermato uno studio precedente condotto dall'Università delle Hawaii nel 1997. In questa ricerca i globuli bianchi delle cavie sono stati esposti a sostanze cancerogene e poi all'estratto di mango. Le prove di laboratorio hanno dimostrato la capacità del mango di fermare la normale trasformazione delle cellule in cellule cancerogene.

Anche delle prove su esseri umani hanno evidenziato che il mango può aiutare a sconfiggere il cancro. Un'analisi della dieta di 64 pazienti con tumore alla cistifellea e di 101 pazienti con calcolosi biliare ha rilevato che il consumo di mango aveva portato a una riduzione di rischio di cancro alla cistifellea al 60%: la più alta diminuzione di rischio per questo tipo di tumore che si sia mai registrata con l'uso di frutta e verdura.[22]

Il mango contiene anche un certo numero di enzimi di cui uno simile alla papaina della papaia, un noto aiuto digestivo. Nei Paesi tropicali in cui il mango viene coltivato, il frutto è usato spesso per ammorbidire la carne, dal momento che i suoi potenti enzimi proteolitici favoriscono la disgregazione delle proteine. Oltre all'enzima simile alla papaina, il mango contiene anche parecchi altri composti enzimatici che aiutano a migliorare la digestione, compresi magneferina, catecolo ossidasi e lattasi.

A causa del suo elevato contenuto di ferro, questo frutto è utilizzato in India per aumentare la volemia (volume totale del sangue) ed è consigliato per la cura di anemie e come alimento benefico per le donne, in particolare in gravidanza o durante le mestruazioni. Le persone che soffrono di crampi muscolari, stress e problemi cardiaci possono beneficiare dell'alto contenuto di potassio e magnesio, che aiuta anche chi è affetto da acidosi.

Il mango può anche offrire una certa protezione contro le infezioni. Il Dipartimento di Epidemiologia e Salute Internazionale presso la University of Alabama ha condotto uno studio di 4 mesi su 176 bambini del Gambia, nel quale è emerso che chi mangiava il mango essiccato aveva livelli ematici di retinolo (vitamina A) più alti rispetto a chi prendeva un placebo: da qui il soprannome della vitamina A come "vitamina antinfettiva". Il mango può essere letteralmente un frutto salvavita nei Paesi in via di sviluppo, in cui vi è una grave carenza di alimenti stagionali ricchi di carotenoidi.[23]

I bambini in Gambia e in India hanno un intestino più sano e quindi soffrono meno di diarrea e malattie intestinali durante i 3 mesi in cui il mango è di stagione.[24] Non sorprende che anche in uno studio condotto in Messico il mango sia stato indicato per proteggere dalla giardia, un parassita responsabile di diarrea acuta.[25]

Questo frutto, forse il più delizioso tra quelli tropicali, è dolce ma può essere tranquillamente consumato anche da chi soffre di diabete: in uno studio che ha messo a confronto il glucosio plasmatico e le risposte dell'insulina a diversi frutti tropicali, la curva del glucosio del mango è risultata la più bassa di tutte.[26]

Analisi nutrizionale

100 g DI MANGO SENZA BUCCIA E SEME		
Nutrienti ed energia	**Vitamine**	**Minerali**
Acqua 84 g	Vitamina A 54 RE	Potassio 168 mg
Calorie 60 kcal	Vitamina C 36 mg	Calcio 11 mg
Proteine 0,82 g	Tiamina 0,03 mg	Ferro 0,16 mg
Grassi 0,38 g	Riboflavina 0,04 mg	Magnesio 10 mg
Carboidrati 15 g	Niacina 0,7 mg	Fosforo 14 mg
	Vitamina B_6 0,119 mg	Sodio 1 mg
	Acido folico 43 mcg	

Scelta

Un mango maturo si ammacca leggermente alla pressione. Deve essere verde giallastro con una buccia liscia ed emettere un dolce profumo. Evitate di prendere frutti troppo duri o molli, ammaccati e che puzzano per la fermentazione. Si trovano di tutte le misure, ma i più grandi sono i migliori da spremere.

Preparazione per la spremitura

Lavate il mango biologico; quello non bio va sbucciato. Apritelo a metà e togliete il nocciolo, poi tagliate la polpa a strisce o a spicchi.

Ricette di succo di mango

Il mango ha un succo denso, per cui se volete potete spremerlo con frutta come le mele, le pere e le arance per ottenere un maggior volume di acqua. Oltre alle ricette riportate qui di seguito, nell'indice trovate succhi con mango e altri ingredienti.

MANGO-ANANAS

- 1 mango, senza nocciolo e a fette
- ½ ananas, con la buccia e a fette

MANGO-PAPAIA

- 1 mango, senza nocciolo e a fette
- ½ papaia, senza semi e a fette

MANGO-ARANCIA

- 1 mango, senza nocciolo e a fette
- 2 arance, senza buccia

MANGO-PERA

- 1 mango, senza nocciolo e a fette
- 2 pere, a fette

Mela

Spesso definita come la regina della frutta, la mela ha origine nelle montagne del Caucaso nell'Asia occidentale e nell'Europa orientale. In Italia è presente con più di 1000 varietà, anche se oggi in commercio non si trovano più di 8, 9 varietà e non più di 3 o 4 sono di origine nazionale. Tutte le mele sono ottime per essere spremute. Provate diverse varietà per trovare quella che preferite. A me piace la Granny Smith, dura e croccante, la migliore, sia da mangiare sia da spremere.

Benefici

Secondo le ultime ricerche, il vecchio proverbio "Una mela al giorno toglie il medico di torno" non è solo folclore. Un controllo generale alla letteratura scientifica in merito documenta un'ampia gamma di benefici per la salute.[27] Il consumo di una mela fresca, o della stessa quantità di succo, ha dimostrato una capacità di aumentare l'attività antiossidante nel sangue entro 30 minuti dall'assunzione con una durata di 90 minuti. Questo effetto antiossidante potrebbe spiegare perché il consumo di mele ridurrebbe il rischio di sviluppare neoplasie, malattie cardiovascolari, asma e l'Alzheimer.

Il consumo di mele ha dato prova anche di incidere sul miglioramento dei risultati relativi al declino cognitivo del normale invecchiamento, del diabete, del controllo del peso, della salute delle ossa, della funzione polmonare e dell'ulcera peptica. Ed è provato che il succo di mela è anche un antivirale, come descritto nel capitolo "Perché i succhi?".

In uno studio effettuato in Finlandia da ricercatori che hanno seguito più di 5000 uomini e donne per oltre 20 anni, è emerso che chi aveva consumato una maggior quantità di mele e cibi ricchi di flavonoidi (come cipolle e tè) aveva una percentuale di rischio di sviluppare malattie cardiache più bassa del 20% rispetto a chi aveva assunto meno di questi alimenti.[28] Le mele abbassano il colesterolo così come riducono il danno ossidativo che il colesterolo favorisce con l'indurimento delle arterie.[29]

Il consumo di mele può anche ridurre il rischio di sviluppare l'asma: i ricercatori britannici hanno esaminato le abitudini alimentari dell'anno precedente di quasi 1500 adulti nel Regno Unito e hanno scoperto che le persone che avevano consumato almeno 2 mele ogni settimana avevano un rischio di sviluppare l'asma del 22-32% inferiore rispetto a coloro che mangiavano meno mele.[30] Altri studi hanno dimostrato che un consumo di 5 mele alla settimana si associa a un significativo miglioramento della funzione respiratoria negli adulti e compensa il tipico calo della capacità polmonare associato all'età.[31]

Le mele sono una buona, ma non ottima, fonte di molte vitamine e minerali, in particolare se non vengono sbucciate. A fornire i benefici più salutari sono proprio le sostanze fitochimiche che si trovano in alta concentrazione nella buccia. Le mele non sbucciate sono particolarmente ricche di caroteni non-provitamina A e pectina. La pectina è una fibra eccezionale e utile che, formando un gel, può migliorare la capacità del muscolo intestinale di spingere i rifiuti attraverso il tratto gastrointestinale. La pectina può anche legarsi alle tossine ed eliminarle, nonché contribuire a ridurre i livelli di colesterolo. Visto che la pectina è una fibra idrosolubile, anche il succo fresco la contiene.

Le mele hanno alti livelli di composti flavonoidi dalle significative azioni antitumorali.[32] Le mele intere e il succo di mela freschi contengono dai 100 ai 130 mg per 100 g di questi composti preziosi che si azzerano completamente nei succhi in scatola, in bottiglia o congelati: una ragione in più per bere il succo fresco di mela.

Come descritto nel capitolo "Perché i succhi?", sono state fatte molte ricerche antitumorali sull'acido ellagico, di cui la mela è ricca, ma gran parte degli studi recenti si sono concentrati sulla melagrana come fonte, perché contiene composti flavonoidi che, nell'organismo, vengono trasformati in acido ellagico.[33] Uno dei primi effetti dell'acido ellagico è quello di proteggere dai danni cromosomici e bloccare l'azione tumorale di molti inquinanti. Per esempio, è stato dimostrato che l'acido ellagico blocca i processi cancerogeni di diversi composti del fumo di sigaretta, noti collettivamente come idrocarburi policiclici aromatici. L'acido ellagico è anche un potente antiossidante ed è in grado di aumentare molti composti antiossidanti del corpo, tra cui il glutatione.[34]

Da tutto ciò si deduce che il succo fresco di mela ha benefici propri, anche se uno degli usi principali delle mele è di mischiarle ad altri frutti e ortaggi, per via del sapore dolce, ma non troppo forte.

Analisi nutrizionale

1 MELA MEDIA CON LA BUCCIA (140 g)		
Nutrienti ed energia	**Vitamine**	**Minerali**
Acqua 115,83 g	Vitamina A 7 RE	Potassio 159 mg
Calorie 81 kcal	Vitamina C 7,8 mg	Calcio 10 mg
Proteine 0,27 g	Tiamina 0,023 mg	Ferro 0,25 mg
Grassi 0,49 g	Riboflavina 0,019 mg	Magnesio 6 mg
Carboidrati 21,05 g	Niacina 0,1 mg	Fosforo 10 mg
		Sodio 1 mg

Scelta

Nella produzione non biologica delle mele vengono usati numerosi prodotti chimici tra cui la difenilamina, un fungicida molto discusso e attualmente posto sotto controllo da parte dell'EFSA (European Food Safety Authority), e il cui uso è molto osteggiato in Europa. Esso viene spruzzato sulle mele e non si rimuove facilmente con il lavaggio. Per questo motivo è opportuno acquistare mele biologiche oppure sbucciarle.

Le mele fresche dovrebbero essere sode, croccanti e ben colorate. Se una mela è senza colore, significa che è stata raccolta prima della sua piena maturazione ed è stata lasciata maturare artificialmente. Le mele raccolte nel momento giusto hanno un colore intenso e un sapore migliore e possono essere conservate molto più a lungo di quelle colte premature. Controllate quanto è soda una mela: è fresca, se con un dito fate pressione sulla buccia, e sentite uno schiocco caratteristico; le mele molto mature non faranno un rumore così netto, le sentirete più morbide.

Preparazione per la spremitura

Lavate le mele biologiche sotto l'acqua corrente. Dal momento che i semi delle mele contengono quantità molto piccole di acido cianidrico, molte persone consigliano di eliminare il torsolo per rimuovere i semi. Tagliate le mele a spicchi per farle entrare con facilità nell'estrattore.

Ricette di succo di mela

Il succo di mela è delizioso da solo, oppure può essere mischiato sia con la frutta sia con la verdura, in particolare è ottimo per dare un po' di sapore dolce ai succhi di verdura più amari. Oltre alle ricette riportate qui di seguito, nell'indice trovate succhi con mela e altri ingredienti.

MELA-ALBICOCCA

- 2 mele, a fette
- 2 albicocche, senza nocciolo

MELA-ALBICOCCA-PESCA

- 1 mela, a fette
- 1 albicocca, senza nocciolo
- 1 pesca, senza nocciolo

MELA-ARANCIA

- 2 mele, a fette
- 2 arance, senza buccia

MELA-CILIEGIE

- 1 tazza di ciliegie senza nocciolo
- 2 mele, tagliate a fette

MELA-FRUTTI DI BOSCO

- 1 tazza di frutti di bosco (fragole, mirtilli, lamponi)
- 2 mele, a fette

MELA-KIWI

- 2 mele Golden Delicious, a fette
- 4 kiwi

MELA-MENTA

- 4 mele, a fette
- 1/2 manciata di menta fresca

MELA-PAPAIA

- 2 mele, a fette
- ½ papaia, senza semi e a fette

MELA-PERA-ZENZERO

- 3 mele, a fette
- 1 pera, a fette
- 1 cm di zenzero fresco

MELA-PESCA

- 2 mele, a fette
- 2 pesche, senza nocciolo e a fette

MELA-POMPELMO

- 1 mela, a fette
- 1 pompelmo, senza buccia

MELA-UVA-LIMONE

- 2 mele, a fette
- 1 tazza di uva
- ¼ di limone, con la buccia

Melagrana

La melagrana è uno dei frutti più antichi e ricchi di storia e tradizione. Originaria della zona degli odierni Iran e Iraq, è stata coltivata fin dai tempi antichi e si è diffusa nel mondo. Il frutto è una bacca delle dimensioni di un'arancia. Il colore della buccia, molto robusta, può virare dal giallo-arancio a un intenso rosso porpora. All'interno della melagrana ci sono tanti semi (arilli) dal succo asprigno, dolce e profumato.

Benefici

Il succo di melagrana sembra sia particolarmente utile per migliorare la salute vascolare e cardiaca ed è straordinariamente ricco di antiossidanti, come polifenoli, tannini idrolizzabili e antocianine. La ricerca sugli animali ha dimostrato che il succo di melagrana aiuta a ritardare l'aterosclerosi, riduce la formazione delle placche e migliora la salute delle arterie.

Gli studi clinici sull'uomo confermano i benefici del succo di melagrana (240 ml/giorno) sulla salute cardiaca.[35] In uno studio su pazienti che soffrivano di ipertensione, il consumo di succo di melagrana per 2 settimane ha dimostrato di ridurre la pressione sanguigna sistolica inibendo l'enzima convertitore dell'angiotensina (ACE) che causa la contrazione vascolare.[36] L'assunzione di questo succo può anche inibire le infezioni virali. I metaboliti dei flavonoidi presenti nel succo di melagrana sono localizzati, nello specifico, nella prostata, nel colon e nei tessuti intestinali, e alcuni studi clinici hanno evidenziato la capacità del succo di mantenere i tessuti sani e di agire come antitumorale.[37]

La melagrana contiene un gruppo di componenti flavonoidi noto come ellagitannini che, se ingeriti, si scompongono in acido ellagico (descritto a proposito delle mele e dei frutti di bosco). Gli ellagitannini sono tannini idrolizzabili che esercitano un'azione anticancro. La melagrana è in grado di aumentare i livelli ematici di acido ellagico, il che significa che molti ellagitannini vengono rapidamente convertiti in acido ellagico. Molti estratti di melagrana disponibili in commercio vengono lavorati in modo da contenere il 40% (o più) di acido ellagico, tuttavia esiste un'azione sinergica di molti componenti della melagrana con l'acido ellagico che indica come il consumo di una vasta gamma di fitochimici produca un maggiore effetto al di là di un alto contenuto di acido ellagico.

Analisi nutrizionale

100 g DI SEMI		
Nutrienti ed energia	**Vitamine**	**Minerali**
Acqua 82 g	Vitamina A 0 RE	Potassio 113 mg
Calorie 83 kcal	Vitamina C 10 mg	Calcio 10 mg
Proteine 1,17 g	Tiamina 0,07 mg	Ferro 0,3 mg
Grassi 1,2 g	Riboflavina 0,05 mg	Magnesio 12 mg
Carboidrati 18,7 g	Niacina 0,29 mg	Fosforo 36 mg
		Sodio 0 mg

Scelta

La melagrana deve essere rotonda e pesante rispetto alle sue dimensioni; la buccia deve avere un colore pieno e fresco ed essere priva di tagli e macchie. I frutti più grandi in genere hanno più semi e più succo. Possono essere conservati per un mese in un luogo fresco e asciutto o in frigorifero fino a 2 mesi.

Preparazione per la spremitura

La prima cosa da fare è tagliare la corona della melagrana, la parte con il gambo in alto. Una volta che la corona è stata rimossa, si taglia il frutto in quattro sezioni. Mettete le sezioni in una ciotola di acqua e, con le dita, sgranate delicatamente gli arilli. Quindi drenate l'acqua e mettete i semi nell'estrattore.

Ricette di succo di melagrana

Oltre alla ricetta riportata qui di seguito, nell'indice trovate succhi con melagrana e altri ingredienti.

MELAGRANA- MIRTILLO

- 1 tazza di semi di melagrana
- 2 tazze di mirtilli

Melone

I meloni sono probabilmente originari dell'Africa o del Medio Oriente e oggi si coltivano in tutto il mondo. Il 60% della produzione mondiale è asiatica, mentre in Europa i maggiori produttori sono Spagna, Romania, Francia e Italia.

Nel nostro Paese è un frutto comune e se ne coltivano tante varietà: il melone di Sermide e di Viadana (nel Mantovano) il Cantalupo, il melone retato (Talento, Macigno, Expo, Sogno), il melone Long life (Mundial, Intenso, Pregiato, Polis) e i meloni invernali (Gigante di Napoli, melone di Malta, Morettino, Viadana).

I meloni sono estremamente densi di nutrienti, come si evince dalla qualità di nutrienti per caloria. Un melone da mezzo chilo raramente supera le 150 calorie, ma offre eccellenti livelli di caroteni, potassio e altre preziose sostanze nutritive, soprattutto se viene spremuta anche la buccia. Una tazza di melone ha solo 56 calorie, ma fornisce il 129% del valore giornaliero di vitamina A e il 90% del valore giornaliero di vitamina C. È anche una buona fonte di fibre, folati, niacina (vitamina B_3), acido pantotenico (vitamina B_5) e tiamina (vitamina B_1).

È stato provato che il melone contiene adenosina, attualmente utilizzata in pazienti con malattie cardiache per mantenere fluido il sangue, e allevia gli attacchi di angina.[38]

Analisi nutrizionale

1 MELONE SENZA BUCCIA (270 g)		
Nutrienti ed energia	**Vitamine**	**Minerali**
Acqua 240 g	Vitamina A 861 RE	Potassio 825 mg
Calorie 94 kcal	Vitamina C 112,7 mg	Calcio 28 mg
Proteine 2,34 g	Tiamina 0,096 mg	Ferro 0,57 mg
Grassi 0,74 g	Riboflavina 0,056mg	Magnesio 28 mg
Carboidrati 22,33 g	Niacina 1,53 mg	Fosforo 45 mg
		Sodio 23 mg

Scelta

I tre principali segnali per capire se un melone maturo sono questi:

- non c'è stelo, ma una piccola conca, liscia, poco profonda laddove prima c'era il gambo poi staccato;
- la buccia ha una venatura o una reta spessa e ruvida;
- il colore della buccia sotto la rete è di un giallo pallido.

L'eccessiva maturazione è caratterizzata da una polpa ingiallita, morbida, acquosa e insipida. Evitate di acquistare i meloni eccessivamente ammaccati. Esaminate l'attaccatura del gambo per controllare se c'è della muffa.

Preparazione per la spremitura

Lavate i meloni molto bene. La superficie retata, irregolare e porosa, è ideale per far attecchire i microorganismi che poi passano facilmente sulla polpa al momento del taglio. Nelle varietà lisce la contaminazione superficiale è inferiore. Ricordate che meloni e angurie sono coltivati a terra, quindi a diretto contatto con eventuali concimi organici. Tagliate a metà il melone, rimuovete i semi, togliete eventuali ammaccature e poi tagliatelo a fette e mettetelo nell'estrattore. Non è necessario eliminare la buccia se il vostro estrattore può spremerla. Non preoccupatevi, la buccia non cambierà il gusto e contiene tanto succo.

Ricette di succo di melone

Il succo di melone è ottimo da solo. Oltre alla ricetta riportata qui di seguito, nell'indice trovate succhi con melone e altri ingredienti.

MELONE-ANGURIA

- ½ melone, con la buccia e a fette
- tanta anguria quanto desiderate

Nettarina vedi pesca e nettarina

Papaia

La papaia è originaria dell'America Centrale. Dalla papaia verde, immatura, si estrae la papaina, un enzima proteolico dall'azione digestiva simile alla bromelina dell'ananas. La papaina viene utilizzata commercialmente per rendere la carne più tenera.

Benefici

La papaia è ricca di nutrienti antiossidanti come caroteni, vitamina C e flavonoidi. È anche una buona fonte di folati, vitamina E, vitamina A e potassio. Oltre ad avere effetti benefici contro cancro, malattie cardiache e altre patologie associate ai danni dei radicali liberi, la papaia è apprezzata per la papaina, un enzima spesso usato come digestivo. I frutti maturi non contengono tanta papaina quanta il frutto acerbo, solo piccole quantità. La papaina viene utilizzata per le sue proprietà medicinali in caso di indigestione, diarrea cronica, febbre da fieno, lesioni sportive e altre cause di traumi e per allergie. Fondamentalmente la papaina ha le stesse funzioni della bromelina dell'ananas.

Analisi nutrizionale

1 PAPAIA SENZA BUCCIA (305 g)		
Nutrienti ed energia	**Vitamine**	**Minerali**
Acqua 270 g	Vitamina A 612 RE	Potassio 780 mg
Calorie 117 kcal	Vitamina C 187,8 mg	Calcio 72 mg
Proteine 1,86 g	Tiamina 0,082 mg	Ferro 0,3 mg
Grassi 0,43 g	Riboflavina 0,097 mg	Magnesio 31 mg
Carboidrati 29,82 g	Niacina 1,028 mg	Fosforo 16 mg
		Sodio 8 mg

Scelta

La papaia dovrebbe essere di colore giallo-verde, soda ma non dura come un sasso. Le papaie troppo mature sono morbide e mostrano segni inequivocabili di marciume.

Preparazione per la spremitura

Lavate la papaia biologica sotto l'acqua corrente. Siccome il frutto contiene dei piccoli semi neri che si possono mangiare, ma sono piuttosto amari, vi consiglio di tagliarla a metà, rimuovere i semi e poi affettarla.

Ricette con succo di papaia

Il succo di papaia è buono da bere da solo. Oltre alle ricette riportate qui di seguito, nell'indice trovate succhi con papaia e altri ingredienti.

PAPAIA-ANANAS

- ½ papaia, senza semi e a fette
- ½ ananas, con la buccia e a fette

PAPAIA-PERA

- ½ papaia, senza semi e a fette
- 2 pere, a fette

Pera

La pera ha le sue origini in Asia occidentale, ma oggi è coltivata in gran parte del mondo. Esistono numerose qualità sia estive sia invernali. Le pere di produzione italiana sono disponibili sul mercato tutto l'anno, con varietà estive come William, Coscia, Guyot, Santa Maria e Max Red Bartlett, e autunnali, quali Abate Fetel, Decana del Comizio, Conference, Rosada, Packam's e Kaiser. Le migliori per i succhi sono la Max Red Bartlett e la Decana del Comizio.

Benefici

Le pere sono un'ottima fonte di fibre idrosolubili, tra cui la pectina. Di fatto le pere contengono più pectina persino delle mele, questo le rende utili nell'aiutare ad abbassare il colesterolo e nel tonificare l'intestino. Spesso il consumo di pere viene raccomandato dai medici, in quanto questo frutto è ipoallergenico, vale a dire ha meno possibilità di dare reazioni avverse rispetto ad altri frutti. Non a caso tra i primi frutti che si danno ai bimbi durante lo svezzamento si trova la pera.

Le pere, come le mele, possono essere aggiunte ai succhi di frutta e di verdura per migliorare il loro sapore.

Analisi nutrizionale

1 PERA (165 g)		
Nutrienti ed energia	**Vitamine**	**Minerali**
Acqua 139 g	Vitamina A 3 RE	Potassio 208 mg
Calorie 98 kcal	Vitamina C 6,6 mg	Calcio 19 mg
Proteine 0,6å5 g	Tiamina 0,033 mg	Ferro 0,41 mg
Grassi 0,66 g	Riboflavina 0,066 mg	Magnesio 9 mg
Carboidrati 25 g	Niacina 0,166 mg	Fosforo 18 mg
		Sodio 1 mg

Scelta

Man mano che la pera matura, il colore della buccia cambia a seconda della sua varietà. Alcune diventano gialle, altre rosse, altre ancora marroni. Le pere fresche devono cedere leggermente alla pressione delle dita. Se sono acerbe maturano a temperatura ambiente; quando sono mature devono essere messe in frigorifero. Le pere sode sono più facili da spremere rispetto a quelle molli.

Preparazione per la spremitura

Lavate le pere biologiche sotto l'acqua corrente, prima di tagliarle a fette o a pezzi.

Ricette di succo di pera

Il succo di pera è delizioso da solo e si mischia anche abbastanza bene con molti frutti e verdure. Provate la ricetta proposta qui e consultate l'indice per ulteriori ricette.

PERA-PRUGNA

- 2 prugne, senza nocciolo
- 2 pere, a fette

Pesca e nettarina

La pesca arriva dalla Cina e grazie ad Alessandro Magno si diffuse in tutto il bacino del Mediterraneo; a Roma giunse nel I secolo d.C. Esistono numerose varietà di pesche: gialla, bianca, nettarina o pescanoce, percoca. La pelle liscia e il nocciolo più o meno aderente alla polpa distinguono la pesca vera e propria. Le nettarine sono a polpa sia gialla sia bianca e hanno la buccia liscia e rossastra.

Benefici

Poco più di un bicchiere (225 ml) di succo fresco di nettarina o di pesca ha meno di 100 calorie e fornisce alcuni nutrienti importanti come potassio, caroteni, flavonoidi e zuccheri naturali. Le pesche sono una buona fonte di caroteni che aiutano a prevenire la degenerazione maculare, le malattie cardiache e il cancro.

Analisi nutrizionale

1 PESCA SENZA BUCCIA E NOCCIOLO (90 g)		
Nutrienti ed energia	**Vitamine**	**Minerali**
Acqua 76,26 g	Vitamina A 47 RE	Potassio 171 mg
Calorie 37 kcal	Vitamina C 5,7 mg	Calcio 5 mg
Proteine 0,61 g	Tiamina 0,025 mg	Ferro 0,1 mg
Grassi 0,08 g	Riboflavina 0,036 mg	Magnesio 6 mg
Carboidrati 9,65 g	Niacina 0,861 mg	Fosforo 11 mg
		Sodio 0 mg

Scelta

Le pesche e le nettarine fresche dovrebbero essere piuttosto sode. Se non sono mature al momento dell'acquisto, maturano a casa a temperatura ambiente. Il colore indica la varietà della pesca e non tanto il grado di maturazione, per cui non basatevi sul colore per capire se la pesca è buona da mangiare. Piuttosto fate attenzione alle ammaccature e ai segni di deterioramento. Quando le pesche sono mature, mettetele in frigorifero.

Preparazione per la spremitura

Lavate bene le pesche biologiche sotto l'acqua corrente. Tagliatele a metà, rimuovete il nocciolo facendo attenzione a toglierlo completamente e poi tagliatele a spicchi.

Ricette di succo di pesca

Dalle pesche si ricava un succo denso, per cui se volete potete mischiarle a mele o pere. Oltre alle ricette riportate qui di seguito, nell'indice trovate succhi con pesca e altri ingredienti.

PESCA-PERA

- 1 pesca, senza nocciolo e a fette
- 2 pere, a fette

Pompelmo

A Barbados nel 1750 venne visto per la prima volta il pompelmo; nel 1880 era già diventato un'importante coltura commerciale in Florida. Oggi si coltiva in tutto il mondo, i maggiori produttori sono gli USA con piantagioni in Florida e Texas. In Italia cresce nella Piana di Catania e nella Conca d'Oro siciliana. I pompelmi con la polpa rosa o rossa sono i più adatti per essere spremuti.

Benefici

Il pompelmo contiene molti flavonoidi attivi, terpeni e altri composti benefici per la salute e con caratteristiche antitumorali. Da un punto di vista curativo il pompelmo si è dimostrato in grado di normalizzare i livelli di ematocrito.[39]

L'ematocrito indica il rapporto percentuale tra i globuli rossi e la componente fluida del sangue (il plasma). In Italia il livello di ematocrito considerato normale è da 38 a 50% per gli uomini e da 34,9 a 44,5% per le donne. Quando i livelli di ematocrito sono bassi, di solito si è anemici, mentre i valori alti dell'ematocrito emergono per un aumento di globuli rossi o per una diminuzione del volume delle piastrine dovute a cause diverse. L'ematocrito alto è associato a un aumento del rischio di malattie cardiache, perché significa che il sangue è troppo denso e viscoso.

La naringina, un flavonoide isolato nel pompelmo, promuove l'eliminazione di vecchi globuli rossi dall'organismo. Questa particolarità ha spinto i ricercatori a valutare l'effetto della naringina sull'ematocrito facendo assumere a un campione di soggetti da ½ a 1 pompelmo al giorno: come previsto, il pompelmo era in grado di abbassare i livelli alti di ematocrito. Tuttavia, i ricercatori sono rimasti sorpresi nel constatare che la naringina non agisce sui livelli normali di ematocrito, mentre aumenta i livelli bassi.

Questa azione di bilanciamento è veramente sconcertante per la maggior parte degli scienziati farmaceutici, ma non per gli erboristi esperti che per descrivere questo effetto usano da sempre termini come "alterativo", "anfritico", "adattogeno" o "tonico". Nelle erbe e nei cibi si trovano molti composti naturali che impattano sui meccanismi di controllo del corpo per aiutare nella normalizzazione di molti dei processi dell'organismo.

Quando una data funzione corporea aumenta, la pianta o l'alimento esercitano un effetto di riduzione, mentre quando vi è una diminuzione in una data funzione corporea si ottiene un effetto di innalzamento: sembra che il pompelmo si comporti così sui livelli di ematocrito.

I pompelmi, specialmente quelli con la polpa rossa o rosa, sono una fonte eccellente di licopene, un carotene importante che combatte le malattie cardiache, il cancro e la degenerazione maculare.

Il pompelmo è anche ricco di altre sostanze chimiche anticancro, come per esempio il d-limonene, che inibisce la formazione di tumori promuovendo la creazione di un enzima disintossicante (glutatione S-transferasi) nel fegato che provoca una reazione in grado di aiutare a rendere maggiormente idrosolubili i composti tossici, in modo da facilitarne l'espulsione.

La polpa degli agrumi come il pompelmo contiene anche glucarati, composti che favoriscono la prevenzione del cancro al seno, aiutando il corpo a liberarsi degli estrogeni in eccesso.

Il pompelmo e il succo di pompelmo hanno la capacità di interagire con numerosi farmaci, in particolare quelli che abbassano il colesterolo, incluse le statine, come l'atorvastatina (Lipitor), la lovastatina (Mevacor) e la simvastatina (Zocor, Simlup, Simcor, Simvacor), ma non la pravastatina (Pravachol), la fluvastatina (Lescolo) o la rosuvastatina (Crestor).

In generale, se si stanno assumendo farmaci, è importante controllare che non ci siano eventuali interazioni con qualsiasi tipo di cibo, in particolare con il pompelmo.

Analisi nutrizionale

1 POMPELMO SENZA BUCCIA (230 g)		
Nutrienti ed energia	**Vitamine**	**Minerali**
Acqua 209 g	Vitamina A 29 RE	Potassio 321 mg
Calorie 74 kcal	Vitamina C 79 mg	Calcio 27 mg
Proteine 1,5 g	Tiamina 0,083 mg	Ferro 0,2 mg
Grassi 0,24 g	Riboflavina 0,046 mg	Magnesio 19 mg
Carboidrati 18,58 g	Niacina 0,575 mg	Fosforo 20 mg
		Sodio 1 mg

Scelta

I pompelmi delle varietà Ruby Red e Star Ruby sono i migliori per la spremitura. I pompelmi di buona qualità sono sodi ma elastici al tatto, ben formati e pesanti per le loro dimensioni. I pompelmi morbidi, avvizziti, flaccidi o con parte della buccia verde non dovrebbero essere consumati.

Preparazione per la spremitura

I pompelmi devono sempre essere sbucciati. Le bucce degli agrumi contengono degli oli benefici, ma anche un composto noto come citrale, che ostacola alcuni effetti della vitamina A. Dopo aver sbucciato il frutto, tagliatelo a spicchi abbastanza piccoli da entrare nell'estrattore.

Ricette di succo di pompelmo

Oltre alle ricette riportate qui di seguito, nell'indice trovate succhi con pompelmo e altri ingredienti.

POMPELMO-ANANAS

- 1 pompelmo, senza buccia
- ½ ananas, con la buccia e a fette

POMPELMO-ARANCIA

- ½ pompelmo, senza buccia
- 2 arance, senza buccia

POMPELMO-PAPAIA

- 1 pompelmo, senza buccia
- ½ papaia, senza semi e a fette

Susina e prugna

La susina, come la pesca e l'albicocca, è una drupa, un frutto che ha la parte esterna carnosa e la parte interna legnosa e che avvolge il seme. Le susine sono originarie dell'Europa e dell'Asia; in Italia esistono molte varietà, dall'Agostana alla Bella di Lovanio, dalla Rusticana alla California Blue. In genere si parla di susine quando ci si riferisce al frutto fresco e alle prugne quando i frutti sono essiccati.

Benefici

Susine e prugne sono spesso utilizzate per i loro effetti lassativi, anche se le prugne sono più efficaci in questo ambito. Le susine sono buone fonti di caroteni, flavonoidi, potassio e ferro; contengono acido clorogenico e neo clorogenico, due composti correlati che hanno effetti antiossidanti ben documentati.

In uno studio del 2001, è stato dimostrato come le prugne riescano ad aiutare le donne a compensare il rischio di un'accelerata perdita della massa ossea che aumenta nei primi anni dopo la menopausa (dal primo al quinto). Lo studio comprendeva 58 donne in post-menopausa che avevano assunto circa 12 prugne al giorno per 3 mesi; nel loro sangue sono risultati elevati livelli di enzimi e fattori di crescita che indicavano una formazione ossea che non apparivano nelle donne che non avevano consumato questo frutto.

Presumibilmente l'assunzione di susine o di succo di susine offre un beneficio simile.[40]

Analisi nutrizionale

1 SUSINA (65 g)		
Nutrienti ed energia	**Vitamine**	**Minerali**
Acqua 56,23 g	Vitamina A 21 RE	Potassio 113 mg
Calorie 36 kcal	Vitamina C 6,3 mg	Calcio 2 mg
Proteine 0,52 g	Tiamina 0,028 mg	Ferro 0,07 mg
Grassi 0,41 g	Riboflavina 0,063 mg	Magnesio 4 mg
Carboidrati 8,6 g	Niacina 0,33 mg	Fosforo 7 mg
		Sodio 0 mg

Scelta

Le susine variano in colore e dimensione: possono essere piccole come ciliegie o grandi come pesche e la buccia può essere verde, gialla, blu o viola. Scegliete le susine fresche in base al colore caratteristico della loro varietà. Le susine mature sono sode e leggermente soffici. Evitate quelle che hanno la buccia che tende a rompersi o con macchie che virano al marrone o che sono troppo morbide.

Preparazione per la spremitura

Lavate le susine biologiche sotto l'acqua corrente. Le prugne secche possono essere reidratate immergendole in acqua (da 2 a 4 prugne per 1 tazza di acqua) per 24 ore e poi messe nel frullatore insieme all'acqua di ammollo.

Ricette di succo di prugna

Consultate l'indice per succhi a base di susine e prugne e altri ingredienti.

Uva

L'uva si consumava già nella preistoria; coltivata dal 5000 a.C., continua a essere il principale raccolto di frutta nel mondo. Ci sono tre tipi di varietà di vitigni: viti europee, viti del Nordamerica e ibridi. Il 95% dell'uva nel mondo proviene dai versatili vitigni europei, la cui uva è utilizzata per produrre vino, come uva da tavola e per essere essiccata. L'uva del Nordamerica, che comprende le varietà Concordia e Niagara, è disponibile anche nelle varietà senza semi ed è adatta sia per essere spremuta sia come uva da tavola, ma non per essere essiccata. I vitigni ibridi, un incrocio tra uve del Vecchio Continente e del Nordamerica, producono principalmente uve da vino.

Benefici

L'uva fornisce dei benefici nutrizionali simili ai frutti di bosco e la sua qualità nutrizionale può essere migliorata se si mangiano anche i semi. È una fonte eccellente di flavonoidi, che contribuiscono ad assicurare uno stato di benessere. Più il colore è acceso, più è alta la concentrazione di flavonoidi. Gli estratti dai semi dell'uva, ricchi di flavonoidi noti come oligomeri procianidolici, sono ampiamente utilizzati come antiossidanti generali e nel trattamento delle vene varicose e di altre problematiche venose.[41]

Questi flavonoidi sono degli antiossidanti estremamente potenti e hanno dimostrato di essere in grado di frenare l'aterosclerosi. Infatti, l'uva e i prodotti a base di uva, come il vino e il succo d'uva, sono in grado di spiegare il cosiddetto "paradosso francese": i francesi seguono una dieta ad alto contenuto di grassi saturi e colesterolo, ma registrano un rischio di malattie cardiache più basso rispetto agli americani. Un indizio che può aiutare a spiegare questo paradosso è il consumo frequente di uva e vini rossi. Il consumo di succo d'uva aumenta la capacità antiossidante nel sangue e riduce il danno ossidativo del colesterolo.[42]

È stato provato che sia il vino rosso sia il succo d'uva sono in grado di aumentare la capacità antiossidante nel sangue, proteggere contro i danni vascolari e impedire alle piastrine di aggregarsi formando dei potenziali pericolosi grumi di sangue.[43]

Analisi nutrizionale

1 TAZZA DI UVA (90 g)		
Nutrienti ed energia	**Vitamine**	**Minerali**
Acqua 75 g	Vitamina A 9 RE	Potassio 176 mg
Calorie 58 kcal	Vitamina C 3,7 mg	Calcio 13 mg
Proteine 0,58 g	Tiamina 0,085 mg	Ferro 0,27 mg
Grassi 0,32 g	Riboflavina 0,052 mg	Magnesio 5 mg
Carboidrati 15,78 g	Niacina 0,276 mg	Fosforo 9 mg
		Sodio 2 mg

Scelta

L'uva non continua a maturare dopo la raccolta, per cui acquistatela quando ha un bel colore, gli acini sono sodi e non rugosi e gli steli sono verdi. L'uva bianca di solito è più dolce. Dopo l'acquisto, deve essere conservata in frigorifero, dove si mantiene fresca per diversi giorni.

Preparazione per la spremitura

L'uva va lavata sempre e con attenzione. Usate acqua corrente e, volendo, un po' di bicarbonato, oppure una soluzione di acqua e aceto (9:1).

Ricette con succo d'uva

Il succo d'uva puro è abbastanza dolce; si consiglia di diluirlo con acqua o di usarlo come base per la limonata o di mischiarlo al succo di mirtillo. Oltre alle ricette riportate qui di seguito, nell'indice trovate succhi con uva e altri ingredienti.

UVA-LIMONE-ANANAS

- 1 tazza di acini d'uva
- ¼ di limone, con la buccia
- ½ ananas, con la buccia e a fette

UVA-POMPELMO

- 1 tazza di acini d'uva
- 1 pompelmo, senza buccia

In sintesi

La frutta è deliziosa ed estremamente importante per una dieta salutare, è ricca di una vasta gamma di sostanze fitochimiche benefiche, in particolare di flavonoidi. Visto che la frutta contiene una discreta quantità di zucchero naturale, in genere si raccomanda di non assumere più di 230 ml di succo, una o due volte al giorno.

Gli zuccheri della frutta vengono assorbiti molto rapidamente, per cui sono perfetti se vi serve dell'energia immediata, ma se soffrite di ipoglicemia, diabete, candidosi o gotta, superare le due porzioni di frutta o succo può aggravare la vostra patologia; in questi casi diventa ancora più stringente la raccomandazione di limitare il consumo di succo di frutta a 230 ml alla volta, non più di una o due volte al giorno.

Guida agli ortaggi da spremere

L'etimologia della parola verdura si ricollega al latino *viridura*, a sua volta dall'aggettivo *viridis*, verde. Andando ancora più indietro alla ricerca delle origini della parola verde, troviamo la radice indoeuropea *ghvar-*, poi *var-*, che significa essere *verde* (o giallo), ed, in senso lato, splendere. Quindi, in origine verde significava "colore splendente".

In latino, la parola verdura significa "ravvivare o animare". Il nome è opportuno, visto che le verdure ci danno davvero la vita. Sempre più prove scientifiche dimostrano che la verdura può prevenire e curare molte patologie, in particolare le malattie croniche degenerative come i disturbi cardiaci, i tumori, il diabete e l'artrite.

I vegetali forniscono la gamma di nutrienti e fitochimici più ampia di qualsiasi altra categoria alimentare. Sono fonti ricche di vitamine, minerali, carboidrati e proteine. La dose minima di grassi che contengono è costituita da acidi grassi essenziali. Gli ortaggi ci danno elevate quantità di sostanze fitochimiche di valore, soprattutto fibre e caroteni.

Il modo migliore di consumare molte verdure è nella loro natura cruda e fresca, perché così assumiamo tanti fitochimici importanti in concentrazioni molto più elevate. L'unica eccezione sono le verdure della famiglia del cavolo (Crucifere o Brassicaceae – tra cui broccoli, cavolfiore e cavolo riccio) per le quali sarebbe opportuno non consumare più di 4 porzioni a settimana, in quanto contengono composti che possono interferire con la produzione dell'ormone tiroideo.

Quando si cucina la verdura, è molto importante non cuocerla troppo, perché questo comporta non solo la perdita di nutrienti importanti, ma altera anche il gusto dell'alimento. I modi migliori per cuocere le verdure sono al vapore, al forno, saltate in padella. Non bollitele e non fatele cuocere molto,

Tabella 1. Le origini degli ortaggi moderni

NORDEUROPA	MEDIO ORIENTE	NORDAMERICA
Barbabietola Broccoli Cavolini di Bruxelles Cavolo Cavolo riccio Crescione Erba cipollina Finocchio Navone Piselli Rafano Rapa Senape	Carota Cavolfiore Cavolo Cetriolo Crescione Fave Igname Lattuga Lenticchie Ravanello Senape Spinaci	Topinambur
		AMERICA CENTRALE
		Fagioli Mais Patata dolce Patata messicana Peperoni Pomodoro Zucca
		SUDAMERICA
	INDIA E ASIA	Mais Fagioli di Lima Pepe Patata Patata dolce Pomodoro
MEDITERRANEO	Aglio Barbabietola Carota Castagna d'acqua Cavolo cinese Cipolla Erba cipollina Fagioli mungo verdi Melanzana Piselli Porro Rapa Scalogno	**AFRICA**
Asparago Bietola Carciofo Cavolo rapa Cavolo riccio Ceci Indivia Oliva Pastinaca Prezzemolo Sedano		Fagiolo dall'occhio nero Fave Gombo Patata dolce

a meno che non facciate delle zuppe, perché la maggior parte dei nutrienti rimane nell'acqua. Se non avete a disposizione delle verdure fresche, optate per quelle congelate, preferibili a quelle in scatola. I prodotti ortofrutticoli congelati hanno una percentuale di sostanze nutrienti e livelli di fitochimici molto più alti delle verdure in scatola.

Aglio

L'aglio è una pianta bulbosa che si coltiva in tutto il mondo e appartiene alla famiglia delle Liliacee (secondo una recente classificazione è attribuito alle Amaryllidacee). Il suo bulbo è formato da singoli spicchi ed è racchiuso in una sorta di pellicola cartacea. L'aglio è stato utilizzato nel corso del tempo per trattare tantissimi disturbi. Degli antichi documenti in sanscrito, risalenti a circa 5000 anni fa, documentano l'esistenza dell'aglio; i cinesi lo utilizzano da almeno 3000 anni e il *Codex Ebers*, un papiro egizio di medicina risalente al 1550 a.C., ne parla come di un rimedio efficace per un gran numero di acciacchi. Ippocrate, Aristotele e Plinio hanno descritto numerose applicazioni terapeutiche dell'aglio. In generale, l'aglio è stato usato in tutto il mondo per curare tosse, mal di denti, mal d'orecchi, forfora, ipertensione, aterosclerosi, isteria, diarrea, dissenteria, difterite, vaginiti e molte altre patologie.

Storie, poesie e folclore (come per esempio la sua presunta capacità di scacciare i vampiri) documentano storicamente il potere dell'aglio. Sir John Harrington nell'opera *The Englishman's Doctor*, scritta nel 1609, riassume le virtù e i difetti dell'aglio:

L'aglio ha poi il potere di salvare dalla morte.
Sopportatelo anche se vi rende l'alito cattivo.
E non disprezzatelo come quelle che pensano
che fa solo fare l'occhiolino agli uomini, li fa bere e puzzare.

Benefici

Gli usi terapeutici dell'aglio sono piuttosto ampi. Il suo consumo dovrebbe essere incoraggiato, nonostante il suo odore, soprattutto in persone con livelli elevati di colesterolo, in chi soffre di malattie cardiache, iperten-

Tabella 2. Effetti del consumo di aglio e cipolla sui lipidi del sangue secondo una dieta controllata

CONSUMO DI AGLIO	LIVELLO DI COLESTEROLO	LIVELLO DI TRIGLICERIDI
50 g/settimana	159 mg/dl	52 mg/dl cipolla 600 g/settimana
10 g/settimana	172 mg/dl	75 mg/dl cipolla 200 g/settimana
Niente aglio né cipolle	208 mg/dl	109 mg/dl

Fonte: G. S. Sainani, D. B. Desai, N. H. Gohre et al, "Effect of Dietary Garlic and Onion on Serum Lipid Profile in Jain Community", *Indian Journal of Medical Research* 69 (1979): 776–80.

sione, diabete, candidosi, asma, infezioni (in particolare delle vie respiratorie) e di disturbi gastrointestinali.

Molti studi hanno scoperto che l'aglio abbassa i livelli totali di colesterolo e alza quelli dell'HDL, spesso chiamato il "colesterolo buono", fattore protettivo contro le malattie cardiache.[1] In molte ricerche è emerso anche che l'aglio abbassa le pressione sanguigna, è stato infatti dimostrato che diminuisce la pressione sistolica da 20 a 30 mmHg e la diastolica da 10 a 20 mmHg nei pazienti ipertesi.[2] In uno studio del 1979 tre gruppi di vegetariani della comunità di Jain, in India, hanno assunto quantità differenti di aglio e cipolle: nel gruppo che ne aveva consumato la maggior quantità (vedi la tabella 2) sono stati riscontrati numerosi effetti positivi sui lipidi del sangue.[3] La ricerca è molto significativa perché le persone seguivano quasi tutte la stessa dieta, a eccezione dell'uso di aglio e cipolle.

È stato dimostrato anche che l'aglio è efficace per:

- abbassare i livelli di zucchero nel sangue in caso di diabete;
- contribuire a eliminare i metalli pesanti come il piombo;
- promuovere reazioni detossificanti;
- migliorare il sistema immunitario;
- proteggere contro il cancro;
- esercitare effetti antimicrobici.

Gran parte dell'effetto terapeutico dell'aglio pare derivi dai suoi fattori volatili, composti solforganici quali allicina, disolfuro di dialille, trisolfuro di dialille e altri. Altri componenti dell'aglio includono composti solforganici aggiuntivi, alte concentrazioni di tracce di minerali (in particolare selenio e germanio), glucosinolati, ed enzimi. L'allicina è il principale responsabile dell'odore pungente dell'aglio. Molti dei composti terapeutici di questo bulbo non sono stati trovati nell'aglio cotto o lavorato, per cui la vasta gamma di effetti benefici che viene attribuita a questa pianta si ottengono solo dall'aglio fresco e crudo, anche se azioni positive specifiche per l'organismo si hanno anche se l'aglio viene assunto in altre forme. Per scopi medicinali, si raccomanda l'assunzione di almeno 3 spicchi d'aglio al giorno, altrimenti uno spicchio al dì è una buona idea.

Scelta

Comprate l'aglio fresco. Non acquistate aglio morbido, che presenti segni di marciume, muffa, macchie scure o che sta iniziando a germogliare.

Preparazione per la spremitura

Togliete l'aglio dal bulbo e avvolgetelo in una verdura verde, come il prezzemolo. Questo serve per due cose: non fa saltar l'aglio fuori dall'estrattore e la clorofilla limita un po' l'odore.

Spremere per primo l'aglio è una buona idea, perché le verdure che spremete dopo tolgono l'odore dall'estrattore.

Ricette di succo di aglio

È possibile aggiungere l'aglio in alcuni succhi, come per esempio l'Energizzante (pagina 185), il Tonico abbassa colesterolo (pagina 201) e il Potere immunitario vegetariano (pagina 196).

Asparago

L'asparago appartiene alla famiglia delle Liliaceae, è originario del Mediterraneo e ha una storia millenaria. Oggi si coltiva in tutto il mondo. Da sempre è stato usato come pianta medicinale per il trattamento di artrite, reumatismi e come diuretico.

Benefici

L'asparago ha un contenuto calorico e di carboidrati molto basso, ma è ricco di proteine. Infatti 30 ml di succo fresco di asparagi ha più proteine di 1 tazza di riso cotto o di mais.

L'asparago è anche una buona fonte di vitamine e minerali, tra cui vitamina C, riboflavina e acido folico; inoltre racchiude l'amminoacido asparagina, che, quando escreto nelle urine, può creare un odore pungente: non allarmatevi, dura poco.

Analisi nutrizionale

6 ASPARAGI (100 g)		
Nutrienti ed energia	**Vitamine**	**Minerali**
Acqua 92 g	Vitamina A 16 RE	Potassio 278 mg
Calorie 32 kcal	Vitamina C 33 mg	Calcio 22 mg
Proteine 2,5 g	Tiamina 0,18 mg	Ferro 1 mg
Grassi 0,2 g	Riboflavina 1,5 mg	Magnesio 18 mg
Carboidrati 5 g	Niacina 1,5 mg	Fosforo 62 mg
	Vitamina B_6 0,18 mg	Sodio 2 mg
	Acido folico 104 mcg	

Scelta

L'asparago di qualità è fresco, sodo e con le punte chiuse. Più il gambo è verde, più alta sarà la concentrazione di nutrienti e sostanze fitochimiche.

Preparazione per la spremitura

Lavate gli asparagi sotto l'acqua corrente. Inseriteli nell'estrattore con la punta in giù.

Ricette di succo di asparagi

L'asparago ha un gusto piuttosto forte già di suo. Aggiungetelo anche al succo di carote e mela (pagina 192). Oltre alle ricette riportate qui di seguito, nell'indice trovate succhi con asparagi e altri ingredienti.

ASPARAGI-CAROTA-SEDANO

- 4 punte di asparagi
- 3 carote
- 2 coste di sedano

ASPARAGI-SEDANO

- 6 punte di asparagi
- 4 coste di sedano

Barbabietola

Le barbabietole appartengono alla famiglia delle Chenopodiacee, come spinaci e bietole. Sia la radice sia le foglie sono commestibili. Originariamente venivano coltivate in Europa e in Asia, ma oggi crescono ovunque e sono utilizzate come alimento e per produrre lo zucchero.

Benefici

Le foglie delle barbabietole hanno un valore nutritivo più elevato delle radici, in particolare per quanto riguarda la presenza di calcio, ferro, vitamina A e vitamina C. Le radici di barbabietola sono da sempre usate per scopi medicinali, soprattutto per i disturbi del fegato e per le proprietà antitumorali e di sostegno alla salute cardiovascolare.

Il pigmento che dona alle barbabietole il loro ricco colore cremisi-porpora è la betaina, un potente agente antitumorale. La combinazione del contenuto di fibra e betaina è, molto probabilmente, la componente responsabile del ruolo protettivo che svolge questo ortaggio nei confronti del cancro al colon, come emerge in alcuni studi sperimentali.[4] La fibra di barbabietola, inoltre, ha un effetto favorevole sulle funzioni intestinali e sui livelli di colesterolo.[5] In studi condotti su animali è stato dimostrato che la fibra della barbabietola aumenta il livello di enzimi antiossidanti (nello specifico glutatione perossidasi e glutatione-S-transferasi) e aumenta anche il numero di particolari globuli bianchi responsabili di individuare ed eliminare le cellule anomale. In una ricerca condotta con pazienti colpiti da cancro allo stomaco, si è scoperto che il succo di barbabietola è un potente inibitore della formazione di nitrosammine e delle mutazioni cellulari da esse causate.[6]

Gli effetti del succo di barbabietola sul sistema cardiaco e vascolare sono stati studiati con risultati estremamente soddisfacenti. In uno dei primi studi, i ricercatori della Barts e della London School of Medicine hanno scoperto che è sufficiente bere solo 470 ml (2 bicchieri) di succo di barbabietola fresco per ridurre in modo significativo la pressione sistolica e la pressione diastolica fino a 10 mm Hg in soggetti sani.[7]

Il succo di barbabietola abbassa la pressione sanguigna nel giro di un'ora, con il picco dopo 3-4 ore dall'ingestione. Questi ricercatori hanno dimostrato che la riduzione della pressione arteriosa è legata alla formazione chimica di nitriti dovuti alla presenza di nitrati dietetici nel succo. Il nitrato dietetico viene convertito in nitrito nella saliva, dai batteri sulla lingua. Il picco di riduzione della pressione arteriosa è correlato al picco di presenza di nitriti nel sangue. Una volta in circolo, il nitrito viene trasformato in ossido nitrico dalle cellule che rivestono i vasi sanguigni. L'ossido nitrico è un potente dilatatore dei vasi sanguigni e con la vasodilatazione si ha un abbassamento della pressione arteriosa unita a un maggior afflusso di sangue nell'organismo.

A partire da questa ricerca iniziale, nel 2008, molti altri studi hanno esaminato gli effetti dell'assunzione di succo di barbabietola sull'innalzamento dei livelli di nitriti nel sangue.[8]

Anche se ci sono altre fonti alimentari di nitrati, la cosa particolarmente interessante è che bere succo di barbabietola è notevolmente più efficace nell'aumentare i livelli di nitriti nel sangue rispetto all'assunzione di una grande quantità di alimenti ricchi di nitrati. Infatti, il livello di nitrati nella dieta ha un impatto minimo sui nitrati e i nitriti del plasma, ma bere un bicchiere di succo di barbabietola a colazione li può aumentare in modo significativo durante il giorno. Va inoltre sottolineato che mangiare barbabietole cotte non dà la stessa quantità di nitrati del succo fresco, perché il processo di cottura ne deteriora alcuni.

AVVERTENZA: bere molto succo di barbabietola può far assumere un colore rossastro a urina e feci, come se ci fosse del sangue. Non allarmatevi, sono semplicemente i pigmenti rossi della barbabietola.

La ricerca più recente sugli effetti del succo di barbabietola in relazione all'abbassamento della pressione arteriosa è stata condotta a Melbourne, in Australia, presso il Baker IDI Heart and Diabetes Institute.[9] In questo studio, 15 uomini e 15 donne hanno bevuto 520 ml di un succo contenente 500 g di barbabietola spremuta e succo di mela (72% di barbabietola, 28% di mela) o un succo placebo. La pressione basale veniva misurata ai partecipanti e dopo l'assunzione del succo veniva monitorata almeno ogni ora per 24 ore, utilizzando il misuratore di pressione dell'ambulatorio. Questa stessa procedura è stata ripetuta dopo 2 settimane, con chi aveva bevuto il placebo nel primo turno e aveva poi bevuto il succo di barbabietola nel secondo turno e viceversa. I risultati hanno dimostrato che bere succo di barbabietola aveva abbassato la pressione sistolica mediamente di 4-5 punti solo dopo 6 ore. La cosa importante di questi effetti sarebbe poter ridurre ictus e attacchi cardiaci di almeno il 10% che, in termini di vite umane, significherebbe almeno 60.000 persone salvate ogni anno.

Il succo di barbabietola può anche avere un effetto positivo sull'organismo durante l'esercizio fisico: diversi studi hanno dimostrato che bere per 6 giorni un bicchiere di succo di barbabietola migliora le prestazioni fisiche in generale e il funzionamento del cuore durante l'attività fisica.[10] In uno studio del 2009, 12 ciclisti maschi hanno bevuto 140 ml al giorno di succo di barbabietola concentrato o un placebo (succo di barbabietola senza nitrati) per 6 giorni, per poi passare a un'altra bevanda dopo un periodo di eliminazione di 14 giorni.[11] Il sesto giorno, dopo un'integrazione, i soggetti hanno pedalato a intensità submassimale per 60 minuti, e poi per una cronometro di 10 km. Le prestazioni di chi aveva assunto il succo di barbabietola erano migliori rispetto a chi aveva assunto il placebo, dal punto di vista sia del tempo (953 vs 965 secondi) sia della potenza (294 vs 288 watt). Nella prova a intensità submassimale, il consumo di ossigeno (VO2MAX) era più basso in chi aveva bevuto il succo. Che cosa significano questi dati? In breve, il succo di barbabietola promuove una maggiore resistenza fisica e migliora le prestazioni.

Analisi nutrizionale

2 BARBABIETOLE SENZA FOGLIE (160 g)		
Nutrienti ed energia	**Vitamine**	**Minerali**
Acqua 142,22 g	Vitamina A 3 RE	Potassio 528 mg
Calorie 77 kcal	Vitamina C 17,9 mg	Calcio 25 mg
Proteine 2,41 g	Tiamina 0,082 mg	Ferro 1,5 mg
Grassi 0,23 g	Riboflavina 0,033 mg	Magnesio 34 mg
Carboidrati 16,3 g	Niacina 0,652 mg	Fosforo 78 mg
	Vitamina B_6 0,08 mg	Sodio 118 mg
	Acido folico 151 mcg	

Scelta

Le barbabietole di buona qualità devono avere le foglie fresche e senza segni di deterioramento. Le foglie leggermente flosce si riprendono se lasciate in frigorifero, in acqua. Se vedete che sono troppo avvizzite, buttatele. La radice della barbabietola deve essere soda, liscia e di un rosso-viola vivo, non molle, moscia e dal colore smorto. In genere le barbabietole più piccole sono migliori da spremere.

Preparazione per la spremitura

Lavate le barbabietole sotto l'acqua corrente e lasciatele in ammollo in acqua e bicarbonato o acqua e aceto (9:1), poi risciacquatele bene.

Ricette di succo di barbabietola

Il succo di barbabietola tende a irritare la gola e l'esofago se consumato da solo. Oltre alle ricette riportate qui di seguito, nell'indice trovate succhi con barbabietola e altri ingredienti.

BARBABIETOLA-CAROTA

- ½ barbabietola con le foglie
- 4 carote

BARBABIETOLA-CAROTA-PEPERONE

- ½ barbabietola con le foglie
- 3 carote
- ½ peperone verde o rosso

BARBABIETOLA-CAROTA-PREZZEMOLO

- ½ barbabietola con le foglie
- 4 carote
- ½ manciata di prezzemolo

BARBABIETOLA-CAROTA-SEDANO

- ½ barbabietola con le foglie
- 3 carote
- 2 coste di sedano

BARBABIETOLA-CAROTA-SPINACI

- ½ barbabietola con le foglie
- 3 carote
- ½ tazza di spinaci

BARBABIETOLA–PATATA DOLCE

- ½ barbabietola con le foglie
- 1 patata dolce
- 1 mela tagliata

a spicchi (facoltativo)

Broccolo

I broccoli sono una varietà di Brassica oleracea, la grande famiglia dei cavoli. Originari dell'area mediterranea, i broccoli erano già diffusi al tempo dei Romani e sono coltivati in varie zone d'Italia. In cucina sono diffusi in gran parte dell'Europa e del mondo.

Benefici

I broccoli sono uno degli alimenti tra i più densi di nutrienti. Una tazza fornisce circa la stessa quantità di proteine di una tazza di mais o di riso, ma meno di un terzo in calorie. Sono tra le verdure più ricche di vitamina C e, come altri membri della famiglia dei cavoli, hanno effetti inibitori notevoli sui tumori, in particolare sul cancro al seno (vedi la voce cavolo).

Uno dei principali composti antitumorali è il sulforafano, identificato inizialmente nei germogli dei broccoli che gli scienziati della Johns Hopkins University School of Medicine a Baltimora avevano fatto crescere in laboratorio. Cercando i composti antitumorali presenti nei broccoli, questi ricercatori hanno scoperto che i germogli dei broccoli contenevano una concentrazione di sostanze chimiche protettive da 30 a 50 volte maggiore rispetto a quelle presenti nei broccoli maturi.[12]

Una alimentazione delle cavie a base di estratti di germogli di broccoli, ricchi di sulforafano, aveva ridotto incredibilmente la frequenza, la dimensione e il numero di tumori creati da un agente cancerogeno standard. Ricerche con il sulforafano e altri componenti dei broccoli effettuate su esseri umani hanno dimostrato che questi composti stimolano la produzione di enzimi detossificanti e agiscono come antiossidanti nell'organismo.[13]

Studi preliminari attestano che, per ridurre della metà il rischio di ammalarsi di cancro, le persone dovrebbero mangiare circa 900 g di broccoli o verdure simili alla settimana. Poiché la concentrazione di sulforafano è molto più elevata nei germogli di broccoli, in teoria la stessa riduzione del rischio si potrebbe avere con l'assunzione settimanale di poco più che una manciata di germogli. È stato provato che il sulforafano è efficace nell'aiutare il corpo a liberarsi dell'*Helicobacter pylori*.[14] Questo batterio è responsabile della maggior parte delle ulcere peptiche e aumenta il rischio di sviluppare un tumore gastrico da 3 a 6 volte, inoltre è presente in una vasta gamma di disturbi che coinvolgono lo stomaco compresi gastrite, esofagite e cattiva digestione.

Analisi nutrizionale

100 g DI BROCCOLI CRUDI		
Nutrienti ed energia	**Vitamine**	**Minerali**
Acqua 91,46 g	Vitamina A 207 RE	Potassio 212 mg
Calorie 26 kcal	Vitamina C 56,4 mg	Calcio 56 mg
Proteine 2,81 g	Tiamina 0,053 mg	Ferro 0,81 mg
Grassi 0,29 g	Riboflavina 0,096 mg	Magnesio 18 mg
Carboidrati 4,76 g	Niacina 0,47 mg	Fosforo 50 mg
	Vitamina B_6 0,13 mg	Sodio 24 mg
	Acido folico 67 mcg	

Scelta

I broccoli devono essere di un bel colore verde scuro, o verde salvia, o verde violaceo, a seconda della varietà. I gambi e gli steli devono essere teneri e sodi. Le foglie ingiallite o appassite indicano la perdita di gran parte del valore nutrizionale. Non acquistate broccoli appassiti, molli e visibilmente vecchi.

Preparazione per la spremitura

Lavate i broccoli sotto l'acqua corrente e metteteli a bagno in acqua e bicarbonato o acqua e aceto (1:9), poi risciacquateli bene. Tagliate i broccoli a pezzi e inseriteli nell'estrattore con le cime verso il basso.

Ricette di succo di broccoli

Per essere appetibile il succo di broccoli deve essere miscelato con altri succhi. Spremete ½ tazza di broccoli e aggiungete il succo a una base di mela e carota (pagina 192). Oltre alle ricette riportate qui di seguito, nell'indice trovate succhi con broccoli e altri ingredienti.

BROCCOLI-CAROTA
- 1 mazzo di broccoli
- 3 carote

BROCCOLI-CAROTA-SEDANO
- 1 mazzo di broccoli
- 3 carote
- 1 costa di sedano

BROCCOLI-CAROTA-PREZZEMOLO
- 1 mazzo di broccoli
- 3 carote
- ½ tazza di prezzemolo

Carota

Probabilmente le carote sono originarie del Medio Oriente e dell'Asia. Le prime varietà erano per lo più viola e nere e, a quanto pare, la carota attuale doveva essere una varietà mutante a cui mancava il pigmento viola o nero. Oggi questo ortaggio è coltivato in tutto il mondo.

Benefici

La carota è la regina delle verdure. Tra tutti gli ortaggi comunemente consumati, vanta la più alta fonte di carotenoidi pro-vitamina A. Infatti, come vedremo più avanti, 2 carote sono in grado di fornire 4050 retinolo equivalenti, vale a dire circa quattro volte la razione giornaliera raccomandata di vitamina A. Ma, a differenza della vitamina A, il beta-carotene e gli altri caroteni delle carote non risultano tossici. Le carote sono ricche di molti altri nutrienti e anutrienti, ma è proprio il loro contenuto di carotene l'elemento più discusso.

Le carote sono una fonte eccellente di composti antiossidanti che aiutano a proteggere dalle malattie cardiovascolari e dalle neoplasie e, inoltre, favoriscono la vista, in particolare la visione notturna. In uno studio del Massachusetts che ha esaminato le diete di 1300 adulti anziani, è emerso che chi utilizzava almeno una porzione di carote e/o di zucca ogni giorno, ha ottenuto la riduzione del 60% di rischio di attacchi cardiaci rispetto a chi assumeva meno di una porzione di questi alimenti al giorno.[15]

L'assunzione elevata di carotene è connessa a una diminuzione del 20% di carcinoma mammario nella post-menopausa e a una diminuzione, fino al 50% – in termini di incidenza – di tumori della vescica, della cervice, della prostata, del colon, della laringe e dell'esofago. Ampi studi sull'uomo suggeriscono che una dieta nella quale venga inclusa almeno una carota al giorno, verosimilmente, potrebbe tagliare il tasso di cancro ai polmoni della metà.[16]

Analisi nutrizionale

2 CAROTE CRUDE (145 g)		
Nutrienti ed energia	**Vitamine**	**Minerali**
Acqua 126 g	Vitamina A 4050 RE	Potassio 466 mg
Calorie 62 kcal	Vitamina C 13,4 mg	Calcio 38 mg
Proteine 1,5 g	Tiamina 0,14 mg	Ferro 0,72 mg
Grassi 0,28 g	Riboflavina 0,84 mg	Magnesio 22 mg
Carboidrati 14,6 g	Niacina 1,3 mg	Fosforo 64 mg
	Vitamina B 6 0,2 mg	Sodio 50 mg
	Acido folico 20 mcg	

Scelta

Le carote devono essere fresche, sode, lisce e con un colore acceso. Evitate di acquistarle se hanno dei tagli, sono segnate o vedete della muffa. Più intenso è il colore arancione, più saranno ricche di beta-carotene. Evitate anche le carote eccessivamente storte e quelle molli o gommose (segno che sono vecchie). Inoltre, se le carote non hanno le cime attaccate, osservate la base della radice e assicuratevi che non sia scura (anche questo è un segno di non freschezza). Se le cime sono attaccate, accertatevi che siano belle verdi e fresche e non appassite. Visto che gli zuccheri si concentrano nel centro delle carote, quelle più grandi avendo un "cuore" più grosso saranno più dolci.

Poiché le carote risultano essere tra i 20 alimenti sui quali sono stati ritrovati più di frequente residui di pesticidi, scegliete sempre carote coltivate con metodi biologici.

Le carote sono verdure resistenti che durano molto a lungo rispetto ad altri ortaggi, se conservate in modo appropriato. Il trucco per conservare la freschezza delle carote è ridurre al minimo la perdita di umidità: per farlo basta riporle nella parte più fredda del frigorifero in una busta di plastica con i buchi o avvolte in un tovagliolo di carta, in questo modo si riduce la quantità di condensa che sono in grado di formare e si mantengono fresche per circa 2 settimane. Ricordatevi di tenere le carote lontane da mele, pere, patate e altri frutti e ortaggi che producono gas etilene, perché le fanno diventare amare.

Se acquistate le carote con le cime, tagliatele prima di metterle in frigorifero, altrimenti le carote appassiranno prematuramente in quanto le cime tolgono umidità alla radice. Potete conservare le cime in frigorifero, avvolte nella carta umida, ma cercate di utilizzarle subito dopo l'acquisto perché sono delicate e appassiscono in fretta.

Preparazione per la spremitura

Spazzolate le carote sotto il getto di acqua corrente. Si consiglia di eliminare le cime, o per lo meno di spremerne poche, in quanto sono una ricca fonte di composti che una volta assorbiti dall'organismo possono creare una reazione con la luce del sole e provocare gravi scottature o eruzioni cutanee. Quando mettete le carote nell'estrattore, inserite prima la parte più grossa per evitare che l'apparecchio si blocchi.

Ricette di succo di carota

Il succo di carota è uno dei più apprezzati perché è delizioso anche da

Carote e pelle gialla

Mangiare tante carote o bere succo di carota può portare a immagazzinare un eccesso di caroteni nel tessuto adiposo, nel fegato, in altri organi (nelle ghiandole surrenali, nei testicoli e nelle ovaie si ha la più alta concentrazione) e nella pelle. I caroteni che si depositano nella pelle possono portare a un ingiallimento del derma noto come carotenodermia. Non è una cosa grave. E in ogni caso la carotenodermia non è sempre direttamente imputabile alla dieta alimentare o all'integrazione, può essere indicativa di una carenza dell'elemento necessario a convertire il beta-carotene in vitamina A, come lo zinco, l'ormone tiroideo, la vitamina C o le proteine.

È stato dimostrato che l'ingestione di grandi quantità di carote o di succo di carota (da 500 g a 1 kg di carote fresche al giorno per diversi anni) provoca una diminuzione del numero di globuli bianchi e problemi mestruali.[17] Infatti, nonostante la quantità di carotene nel sangue dei pazienti studiati avesse raggiunto livelli (da 221 a 1007 mcg/dl) simili a quelli dei pazienti trattati con alte dosi di integratori di beta-carotene per ragioni mediche (generalmente 800 mcg/dl), i disturbi derivavano da qualche altro elemento presente nelle carote, visto che nei soggetti che assumevano dosi molto alte di beta-carotene puro (l'equivalente da 4 a 8 kg di carote pro die per lunghi periodi di tempo) non era stato osservato alcun effetto collaterale.[18]

solo. Il sapore dolce ne fa un'aggiunta preziosa in molti succhi amari. Oltre alle ricette qui riportate, nell'indice trovate succhi con carota e altri ingredienti.

CAROTA-CAVOLFIORE

- 4 carote
- 1 tazza di cavolfiore

CAROTA-CAVOLO RICCIO

- 5 carote
- 3 foglie di cavolo riccio

CAROTA-CETRIOLO-PREZZEMOLO

- 4 carote
- ½ cetriolo
- ½ tazza di prezzemolo

CAROTA-CIPOLLA-PREZZEMOLO

- 4 carote
- ½ cipolla
- 1 tazza di prezzemolo

CAROTA-ERBA DI GRANO

- 5 carote
- ½ tazza di erba di grano

CAROTA-FINOCCHIO

- 4 carote
- ½ finocchio

CAROTA-FOGLIE DI TARASSACO

- 5 carote
- ½ tazza di foglie di tarassaco

CAROTA-LATTUGA

- 4 carote
- 1 cespo di lattuga tagliata a pezzi

CAROTA-PATATA DOLCE

- 4 carote
- ½ patata dolce

CAROTA-PATATA MESSICANA

- 5 carote
- ½ tazza di patata messicana

CAROTA-PEPERONE

- 5 carote
- ½ peperone verde o rosso

CAROTA-PORRO-PREZZEMOLO

- 4 carote
- 1 porro
- 1 tazza di prezzemolo

CAROTA-RADICE DI TARASSACO

- 4 carote
- 1 radice di tarassaco

CAROTA-RAPA

- 4 carote
- 1 rapa con le cime

CAROTA-RAVANELLO

- 4 carote
- ¼ di daikon o 2 ravanelli con le cime

CAROTA-SEDANO

- 4 carote
- 4 coste di sedano

CAROTA-SEDANO-PREZZEMOLO

- 4 carote
- 3 coste di sedano
- ½ tazza di prezzemolo

CAROTA-SPINACI

- 5 carote
- 1 tazza di spinaci

CAROTA-TARASSACO-SPINACI

- 4 carote
- 1 radice di tarassaco
- ½ tazza di spinaci

CAROTA-TOPINAMBOUR

- 4 carote
- 1 tazza di topinambur

Cavolfiore

Il cavolfiore, come i broccoli e i cavolini di Bruxelles, deriva dal cavolo selvatico. Probabilmente la varietà originale proviene dall'Asia, ma in Italia è stata sviluppata la sua forma odierna. Il cavolfiore ha numerose varietà che maturano in periodi diversi: le precocissime vengono raccolte a ottobre, le precoci a novembre-dicembre, le invernali a gennaio-febbraio e le tardive da marzo a maggio. È un ortaggio che risente sia delle gelate sia del caldo eccessivo.

Benefici

Il cavolfiore non è così denso di nutrienti come gli altri ortaggi appartenenti alla famiglia delle Brassicaceae. Quello bianco deriva il suo colore dal fatto di essere protetto da grosse foglie verdi che, impedendo il passaggio del sole, non consentono lo sviluppo della clorofilla. La maggior parte delle varietà di cavolfiore sono bianche, ma si trovano anche cavolfiori verdi e viola. Il colore bianco è già di per sé il segnale della mancanza di tanti caroteni benefici e di clorofilla. Però, il cavolfiore è un'ottima fonte di boro, anche perché non si sviluppa bene in terreni in cui manca questo elemento chimico. Per quanto riguarda le proprietà antitumorali del cavolfiore, vedi la voce cavolo.

Analisi nutrizionale

1 TAZZA DI CIMETTE DI CAVOLFIORE CRUDO (100 g)		
Nutrienti ed energia	**Vitamine**	**Minerali**
Acqua 92,26 g	Vitamina A 2 RE	Potassio 355 mg
Calorie 24 kcal	Vitamina C 71,5 mg	Calcio 29 mg
Proteine 2 g	Tiamina 0,76 mg	Ferro 0,58 mg
Grassi 0,18 g	Riboflavina 0,057 mg	Magnesio 14 mg
Carboidrati 4,9 g	Niacina 0,63 mg	Fosforo 46 mg
	Vitamina B_6 0,231 mg	Sodio 15 mg
	Acido folico 66 mcg	

Scelta

Il cavolfiore deve avere un aspetto fresco, pulito con le cime belle bianche e le foglie verdi fresche croccanti. Evitate di acquistare cavolfiori con le foglie appassite, con le cime sporche o con evidenti segni di vecchiume.

Preparazione per la spremitura

Lavate il cavolfiore intero, sotto l'acqua corrente, strofinandolo con le dita. Tagliate il cavolfiore in pezzi non troppo grandi che possano entrare facilmente nell'estrattore.

Ricette di succhi di cavolfiore

Il succo di cavolfiore bevuto da solo è piuttosto forte, si consiglia di mischiarlo a ½ tazza di succo di mela e carota (pagina 192). Per altre ricette, nell'indice trovate succhi a base di cavolfiore e altri ingredienti.

Cavolini di Bruxelles

I cavolini o cavoletti di Bruxelles, come i broccoli, si sono evoluti dal cavolo selvatico e fanno parte della famiglia dei cavoli. Nella loro forma attuale sono stati creati in una località nei pressi di Bruxelles (da qui il nome). Sono coltivati in tutto il mondo e per crescere hanno bisogno di un clima freddo, tipico del Nordeuropa.

Benefici

In termini di qualità nutrizionale i cavolini di Bruxelles sono simili ai broccoli. Come membro della famiglia dei cavoli, anche quest'ortaggio è in fase di studio per le proprietà antitumorali (vedi la voce cavolo).

Analisi nutrizionale

1 TAZZA DI CAVOLINI DI BRUXELLES (150 g)		
Nutrienti ed energia	**Vitamine**	**Minerali**
Acqua 136 g	Vitamina A 112 RE	Potassio 494 mg
Calorie 60 kcal	Vitamina C 96 mg	Calcio 56 mg
Proteine 4 g	Tiamina 0,16 mg	Ferro 1,88 mg
Grassi 0,8 g	Riboflavina 0,124 mg	Magnesio 32 mg
Carboidrati 13,5 g	Niacina 0,92 mg	Fosforo 88 mg
	Vitamina B 6 0,28 mg	Sodio 34 mg
	Acido folico 94 mcg	

Scelta

I cavolini di Bruxelles devono essere sodi e avere un aspetto fresco, con un bel colore verde. Evitate quelli con le foglie opache, appassite o gialle.

Preparazione per la spremitura

Lavate i cavolini sotto l'acqua corrente e metteteli a bagno in acqua e bicarbonato o acqua e aceto (1:9), poi risciacquateli bene.

Ricette di succhi di cavolini di Bruxelles

Il contenuto di fosforo dei cavolini di Bruxelles è quasi il doppio rispetto al loro contenuto di calcio, e siccome l'alto consumo di fosforo è collegato all'osteoporosi, perché riduce l'utilizzo e promuove l'eliminazione del calcio, è consigliato spremere i cavolini di Bruxelles insieme a cibi ricchi di calcio come il cavolo riccio, gli spinaci e il prezzemolo. I cavolini di Bruxelles hanno un sapore forte: aggiungetene ½ tazza o 4 cavolini al succo di mela e carota (pagina 192).

CAVOLINI DI BRUXELLES-CAROTA-SPINACI

- 4 cavolini di Bruxelles
- 3 carote
- ½ tazza di spinaci

Cavolo

La famiglia delle Crucifere o Brassicaceae comprende cavoli, broccoli, cavolfiori, cavolini di Bruxelles, cavolo riccio, cavolo riccio, senape indiana, ravanelli, rape e altre verdure comuni. Le Crucifere sono molto studiate per le loro incredibili proprietà antitumorali (vedi più avanti).

Il cavolo attuale si è sviluppato partendo dal cavolo selvatico, arrivato in Europa dall'Asia nel 600 a.C., diffuso da gruppi di popolazioni celtiche erranti che portarono questa coltura in tutta l'Europa settentrionale (Germania, Polonia, Russia, Austria) perché era adatta ai climi freddi, rendeva molto in termini di crescita e poteva essere immagazzinata in fredde cantine.

Ci sono numerosi tipi di cavolo, da quello rosso a quello verde. Oggi i cavoli sono ampiamente coltivati nelle latitudini a nord dell'emisfero settentrionale.

Benefici

La famiglia delle Brassicaceae offre numerosi benefici alla salute. Dal punto di vista nutritivo, il cavolo fornisce livelli eccellenti di molti nutrienti fondamentali, compresi vitamina C, potassio, ferro e calcio. Ma forse, ancora più importante dei nutrienti è la quantità di fitochimici. La famiglia del cavolo contiene molti fitochimici dalle proprietà antitumorali dimostrabili rispetto a qualsiasi altra famiglia di verdure. In effetti, una delle principali raccomandazioni dietetiche dell'American Cancer Society per ridurre il rischio di sviluppare un tumore è di includere regolarmente nella dieta le Crucifere.

Come è evidente nella tabella 3, i fitochimici nel cavolo operano, in primo luogo, aumentando i meccanismi antiossidanti di difesa e migliorando la capacità dell'organismo di disintossicarsi ed eliminare sostanze chimiche dannose e ormoni. Gli effetti anticancro della famiglia del cavolo sono risultate evidenti in studi sulla popolazione. Coerentemente, più alto è il consumo di questi ortaggi, più è basso il tasso tumorale, in particolare il cancro al seno.[19]

I più importanti fitochimici anticancro delle Crucifere sono i glucosinolati, e l'indolo 3-carbinolo (I3C) è il principale: si tratta di un composto organico naturale derivante dalla degradazione del glucosinolato che si

Tabella 3. Fitochimici con proprietà antitumorali presenti nel cavolo

COMPOSTO	AZIONE
Ditioltoni	Inducono meccanismi antiossidanti e di detossificazione
Glucosinolati	Inducono meccanismi antiossidanti e di detossificazione
Indoli	Inducono meccanismi antiossidanti e di detossificazione; migliorano il metabolismo degli estrogeni
Isotiocianati	Inibiscono lo sviluppo del cancro e la crescita tumorale
Cumarine	Bloccano la reazione dei composti che provocano il cancro nei punti chiave
Fenoli	Inducono la detossificazione enzimatica e prevengono la formazione di agenti carcinogeni

forma ogni volta che le Crucifere vengono schiacciate o tagliate. Spremere queste verdure è un modo fantastico per formare l'I3C. La rottura delle cellule vegetali dei cavoli provoca l'attivazione di enzimi che formano l'I3C. La cottura disattiva questo enzima. L'IC3 e altri glucosinolati sono antiossidanti e potenti stimolatori dei naturali enzimi detossificatori dell'organismo. L'I3C viene convertito nello stomaco in diversi composti, compreso il diindolimetano, o DIM. Alcuni studi hanno dimostrato che l'aumento del consumo di Crucifere o l'assunzione di I3C o DIM in forma di integratore alimentare ha aumentato significativamente la conversione di estrogeni da elementi che producono il tumore a prodotti disgregati non tossici.[20]

È stato anche provato che il succo fresco di cavolo è estremamente efficace nella cura delle ulcere peptiche: di solito si assiste a un miglioramento in meno di 7 giorni (vedi il capitolo "Il succo di frutta come farmaco").[21]

Le verdure della famiglia delle Brassicaceae contengono goitrogeni, composti che possono interferire con l'azione degli ormoni tiroidei in determinate situazioni (bassi livelli di iodio, in primo luogo). I goitrogeni sono in gran parte isotiocianati che bloccano il metabolismo dello iodio, tuttavia non vi è alcuna prova che faccia pensare che questi composti nelle Crucifere interferiscano con la funzione tiroidea in alcun modo significativo, quando i livelli di iodio nella dieta sono adeguati.

È quindi salutare consumare grandi quantità di Crucifere (più di 4 porzioni al giorno) visto che una buona dieta contiene anche adeguate quantità di iodio che si trova nelle alghe e nell'alga kelp, nelle verdure coltivate vicino al mare, nei frutti di mare, nel sale iodato e negli integratori alimentari. Rape e navoni contengono la più alta concentrazione di goitrogeni, per cui non consumatele troppo spesso crude.

Analisi nutrizionale

½ CAVOLO CRUDO (500 g)		
Nutrienti ed energia	**Vitamine**	**Minerali**
Acqua 420 g	Vitamina A 112 RE	Potassio 494 mg
Calorie 60 kcal	Vitamina C 96 mg	Calcio 56 mg
Proteine 4 g	Tiamina 0,16 mg	Ferro 1,88 mg
Grassi 0,8 g	Riboflavina 0,124 mg	Magnesio 32 mg
Carboidrati 13,5 g	Niacina 0,92 mg	Fosforo 88 mg
	Vitamina B_6 0,28 mg	Sodio 34 mg
	Acido folico 94 mcg	

Scelta

Il cavolo deve avere un aspetto fresco ed essere croccante, senza segni di marciume o di vermi.

Preparazione per la spremitura

Lavate il cavolo sotto l'acqua corrente e mettetelo a bagno in acqua e bicarbonato o acqua e aceto (1:9), poi risciacquatelo bene. Tagliate il cavolo a pezzi sottili in modo da poterli inserire bene nell'estrattore.

Ricette di succo di cavolo

Il succo di cavolo ha un sapore piuttosto forte se consumato da solo. Oltre alle ricette riportate qui di seguito, nell'indice trovate succhi con cavolo e altri ingredienti.

CAVOLO-CAROTA

- ½ cavolo, a pezzi
- 3 carote

CAVOLO-CAROTA-PREZZEMOLO

- ½ cavolo, a pezzi
- 3 carote
- ½ tazza di prezzemolo

CAVOLO-CAROTA-SEDANO

- ½ cavolo, a pezzi
- 3 carote
- 2 coste di sedano

Cavolo laciniato vedi cavolo riccio

Cavolo riccio e altri cavoli a foglia

Il cavolo riccio (*kale*) è una varietà che appartiene alla famiglia delle Brassicaceae, forse il "parente" più prossimo del cavolo selvatico. Il cavolo riccio e quello a foglia sono essenzialmente lo stesso ortaggio, ma il cavolo riccio ha foglie frastagliate e resiste meno al freddo. Sono cavoli privi della gemma centrale, caratterizzato da foglie verdi, scure o chiare, lanceolate e talvolta bollose.

Esistono diverse varietà di cavoli a foglia come il cavolo riccio, il cavolo riccio nano, il cavolo riccio, il cavolo laciniato. Questo tipo di cavolo "acefalo", antesignano di quello noto "con la testa", sembra sia di origine asiatica. A Roma se ne coltivavano più di 400 specie e grazie ai romani giunse nel resto d'Europa dove si diffuse in Germania, Francia e Gran Bretagna. Si adatta bene a ogni tipo di terreno e di clima, cresce spesso anche in forma spontanea e si raccoglie nei mesi più freddi.

Benefici

I cavoli a foglia sono tra gli ortaggi più nutrienti. Il cavolo riccio è ricco di vitamine e minerali essenziali, in particolare calcio, potassio e ferro. Una tazza di succo di cavolo riccio non solo ha più calcio di una tazza di latte, ma contiene quasi tre volte tanto calcio e fosforo. L'alto consumo di fosforo apporta beneficio all'osteoporosi, in quanto riduce l'utilizzo e l'eliminazione del calcio.

Come membro della famiglia delle Brassicaceae, il cavolo riccio vanta le stesse proprietà antitumorali (vedi la voce cavolo). È un'ottima fonte di caroteni e clorofilla.

Analisi nutrizionale

1 TAZZA DI CAVOLO RICCIO CRUDO (100 g)		
Nutrienti ed energia	**Vitamine**	**Minerali**
Acqua 88 g	Vitamina A 1066 RE	Potassio 243 mg
Calorie 45 kcal	Vitamina C 102 mg	Calcio 206 mg
Proteine 5 g	Tiamina 0,11 mg	Ferro 1,8 mg
Grassi 1 g	Riboflavina 0,2 mg	Magnesio 12 mg
Carboidrati 7 g	Niacina 1,8 mg	Fosforo 64 mg
	Vitamina B_6 0,18 mg	Sodio 2 mg
	Acido folico 183 mcg	

Scelta

Il cavolo a foglia di ottima qualità appare fresco, è tenero e di colore verde intenso. Evitate i cavoli con foglie secche o ingiallite, mangiate dagli insetti e con segni di decomposizione.

Preparazione per la spremitura

Lavate il cavolo sotto l'acqua corrente, mettetelo poi a bagno in acqua e bicarbonato o acqua e aceto (9:1). Per asciugare le foglie utilizzate la centrifuga per l'insalata. Di solito le foglie si infilano nella centrifuga intere, se occorre tagliate le più grandi.

Ricette di succhi di cavolo riccio e a foglia

Il succo del cavolo riccio e dei cavoli a foglia in generale non è facile da bere da solo perché è veramente amaro, ma si può aggiungere ad altri succhi per ottenere una bevanda deliziosa e salutare. Nell'indice degli ingredienti trovate succhi a base di cavolo riccio e altri ingredienti.

Cetriolo

Il cetriolo è una pianta tropicale, originaria del Sudest asiatico. Appartiene alla famiglia delle Cucurbitaceae (come zucche, zucchine, meloni) e in Italia se ne trovano molte varietà, diversificate a seconda della pezzatura dei frutti e del colore della buccia. Esistono cetrioli giganti, da mangiare in insalata, e molto piccoli da utilizzare per i sottaceti. È una verdura rinfrescante e già nel Cinquecento veniva raccomandata per ammorbidire la pelle.

Benefici

I cetrioli freschi sono composti principalmente da acqua. La buccia dura è una fonte eccellente di alcuni minerali importanti come il silice, che contribuisce alla resistenza del tessuto connettivo (la cui funzione è di unire e proteggere gli altri tessuti). Senza silice, il tessuto connettivo non sarebbe costruito in modo appropriato. Spesso il succo di cetriolo viene raccomandato proprio come fonte di silice e per migliorare il colorito e la salute la pelle.

Analisi nutrizionale

1 CETRIOLO CRUDO (300 g)		
Nutrienti ed energia	**Vitamine**	**Minerali**
Acqua 289 g	Vitamina A 14 RE	Potassio 448 mg
Calorie 39 kcal	Vitamina C 0,09 mg	Calcio 42 mg
Proteine 1,63 g	Tiamina 0,06 mg	Ferro 0,84 mg
Grassi 0,39 g	Riboflavina 0,9 mg	Magnesio 33 mg
Carboidrati 8,76 g	Niacina 0,752 mg	Fosforo 51 mg
	Vitamina B 6 0,156 mg	Sodio 6 mg
	Acido folico 42 mcg	

Scelta

I cetrioli devono avere una forma regolare e un colore verde scuro; evitate quelli appassiti, striminziti e gialli. Scegliete cetrioli non cerati.

Preparazione per la spremitura

Lavate i cetrioli in acqua corrente, se sono cerati devono essere sbucciati prima della spremitura. I cetrioli non si conservano a lungo.

Ricette succo di cetriolo

Il succo di cetriolo da solo non ha un sapore molto gradevole, è meglio mescolarlo ad altri succhi. Oltre alle ricette riportate qui di seguito, nell'indice trovate succhi con cetriolo e altri ingredienti.

CETRIOLO-POMODORO-PREZZEMOLO

- ½ cetriolo
- 2 pomodori, a pezzi
- ½ tazza di prezzemolo

CETRIOLO-POMODORO-CRESCIONE

- ½ cetriolo
- 2 pomodori, a pezzi
- 1 mazzetto di crescione

Cima di rapa vedi cavolo riccio

Cipolla

Le cipolle, così come l'aglio, fanno parte della famiglia delle Liliaceae (ma una recente classificazione le attribuisce a quella delle Amaryllidaceae). Originarie dell'Asia centrale – dall'Iran al Pakistan – sono giunte a nord, fino alla parte meridionale della Russia. Oggi, in tutto il mondo, si coltivano numerose varietà, che si distinguono per la forma del bulbo, il colore e il sapore. In Italia la più nota è la cipolla rossa di Tropea, seguita subito dopo da quella di Suasa, quella di Breme, la ramata di Monitoro e la Borrettana.

Benefici

Le cipolle, come l'aglio, contengono una varietà di composti organici solforati e un enzima, l'alliinasi – rilasciato quando la cipolla viene tagliata o schiacciata – che conferisce a questi alimenti i caratteristici aromi, odori e proprietà lacrimogene (sin-propanethial-S-ossido). Altri componenti sono: flavonoidi (principalmente quercetina), acidi fenolici, steroli, saponine, pectina e oli volatili. Anche se la cipolla non è apprezzata come l'aglio per le sue proprietà medicinali, vanta molti dei suoi stessi effetti (vedi la voce aglio). Vi sono, tuttavia, alcune minime differenze che farebbero preferire l'uso della cipolla all'aglio.

Come l'aglio, la cipolla e i suoi estratti hanno dimostrato, in diversi studi clinici, di diminuire i livelli di lipidi nel sangue, prevenire la formazione di coaguli e abbassare la pressione arteriosa. Le cipolle concorrono significativamente all'azione di abbassamento degli zuccheri nel sangue, paragonabile a quella di farmaci come il tolbutamide e la fenformina spesso prescritti ai diabetici. Il principio attivo responsabile della riduzione della glicemia dovrebbe essere il solfuro di allile propile (APD), anche se altri componenti, come i flavonoidi, hanno un ruolo importante. Prove cliniche sperimentali dimostrano che l'APD regola il glucosio ematico, così come fa l'insulina (anch'essa un disulfide), e aumenta in questo modo il ciclo vitale dell'insulina stessa. Sono stati studiati anche altri meccanismi, come per esempio l'aumento del metabolismo epatico del glucosio o l'aumento della secrezione di insulina.[22]

La cipolla è stata utilizzata storicamente per curare l'asma, perché inibisce la produzione di quei composti che causano lo spasmo del muscolo bronchiale e, al tempo stesso, è in grado di rilassarlo.[23]

Considerando le grandi malattie del XX secolo (aterosclerosi, diabete e cancro), un uso intenso delle specie *Allium* (aglio, cipolle, porri e così via) è particolarmente indicato.

Analisi nutrizionale

½ CIPOLLA CRUDA (100 g)		
Nutrienti ed energia	**Vitamine**	**Minerali**
Acqua 90 g	Vitamina A 0 RE	Potassio 155 mg
Calorie 34 kcal	Vitamina C 8,4 mg	Calcio 25 mg
Proteine 1,18 g	Tiamina 0,06 mg	Ferro 0,37 mg
Grassi 0,26 g	Riboflavina 0,01 mg	Magnesio 10 mg
Carboidrati 7,3 g	Niacina 0,1 mg	Fosforo 29 mg
	Vitamina B_6 0,157 mg	Sodio 2 mg
	Acido folico 19,9 mcg	

Scelta

Le cipolle devono essere compatte, sode e senza ammaccature, con la buccia pulita, secca e liscia. Non acquistate cipolle che hanno sviluppato un gambo o hanno strane macchie, tipo muffa. I cipollotti devono essere freschi, con le cime verdi e il bulbo bianco. Evitate quelli gialli e appassiti.

Preparazione per la spremitura

Togliete la buccia esterna, lavate la cipolla e poi tagliatela a pezzi per inserirla nell'estrattore.

Ricette di succo di cipolla

Il succo di cipolla è troppo forte per essere consumato da solo. In molte ricette, è possibile sostituire la cipolla con l'aglio. Consultate l'indice per trovare ricette di succhi con cipolle e altri ingredienti.

Curcuma

La curcuma (*Curcuma longa*) è una pianta erbacea che fa parte della famiglia dello zenzero. È ampiamente coltivata in India, Cina, Indonesia e in altri Paesi tropicali. Il rizoma (radice), con la sua dura buccia marrone e una polpa arancione, è la parte edibile. Solitamente viene pulita, bollita, asciugata al sole, lucidata e macinata in polvere. La curcuma è l'ingrediente principale del curry e serve anche come colorante della senape. È molto usata negli alimenti, sia per il colore sia per il sapore.

La curcuma è utilizzata nella medicina cinese e indiana come antinfiammatorio e per il trattamento di numerosi disturbi tra cui flatulenza, ittero, dolori mestruali, sangue nelle urine, emorragie, mal di denti, contusioni, dolori al petto e coliche.

La curcumina, il pigmento giallo della curcuma, ha dato prova di avere un effetto antinfiammatorio significativo in tanti modelli sperimentali: in numerosi studi l'attività antinfiammatoria della curcumina ha dimostrato di poter essere comparata a farmaci potenti. A differenza di questi, però, ai quali sono associati notevoli effetti tossici (formazione di ulcere, diminuzione della conta dei globuli bianchi, sanguinamento intestinale), la curcumina non ha alcuna controindicazione.[24]

L'attività antiossidante della curcumina è superiore ai nutrienti antiossidanti come le vitamine C ed E, in quanto questi sono efficaci, rispettivamente, solo contro pro ossidanti idrosolubili e liposolubili. Al contrario, la curcumina è efficace nella protezione contro pro ossidanti idrosolubili e liposolubili ed esercita molte altre azioni benefiche. La curcumina è particolarmente utile per abbassare i livelli di colesterolo e per prevenire l'ossidazione (dannosa per le arterie) del colesterolo LDL, l'aterosclerosi (indurimento delle arterie), la formazione di placche e per l'inibizione della formazione di coaguli di sangue attraverso l'inibizione dell'aggregazione piastrinica.[25]

Per quanto riguarda il rallentamento del processo di invecchiamento, vi è una prova considerevole del fatto che la curcumina protegge contro i danni cerebrali legati all'età e, in particolare, dal morbo di Alzheimer. I ricercatori hanno cominciato a studiare l'azione di questo estratto dopo aver constatato che gli anziani (età compresa tra 70 e 79) residenti nell'India rurale, che mangiano grandi quantità di curcuma, hanno una bassissima incidenza del morbo di Alzheimer, 4,4 volte inferiore rispetto agli americani. Inoltre, i ricercatori hanno scoperto che la curcumina è in grado di prevenire lo sviluppo di lesioni cerebrali dell'Alzheimer nelle cavie allevate specificatamente per sviluppare il morbo, poiché questo estratto può sciogliere le lesioni caratteristiche della malattia.[26]

Gli effetti antitumorali della curcuma e della curcumina sono stati provati in tutte le fasi di formazione del cancro: nascita, sviluppo e diffusione. La curcumina agisce in maniera incredibile per proteggere l'organismo dai danni al DNA: un effetto recentemente dimostrato in uno studio condotto in una comunità che viveva in un luogo con acque sotterranee ad alto contenuto di arsenico, un metallo estremamente cancerogeno, perché provoca gravi danni ossidativi al DNA.[27] Prima dell'integrazione di curcumina, i campioni di sangue evidenziavano gravi danni al DNA con alti livelli di radicali liberi e perossidazione lipidica. Tre mesi dopo, l'assunzione di curcumina aveva ridotto il danno al DNA, ritardato la formazione di radicali liberi e la perossidazione lipidica e alzato il livello di attività antiossidante.

In un altro studio, i fumatori di sigarette che avevano assunto la curcuma hanno ottenuto un abbassamento significativo dei livelli di mutageni escreti per via urinaria, un segnale della capacità dell'organismo di liberarsi dei composti che causano il cancro attraverso i meccanismi di detossificazione. La curcumina si sta facendo strada come un agente importante nella battaglia contro il cancro, per molte ragioni. I dati a nostra disposizione suggeriscono inoltre che la curcumina spinge il cancro a regredire.[28]

Scelta

La radice di curcuma si trova sempre più facilmente, anche se potrebbe essere necessario ordinarla nei negozi di prodotti biologici. Il colore della curcuma cambia a seconda della varietà, quindi non è un criterio di scelta del prodotto. Come per tutte le radici, assicuratevi che sia fresca, senza segni esterni di deperimento. È consigliabile la conservazione in frigorifero.

Preparazione per la spremitura

Lavate bene la radice, poi tagliatela a pezzi e spremetela nell'estrattore. Essendo un colorante eccezionale, fate attenzione a maneggiare la curcuma, perché macchia tutto ciò con cui viene a contatto, anche le mani. In questi casi, lavatele immediatamente con acqua e sapone. Se macchiate arnesi da cucina o taglieri, lavateli e poi lasciateli al sole per un paio d'ore, le macchie scompariranno. È consigliabile spremere la radice di curcuma prima di qualsiasi altro ortaggio o frutto, in modo che venga ben schiacciata.

Ricette di succo di curcuma

La curcuma fresca ha un sapore che assomiglia allo zenzero e può sostituirlo. Combinando semplicemente curcuma fresca e limone, otterrete una potente bevanda salutare. Consultate l'indice per trovare ricette di succhi con curcuma e altri ingredienti.

Daikon

Il daikon, o ravanello giapponese, è una radice vegetale ideale per fare i succhi, ha un alto contenuto di acqua e fa molto bene alla salute. *Daikon* in giapponese significa "grande radice" e nella cucina giapponese è usato in molti modi: spesso viene grattugiato e mescolato nel *ponzu* (una salsa di soia e succo di agrumi) per farne una salsa, mentre i germogli si mangiano in insalata o per guarnire il sashimi. È un ortaggio molto usato anche nelle cucine di Cina, Corea, India, e, in generale, nel resto dell'Asia.

Benefici

Il daikon crudo viene utilizzato in tutta l'Asia, non solo per insaporire il cibo, ma anche per aiutare la digestione, perché è ricco di enzimi digestivi. In Giappone, i ristoranti servono il daikon grattugiato con la tempura, per aiutare a digerire l'olio della frittura, mentre il daikon tritato accompagna il sushi per contribuire a digerire le proteine.

Per quanto riguarda il succo di daikon è importante berlo immediatamente, perché in soli 30 minuti perde circa il 50% dei suoi enzimi. Il daikon appartiene alla famiglia del cavolo (Brassicaceae) e vanta molte proprietà antitumorali (vedi la voce cavolo). Aiuta a prevenire la formazione di composti che causano neoplasie nell'organismo, come le nitrosammine, così come i coadiuvanti per eliminarli. Tutte le varietà di ravanello sono molto apprezzate per le loro capacità di migliorare i processi del fegato che potenziano la detossificazione da composti nocivi.

Il daikon è anche diuretico e aiuta il corpo a liberarsi dell'eccesso di fluidi; è molto utile nelle infezioni delle alte vie aeree, perché ha un effetto decongestionante sul muco leggero delle vie respiratorie. Come tutte le varietà di ravanelli e le loro foglie, il daikon ha un basso contenuto calorico ed è una fonte eccellente di vitamina C.

Analisi nutrizionale

1 TAZZA DI DAIKON AFFETTATO (100 g)		
Nutrienti ed energia	**Vitamine**	**Minerali**
Acqua 63 g	Vitamina A 2 RE	Potassio 233 mg
Calorie 16 kcal	Vitamina C 15 mg	Calcio 25 mg
Proteine 0,68 g	Tiamina 0,02 mg	Ferro 0,34 mg
Grassi 0,7 g	Riboflavina 0,02 mg	Magnesio 10 mg
Carboidrati 1,9 g	Niacina 0,25 mg	Fosforo 20 mg
	Vitamina B_6 0,07 mg	Sodio 14 mg
	Acido folico 25 mcg	

Scelta

Il daikon deve essere sodo, senza segni visibili di muffa o deterioramento. Evitate quelli morbidi, appassiti, striminziti o scoloriti. Può essere conservato al massimo per 2 settimane.

Preparazione per la spremitura

Il daikon deve essere lavato con molta attenzione e tagliato in senso longitudinale per farlo entrare nell'estrattore.

Ricette succo di daikon

Il succo di daikon può avere un sapore forte, per cui è spesso mescolato con carota, sedano o succo di mela. Ma, se vi piacciono i sapori un po' piccanti e speziati, potete aggiungerlo in qualsiasi altro succo. Nell'indice trovate succhi con daikon e altri ingredienti.

Fagiolo asparago o stringa

Il fagiolo asparago, il cui nome botanico è *Vigna unguiculata* varietà *sesquipedalis*, probabilmente è nato dal fagiolo dall'occhio nero, varietà della stessa specie originaria dell'Africa occidentale e da qui portata in India da dove pare arrivi il fagiolo asparago.

Nel nostro Paese è stato coltivato molto prima degli attuali fagioli, che provengono con tutta probabilità dall'America centrale. I nomi dati a questo ortaggio sono diversi: "stringhe", per la lunghezza e la forma, "fagiolo nero del Brasile" (dal colore del seme di alcune selezioni), "spaghetti", "chilometro", "fagiolo serpente" e "metro".

Benefici

I fagioli asparago sono una fonte eccellente di proteine e fibre idrosolubili, gomme e pectine. I legumi, in generale, forniscono un eccezionale beneficio nutrizionale ai diabetici, infatti numerosi studi hanno dimostrato come una dieta ricca di legumi porti a un miglior controllo della glicemia proprio in chi soffre di questa patologia. Verosimilmente anche il succo dovrebbe apportare molti benefici.

Analisi nutrizionale

1 TAZZA DI FAGIOLI ASPARAGO (135 g)		
Nutrienti ed energia	**Vitamine**	**Minerali**
Acqua 124 g	Vitamina A 71 RE	Potassio 151 mg
Calorie 36 kcal	Vitamina C 11 mg	Calcio 61 mg
Proteine 1,84 g	Tiamina 0,065 mg	Ferro 1,11 mg
Grassi 0,18 g	Riboflavina 0,1 mg	Magnesio 29 mg
Carboidrati 8,26 g	Niacina 0,5 mg	Fosforo 33 mg
	Vitamina B_6 0,28 mg	Sodio 17 mg
	Acido folico 63,2 mcg	

Scelta

I fagioli asparago devono apparire freschi, con un bel colore verde; se li rompete devono essere croccanti. Evitate di acquistarli se sembrano secchi e appassiti.

Preparazione per la spremitura

Lavate i fagioli asparago sotto l'acqua corrente, poi metteteli in ammollo con acqua e bicarbonato o in una soluzione di acqua e aceto (9:1).

Ricette di succhi di fagioli asparago

Il succo di fagioli asparago è piuttosto denso e non molto gustoso; potete spremerne una tazza e aggiungerlo al succo di mela e carota (pagina 192).

Finocchio

Il finocchio fa parte della famiglia delle Umbelliferae, come sedano, carote e prezzemolo. È una pianta erbacea del Mediterraneo che si è sviluppata in Italia. Ha una lunga storia come pianta medicinale ed è sfruttata per le sue proprietà aromatiche. Ha un piacevole sapore di liquirizia. In Italia si distingue il finocchio selvatico dalle varietà di produzione orticola.

Benefici

Il finocchio apporta una certa dose di nutrienti, ma viene per lo più utilizzato per i suoi effetti medicinali. Nell'ambito erboristico si fa riferimento al finocchio come:

- un antispasmodico intestinale;
- un carminativo, o composto che allevia o espelle gas;
- uno stomachico, o composto che tonifica e rinforza lo stomaco;
- un anodino, o composto analgesico e calmante.

Il finocchio contiene anche fitoestrogeni, che lo rendono utile in molte patologie femminili, in particolare durante la menopausa. Il finocchio vanta una quantità di cumarina molto più elevata rispetto a sedano e carote.

Analisi nutrizionale

1 TAZZA DI FINOCCHIO A PEZZI (70 g)		
Nutrienti ed energia	**Vitamine**	**Minerali**
Acqua 63 g	Vitamina A o RE	Potassio 143 mg
Calorie 22 kcal	Vitamina C 0 mg	Calcio 1 mg
Proteine 1,36 g	Tiamina 0,1 mg	Ferro 0,21 mg
Grassi 0,13 g	Riboflavina 0,17 mg	Magnesio 7 mg
Carboidrati 2,5 g	Niacina 4,6 mg	Fosforo 52 mg
	Vitamina B_6 0,039 mg	Sodio 1 mg
	Acido folico 15 mcg	

Scelta

Il finocchio deve essere acquistato con gambi e fronde attaccate, che ne attestano la freschezza. Come il sedano, i suoi gambi devono rompersi e non piegarsi quando vengono schiacciati.

Preparazione per la spremitura

Lavate il finocchio sotto l'acqua corrente, staccando le foglie esterne se necessario per lavarlo meglio. Tagliate il bulbo e i gambi in modo da farli passare bene nell'estrattore.

Ricette di succo di finocchio

Il finocchio ha un gusto abbastanza forte, quindi potete mescolarlo a carote, mele, pere o sedano. Consultate l'indice per trovare ricette di succhi con finocchio e altri ingredienti.

Lattuga

La lattuga appartiene alla famiglia delle Compositae, la stessa delle margherite e dei girasoli. Questo genere di insalate contiene un liquido bianco lattiginoso che fuoriesce quando si rompono le foglie, un "latte" che conferisce alla lattuga un sapore leggermente amarognolo e non a caso il suo nome scientifico è *Lactuca sativa*, dove *Lactuca* deriva dalla parola latina "latte". La lattuga vanta molte varietà, qui di seguito alcune tra le più note:

- Liscia: è una lattuga molto comune.
- Iceberg: ha forma compatta, con foglie verdi all'esterno e biancastre all'interno, decisamente croccanti; è molto acquosa e ha un gusto delicato. Nelle zone intorno a Cagliari si chiama "cupettone".
- Romana o marulla o spadona: ha foglie lunghe con coste robuste e croccanti; il colore e il gusto sono intensi.
- Cappuccina: ha foglie grandi e larghe e una forma rotonda che ricorda la Iceberg; le foglie si separano facilmente dallo stelo; il sapore è dolce e la consistenza è morbida; è adatta alle insalate.
- A foglia rossa: è caratterizzata da foglie larghe e ricce, dal colore rosso-verde; ha un gusto delicato e la consistenza è leggermente croccante.

Rucola, indivia, crescione non sono considerati lattuga, ma vengono spesso mischiate in insalata con la lattuga.

Benefici

In generale, più la lattuga è scura, maggiori sono i nutrienti. Quindi, la romana ha un valore nutrizionale più elevato della lattuga a foglia rossa che, a sua volta, ha più nutrienti della cappuccina, la quale ne ha più della iceberg. La lattuga è una buona fonte di clorofilla e vitamina K. La romana ha molta vitamina A, acido folico, vitamina C, vitamina B_1 e vitamina B_2 così come manganese e cromo.

Analisi nutrizionale

1 CESPO DI ICEBERG CRUDA (700 g)		
Nutrienti ed energia	**Vitamine**	**Minerali**
Acqua 517 g	Vitamina A 178 RE	Potassio 852mg
Calorie 70 kcal	Vitamina C 21 mg	Calcio 102 mg
Proteine 5,4 g	Tiamina 0,25 mg	Ferro 2,7 mg
Grassi 1 g	Riboflavina 0,16 mg	Magnesio 48 mg
Carboidrati 11,26 g	Niacina 1 mg	Fosforo 108 mg
	Vitamina B_6 0,22 mg	Sodio 48 mg
	Acido folico 301 mcg	

Scelta

La lattuga di qualità è fresca, croccante e priva di qualsiasi segno di marciume. Evitate di acquistare lattuga con macchioline che ricordano la ruggine e foglie rovinate.

Preparazione per la spremitura

Lavate la lattuga mettendola in ammollo in acqua e bicarbonato e sciacquandola ripetutamente. Per asciugarla usate una centrifuga e poi preparatela per la spremitura. Tagliatela a spicchi oppure mettete le foglie direttamente nell'estrattore, piegandole, se necessario. Le varietà di lattuga più scure danno un succo migliore.

Ricette di succo di lattuga

Consultate l'indice per trovare ricette di succhi con lattuga e altri ingredienti.

Melone amaro

Il melone amaro (nome scientifico *Momordica charantia*), conosciuto anche come zucca amara, è un frutto tropicale ampiamente coltivato in Asia, Africa e Sudamerica. La pianta appartiene alla famiglia delle Cucurbitaceae (come cetriolo, zucca, anguria, melone). Il melone amaro è un frutto che viene raccolto acerbo e usato come verdura. Molto utilizzato nella medicina popolare come rimedio per il diabete, è un'incredibile fonte di fitonutrienti. In Italia non si trova facilmente, a volte è disponibile nei grandi mercati cittadini e nei negozi di alimentari asiatici.

Benefici

La capacità del succo fresco del melone amaro di abbassare la glicemia è stata dimostrata in studi scientifici sugli uomini e sugli animali. Il melone amaro contiene un composto noto come charantina, più potente del tolbutamide, un farmaco usato nella cura del diabete di tipo 2 per abbassare i livelli di zucchero nel sangue.

Il melone amaro racchiude anche un composto simile all'insulina, noto come P-polipeptide o insulina vegetale. Visto che il P-polipeptide e il melone amaro hanno effetti collaterali minori dell'insulina, essi sono stati presi in considerazione per la cura di alcuni pazienti: questa insulina vegetale non si deve per forza iniettare, poiché la somministrazione orale di meno di 60 ml di succo ha dato buoni risultati negli studi clinici nei pazienti con diabete.[29]

Nel melone amaro sono state trovate anche delle proteine antivirali.[30] Due di queste, presenti nei semi, nel frutto e nelle foglie del melone amaro, sono state in grado di inibire il virus dell'AIDS in vitro (in uno studio in provetta). Nel 1996, gli scienziati che stavano conducendo queste ricerche hanno registrato un brevetto statunitense per una nuova proteina, la MAP

AVVERTENZA: per i diabetici che assumono farmaci ipoglicemizzanti (come glucophage, clorpropamide, gliburide o fenformina) e che consumano il melone amaro quotidianamente, potrebbe risultare necessario modificare il dosaggio di questi farmaci.
Il melone amaro non deve essere preso da donne incinte. I suoi componenti attivi stimolano l'utero e potrebbero causare un parto prematuro. Il melone amaro può avere un effetto ipoglicemico e, in gravidanza, l'ipoglicemia può avere effetti negativi sia per la madre sia per il feto.

30, trovata ed estratta dal frutto e dai semi del melone amaro. Oltre a essere "utile nel trattamento dei tumori e nelle infezioni da HIV" (secondo il brevetto), la MAP 30 ha anche dato prova di essere un potente antivirale contro altri virus, tra cui l'herpes simplex. Anche il frutto maturo del melone amaro è stato testato per alcuni importanti effetti anticancro, in particolare nella leucemia e nel tumore alla prostata.[31]

Scelta

Il melone amaro è un frutto verde, dalla forma di cetriolo, ricoperto da piccoli bozzi: una sorta di cetriolo brutto. Scegliete i frutti più piccoli, visto che non vi serve molto succo, che dovranno essere sodi come i cetrioli.

Preparazione per la spremitura

Lavate il melone amaro sotto l'acqua corrente, tagliatelo a fette per inserirlo nell'estrattore.

Ricette di succo di melone amaro

Si chiama melone amaro per una buona ragione. Ricordatevi che, secondo gli studi clinici la dose è di meno di 60 ml. Vi suggerisco di bere il succo da solo, perché il sapore è veramente difficile da mascherare. Oppure potete cercare di mischiarlo con almeno 200 ml di succo di mela e carota (pagina 192).

Patata

La patata è un tubero commestibile della famiglia delle Solanaceae. Originaria delle Ande della Bolivia e del Perù, si coltiva da 7000 anni. I conquistatori spagnoli del Perù furono i primi europei a conoscere la patata, che arrivò in Spagna a metà del Cinquecento. Per molto tempo questo tubero fu considerato un alimento di scarsa qualità, adatto agli animali. Solo alla fine del Settecento, l'agronomo farmacista francese Parmentier cercò di diffonderne la coltivazione e l'uso. In Italia la patata arrivò all'inizio dell'Ottocento. In Irlanda, dove la coltura era di primaria importanza, la diffusione di un fungo che portò alla perdita dei raccolti in pochi anni determinò la grande carestia del 1845-49, durante la quale la popolazione irlandese fu decimata dalla fame.

Benefici

Le patate contengono molte sostanze nutrienti, tra cui potassio e vitamina C, e inoltre hanno un contenuto calorico limitato. Purtroppo, la maggior parte delle persone consuma le patate fritte o cotte al forno con molto olio o burro e questo va in contrasto con il loro valore nutrizionale. La qualità proteica delle patate è piuttosto alta, più o meno è equivalente al mais e al riso, con la differenza che le patate contengono lisina, un amminoacido essenziale che spesso manca nei cereali.

Analisi nutrizionale

1 TAZZA DI PATATA A PEZZI (185 g)

Nutrienti ed energia	Vitamine	Minerali
Acqua 144 g	Vitamina A 4 RE	Potassio 630 mg
Calorie 142 kcal	Vitamina C 25 mg	Calcio 15 mg
Proteine 4,3 g	Tiamina 0,28 mg	Ferro 1,84 mg
Grassi 0,3 g	Riboflavina 0,056 mg	Magnesio 24 mg
Carboidrati 31,8 g	Niacina 3 mg	Fosforo 58 mg
	Vitamina B_6 0,47 mg	Sodio 46 mg
	Acido folico 24 mcg	

Scelta

Scegliete patate di qualità che siano sode al tatto e mostrino tutte le caratteristiche della loro varietà. Devono essere di colore omogeneo, aspetto sano, senza macchie nere, verdi o germinazioni.

Preparazione per la spremitura

Lavate le patate sotto l'acqua corrente, se sono molto sporche, e spazzolatele. Tagliatele a pezzi e infilatele nell'estrattore. Per la spremitura, le patate più adatte sono quelle rosse.

Ricette di succo di patata

Il succo di patata da solo è abbastanza forte e deve essere consumato immediatamente altrimenti diventa nero. Consultate l'indice per trovare ricette di succhi con patate e altri ingredienti.

Patata dolce e igname

Le patate dolci, note come patate americane o batate, non hanno molto a che fare con le patate comuni, perché appartengono a una famiglia diversa; non a quella delle Solanaceae, ma a quella delle Convolvulaceae.

La patata dolce è originaria del Messico e dell'America centrale e meridionale. In Italia, la patata americana è riconosciuta come prodotto agroalimentare tradizionale in Puglia (patata dell'agro leccese, patata dolce, patata zuccherina, patana, tartufulu) e in Veneto (patata americana di Anguillara e Stroppare e patata americana di Zero Branco).

L'igname, o yam, è invece originario dell'Africa e del Sudest asiatico e appartiene alla famiglia delle Discoreaceae. Ha molto meno carotene rispetto alla patata dolce e, a differenza di questa, non può essere consumato crudo in quanto contiene molte tossine amare: deve essere pelato e cotto.

Benefici

Le patate dolci sono ricchissime di caroteni: più scura è la varietà, maggiore è la concentrazione di caroteni. Le patate dolci sono anche un'ottima fonte di vitamina C, calcio e potassio.

Analisi nutrizionale

1 PATATA DOLCE COTTA*, SENZA BUCCIA (115 g)		
Nutrienti ed energia	**Vitamine**	**Minerali**
Acqua 79 g	Vitamina A 923 RE	Potassio 342 mg
Calorie 160 kcal	Vitamina C 25 mg	Calcio 46 mg
Proteine 2 g	Tiamina 0,1 mg	Ferro 1 mg
Grassi 1 g	Riboflavina 0,08 mg	Magnesio 14 mg
Carboidrati 37 g	Niacina 0,8 mg	Fosforo 66 mg
	Vitamina B_6 0,06 mg	Sodio 10 mg
	Acido folico 85 mcg	

* Non sono disponibili informazioni sulle patate dolci crude, ma si stima un valore nutrizionale maggiore del 10-15% rispetto alle patate dolci cotte.

Scelta

Utilizzate solo patate dolci di alta qualità, sode e con le caratteristiche della loro varietà. Ricordatevi che più scura è la varietà, maggiore è il contenuto di caroteni. Inoltre le più scure sono più dolci e più saporite. Evitate di acquistare patate avvizzite, coriacee e scolorite.

Preparazione per la spremitura

Lavate le patate dolci sotto l'acqua corrente, sfregando bene la buccia. Tagliatele a pezzi in modo da farle passare comodamente nell'estrattore.

Ricette di succo di patata dolce

Se vi piace il gusto delle patate dolci, apprezzerete anche il sapore del succo. Io preferisco mescolarle con altra frutta e verdura, per esempio con carote, bietole, mele. Nell'indice trovate succhi con patate dolci e altri ingredienti.

Patata messicana

La patata messicana o *jícama* (in spagnolo) o *xicama* (in nahauatl) è una pianta nota per i suoi tuberi commestibili che sembrano delle rape. È originaria del Messico e dell'America Centrale.

Benefici

L'alto contenuto di acqua della patata messicana (dall'86 al 90%) la rende una verdura perfetta da spremere. Come la maggior parte dei tuberi, contiene parecchio potassio. Il suo sapore è dolce, simile alla mela e alla meno nota castagna d'acqua.

Scelta

Una buona patata messicana deve essere soda e pesante per le sue dimensioni. Se è avvizzita, molle o particolarmente grande è probabile che sia dura, legnosa e contenga meno acqua.

Preparazione per la spremitura

Spazzolate la patata messicana sotto l'acqua corrente, poi tagliatela a pezzetti e inseritela nell'estrattore.

Ricette di succo di patata messicana

Il succo di patata messicana è troppo forte per essere bevuto da solo. Consultate l'indice per trovare ricette di succhi con patate messicane e altri ingredienti.

Peperone

I peperoni appartengono alla Solanaceae, famiglia che comprende anche patate, melanzane e pomodori. Originari del Centro e Sudamerica, i peperoni hanno colori accesi: rosso, verde, giallo e anche nero. I peperoni rossi, di fatto, sono peperoni verdi lasciati sulla pianta a maturare, e sono molto più dolci. Il peperoncino è un condimento molto diffuso.

Benefici

I peperoni sono uno degli alimenti tra i più densi in nutrienti disponibili e sono ottime fonti di molte sostanze nutritive tra cui vitamina C, beta-carotene, vitamina K, tiamina, acido folico e vitamina B_6. Sono anche una buona risorsa di sostanze fitochimiche dalle eccezionali proprietà antiossidanti. La varietà rossa ha livelli di nutrienti significativamente più alti rispetto alla verde e contiene anche licopene, un carotene che offre protezione rispetto alle neoplasie e alle malattie cardiache.

I peperoni racchiudono sostanze che hanno dimostrato di prevenire la formazione di coaguli e di ridurre il rischio di attacchi cardiaci e ictus; inoltre, il loro consumo dovrebbe essere promosso in tutte le persone che hanno livelli elevati di colesterolo.

Il peperoncino è ancora più ricco di proprietà benefiche rispetto al peperone.

Scelta

I peperoni devono essere freschi, turgidi e dai colori brillanti. La buccia deve essere lucida e ben tesa e la polpa soda al tatto. Non acquistate peperoni con rugosità e ammaccature, e controllate che il taglio del peduncolo sia abbastanza fresco.

Preparazione per la spremitura

Lavate bene i peperoni sotto l'acqua corrente, tagliate la calotta a cui è attaccato il picciolo, poi asportate la parte centrale con i semi e gran parte delle nervature bianche con un movimento rotatorio. Tagliateli a pezzi e metteteli nell'estrattore.

Ricette di succo di peperone

Il succo di peperone verde è piuttosto forte; si consiglia di usare solo da un quarto a metà peperone per un succo base in cui mischiare anche pomodoro e carota. Potete invece usare le varietà rosse e gialle in quantità.

Oltre alla ricetta riportata qui di seguito, nell'indice trovate succhi con peperone e altri ingredienti.

PEPERONE-POMODORO

- ½ peperone verde rosso
- 4 pomodori, a pezzi

Pomodoro

Un tempo, i pomodori erano considerati velenosi, oggi sono una delle principali colture orticole del mondo. I pomodori, come altri ortaggi della famiglia Solanaceae, sono originari del Centro e Sudamerica. Ne esistono numerose varietà e tutte sono adatte per la spremitura.

Benefici

Il pomodoro è ricco di nutrienti, in particolare quando è ben maturo; infatti i pomodori rossi contengono fino a quattro volte la quantità di beta-carotene rispetto a quelli verdi. Questi ortaggi sono un'ottima fonte di vitamina C, caroteni, biotina e vitamina K. Sono anche ricchi di vitamina B_6, acido pantotenico, niacina, acido folico e fibre.

Di recente i pomodori sono stati molto studiati per il contenuto di licopene, un carotene rosso che si è dimostrato estremamente efficace nella protezione contro i principali tipi di cancro, compresi i tumori al seno, al colon, al polmone, alla pelle e alla prostata. Inoltre il licopene riduce il rischio di malattie cardiache, cataratta e degenerazione maculare, mettendo in atto un'azione preventiva contro queste e altre patologie, neutralizzando l'ossigeno che fa reagire i dannosi radicali liberi prima che possano causare danni alle strutture cellulari.[32]

In uno degli studi più dettagliati esistenti, durato 22 anni, i ricercatori di Harvard hanno scoperto che gli uomini che avevano consumato una elevata quantità di licopene (6,5 mg al giorno) nella loro dieta avevano registrato una diminuzione del 21% del rischio di cancro alla prostata rispetto a chi aveva assunto quantità più basse: chi aveva mangiato due o più porzioni di salsa di pomodoro ogni settimana ha registrato una diminuzione del rischio al 23% rispetto a chi assumeva meno di una porzione di salsa di pomodoro al mese.[33] In uno studio effettuato su pazienti che avevano già il cancro alla prostata, il supplemento di licopene (15 mg al giorno) ha dimostrato di frenare la crescita della neoplasia, ridurre il tumore e abbassare i livelli del PSA (antigene prostatico specifico, un marcatore della attività tumorale) del 18%.[34]

La quantità di licopene presente nei pomodori può variare significativamente a seconda della varietà e del grado di maturazione. Nelle varietà più rosse, la concentrazione di licopene è vicina ai 50 mg per kg, rispetto alle varietà gialle che hanno solo 5 mg per kg. Il licopene è abbastanza stabile durante la cottura e la trasformazione alimentare: infatti si ottiene fino a cinque volte più licopene da un concentrato di pomodoro o da un succo rispetto al pomodoro crudo, perché la trasformazione "libera" una quantità maggiore di licopene dalle cellule della pianta.

Analisi nutrizionale

1 POMODORO (125 g)		
Nutrienti ed energia	**Vitamine**	**Minerali**
Acqua 115 g	Vitamina A 239 RE	Potassio 254 mg
Calorie 24 kcal	Vitamina C 21,6 mg	Calcio 8 mg
Proteine 1,09 g	Tiamina 0,07 mg	Ferro 0,59 mg
Grassi 0,26 g	Riboflavina 0,06 mg	Magnesio 14 mg
Carboidrati 5,34 g	Niacina 0,738 mg	Sodio 10 mg
	Vitamina B_6 0,06 mg	
	Acido folico 11,5 mcg	

Scelta

I pomodori devono essere sodi al tatto, la superficie esterna non deve presentare ammaccature, macchie di colore scuro o peggio ancora di marciume. Fate attenzione al colore che deve essere rosso, a meno che non sia della varietà Camone o Cuore di bue.

Preparazione per la spremitura

Prima di tutto è importante eliminare tutte le parti verdi della pianta perché sono tossiche e ne è sconsigliato l'uso alimentare. Poi sciacquate bene i pomodori sotto l'acqua corrente. Asciugateli se necessario e poi tagliateli a pezzi e metteteli nell'estrattore.

Ricette di succo di pomodoro

Il succo di pomodoro da solo è rinfrescante e si può usare in molte combinazioni. Nell'indice trovate succhi con pomodoro e altri ingredienti.

Porro

I porri, come le cipolle e l'aglio, appartengono alla famiglia delle Liliaceae (ma secondo una recente classificazione sono attribuiti alle Amaryllidaceae). Mentre nell'aglio e nelle cipolle i bulbi sono la parte commestibile, del porro si mangia la parte basale delle foglie – la parte bianca – e si scarta la parte apicale verde, che è piuttosto dura.

Benefici

I porri hanno in comune con cipolle e aglio molte proprietà, ma sono meno densi di nutrienti. Questo significa che è necessario mangiare grandi quantità di porri per ottenere effetti simili a quelli di cipolle e aglio.

Probabilmente i porri contribuiscono ad abbassare i livelli di colesterolo, migliorano la risposta del sistema immunitario e condividono con aglio e cipolle analoghe proprietà anticancro.

Analisi nutrizionale

½ TAZZA DI PORRI CRUDI (100 g)		
Nutrienti ed energia	**Vitamine**	**Minerali**
Acqua 82 g	Vitamina A 60 RE	Potassio 347 mg
Calorie 90 kcal	Vitamina C 17 mg	Calcio 50 mg
Proteine 2,2 g	Tiamina 0,11 mg	Ferro 1,1 mg
Grassi 0,3 g	Riboflavina 0,06 mg	Magnesio 6 mg
Carboidrati 11,2 g	Niacina 0,5 mg	Fosforo 50 mg
	Vitamina B_6 0,05 mg	Sodio 5 mg
	Acido folico 20 mcg	

Scelta

I porri devono avere delle foglie larghe, scure e solide, con un gambo bianco spesso e una base di almeno 2,5 centimetri di diametro. Evitate i porri gialli, appassiti e con le foglie scolorite.

Preparazione per la spremitura

Lavate il porro sotto l'acqua corrente, poi tagliatelo in pezzi per il lungo in modo da inserirlo facilmente nell'estrattore.

Ricette di succo di porro

Il succo di porro è forte: mescolatelo con frutta o verdura più appetibili. Consultate l'indice per trovare ricette di succhi con porri e altri ingredienti.

Prezzemolo

Il prezzemolo, come le carote e il sedano, fa parte della famiglia delle Umbelliferae ed è originario del Mediterraneo. Purtroppo, oggi viene utilizzato, più che come alimento, solo per guarnire i piatti.

Benefici

Il prezzemolo contiene tantissime sostanze nutritive ed è estremamente ricco di clorofilla e caroteni. Il suo alto contenuto di clorofilla aiuta a mascherare l'odore e il gusto di molti altri alimenti, come per esempio l'aglio. È stato dimostrato che l'assunzione di prezzemolo inibisce l'aumento di mutagenicità urinaria (la capacità di provocare mutazioni è spesso associata alla capacità di provocare tumori, *ndt*) dovuta al consumo di cibi fritti[35]; questa caratteristica, probabilmente, è connessa alla presenza di clorofilla (vedi il capitolo "Che cosa c'è nei succhi? I fitochimici"), ma anche ad altri composti presenti nel prezzemolo come vitamina C, flavonoidi e caroteni.

Il prezzemolo ha effetti benefici che vanno ben oltre il suo contenuto di clorofilla. È stato utilizzato a lungo per scopi medicinali e viene considerato come un eccellente "stimolante nervoso". Le prove empiriche sostengono, a ragione, che i succhi con il prezzemolo rientrano tra le "bevande energetiche".

Analisi nutrizionale

½ TAZZA DI PREZZEMOLO TRITATO (30 g)		
Nutrienti ed energia	**Vitamine**	**Minerali**
Acqua 26,5 g	Vitamina A 156 RE	Potassio 161 mg
Calorie 10 kcal	Vitamina C 27 mg	Calcio 39 mg
Proteine 0,66 g	Tiamina 0,02 mg	Ferro 1,86 mg
Grassi 0,09 g	Riboflavina 0,033 mg	Magnesio 13 mg
Carboidrati 2 g	Niacina 0,2 mg	Fosforo 12 mg
	Vitamina B_6 0,05 mg	Sodio 12 mg
	Acido folico 55 mcg	

Scelta

Potete coltivare il prezzemolo in vaso o acquistarlo fresco in negozio. Il prezzemolo deve essere fresco, di un verde brillante, senza foglie gialle, e pulito. Se leggermente appassito, potete rianimarlo mettendolo un po' in acqua fresca.

Preparazione per la spremitura

Lavate il prezzemolo sotto l'acqua corrente e mettetelo a bagno in acqua e bicarbonato o acqua e aceto (9:1). Asciugatelo con la centrifuga per insalate. Fate delle palline di prezzemolo e poi infilatelo nell'estrattore.

Ricette di succo di prezzemolo

Il succo di prezzemolo da solo è molto forte, quindi è consigliabile mescolarlo con altri succhi di frutta. Oltre alle ricette riportate qui di seguito, nell'indice trovate succhi con prezzemolo e altri ingredienti.

PREZZEMOLO-POMODORO

- 1 tazza di prezzemolo
- 4 pomodori, a pezzi

PREZZEMOLO-SPINACI-POMODORO

- ½ tazza di prezzemolo
- ½ tazza di spinaci
- 4 pomodori, a pezzi

Ravanello

I ravanelli (*Raphanus sativus*) sono ortaggi a radice che assomigliano un po' alle rape per quanto riguarda la consistenza, ma il cui sapore piccante è veramente unico. Appartengono alla famiglia delle Brassicaceae, come broccoli, cavoli e cavolini di Bruxelles e, al pari delle altre verdure del gruppo, contengono composti benefici antitumorali noti come isocianati, che sono anche la causa del loro sapore.

Le varietà coltivate sono molte e si differenziano in base a forma e colore della radice o alla stagione di coltivazione. Come molti altri ortaggi a radice, le foglie del ravanello sono commestibili e aggiungono un gusto pepato a insalate e succhi freschi.

In Italia i ravanelli più diffusi sono quelli tondi e rossi, i Cherry Belle, i Saxa, il Rosso, il Burro Gigante, ma anche i Candela di Ghiaccio, bianchi e oblunghi, e quelli rossi e oblunghi: Candela di Fuoco, Ravanello Lungo o Torino o Tabasso.

I ravanelli crescono molto velocemente: dalla semina servono dai 20 giorni ai 3 mesi per poterli raccogliere. Questi ortaggi si distinguono a seconda del periodo di piantagione: un ravanello primaverile come il Cherry

Belle matura in soli 20-22 giorni, invece i ravanelli estivi (che si piantano d'estate) ci impiegheranno più tempo. I ravanelli invernali hanno forma più grande e a loro servono più settimane per maturare; si seminano in tarda estate per raccoglierli in autunno o in inverno. Tra i ravanelli invernali troviamo il daikon (vedi la voce) e il Champions.

Benefici

Oltre a essere un'ottima fonte di vitamina C e potassio, i ravanelli, come le barbabietole, venivano usati come alimento curativo per i disturbi epatici, infatti contengono sostanze chimiche che aumentano il flusso della bile, contribuendo a mantenere sana la colecisti e a migliorare la digestione.

Facendo parte della famiglia delle Brassicaceae, come i cavoli e i cavolini di Bruxelles, il ravanello ne condivide i benefici effetti protettivi antitumorali.

In India si utilizzano sia le radici sia le foglie non solo per prevenire le mancanze di vitamina C, ma anche come diuretico, espettorante e lassativo e per curare i disturbi gastrici.

Analisi nutrizionale

1 TAZZA DI BULBI SENZA FOGLIE (100 g)		
Nutrienti ed energia	**Vitamine**	**Minerali**
Acqua 63 g	Vitamina A 2 RE	Potassio 233 mg
Calorie 16 kcal	Vitamina C 15 mg	Calcio 25 mg
Proteine 0,68 g	Tiamina 0,02 mg	Ferro 0,34 mg
Grassi 0,7 g	Riboflavina 0,02 mg	Magnesio 10 mg
Carboidrati 1,9 g	Niacina 0,25 mg	Fosforo 20 mg
	Vitamina B_6 0,07 mg	Sodio 14 mg
	Acido folico 25 mcg	

Scelta

I ravanelli rossi e di buona qualità devono avere delle belle foglie, fresche e senza segni di deterioramento. Se le foglie si presentano leggermente appassite, si possono mettere nell'acqua in frigorifero fino a che si riprendono; se invece sono rovinate, tagliatele ed eliminatele. La radice deve essere soda, liscia e di un bel colore acceso; scartate i ravanelli molli, avvizziti e spenti.

I ravanelli rossi e quelli bianchi si trovano tutto l'anno, anche se è meglio acquistarli in primavera. I ravanelli neri (ancora poco diffusi in Italia) si conservano più a lungo e sono prodotti invernali e di inizio primavera, mentre il daikon è più saporito in autunno e in inverno.

Conservate i ravanelli nel cassetto delle verdure in frigorifero, chiusi in sacchetti di plastica forati. I ravanelli freschi, con le loro foglie, si possono tenere dai 3 ai 5 giorni, ma le foglie tolgono umidità e sostanze nutritive alle radici, per cui, senza le foglie, le radici si conservano più a lungo, circa 2-4 settimane.

Preparazione per la spremitura

I ravanelli e le foglie devono essere lavati accuratamente. Le varietà più grandi probabilmente devono essere tagliate per poter entrare nell'estrattore.

Ricette di succo di ravanello

Il succo di ravanello può avere un sapore forte, per questo si mischia con carota, sedano o mela. Nell'indice trovate succhi con ravanello e altri ingredienti.

Sedano

Il sedano appartiene alla famiglia delle Apiaceae o Umbelliferae come le carote, il prezzemolo e il finocchio. Il sedano attuale deriva dal sedano selvatico originario del Mediterraneo, noto come pianta medicinale fin dai tempi di Omero: i suoi semi sono stati ampiamente utilizzati come diuretico.

Benefici

Il sedano è una fonte eccellente di vitamina C e di fibre e un'ottima risorsa di potassio, acido folico, vitamina B_6 e vitamina B_1, inoltre contiene calcio e vitamina B_2. Se da un lato questo ortaggio contiene una maggiore quantità di sodio rispetto alla maggior parte delle altre verdure, questa è compensata da elevati livelli di potassio. Tra l'altro la quantità di sodio non è significativa neppure per le persone sensibili al sale: una costa di sedano contiene circa 35 mg di sodio. Proprio la ricchezza di potassio e sodio del sedano rende il suo succo una bevanda importante per reintegrare gli elettroliti persi.

Il sedano contiene sostanze fitochimiche conosciute come cumarine che hanno dimostrato di essere in grado di tonificare il sistema vascolare e abbassare la pressione sanguigna e possono anche essere utili nei casi di emicrania. Due ricercatori della University of Chicago Medical Center hanno condotto degli studi su un composto di cumarina trovato nel sedano, il 3-butylphthalide-N (3NB), e hanno scoperto che effettivamente può abbassare la pressione sanguigna.[36] In studi condotti su animali si è visto che una dose minima di 3NB ha ridotto la pressione dal 12 al 14% e il colesterolo di circa il 7%. La dose equivalente negli esseri umani può essere fornita da circa 4 coste di sedano. Questa ricerca è stata fortemente sollecitata dal padre di uno dei ricercatori, il quale dopo aver consumato circa 110 g di sedano ogni giorno per una settimana aveva notato un calo della pressione arteriosa da 158/96 a 118/82.

La ricerca clinica afferma che il sedano può essere particolarmente utile per chi soffre di gotta, perché il 3NB abbassa significativamente la produzione di acido urico.[37] Inoltre il sedano può contribuire a ridurre il colesterolo, a prevenire i tumori migliorando la detossificazione e ad allungare l'aspettativa di vita.[38]

Nel modello sperimentale animale della malattia di Alzheimer, il trattamento con 3NB ha migliorato il deficit di apprendimento così come la memoria a lungo termine.[39] La cura con 3NB ha anche ridotto in modo importante il deposito totale di beta-amiloide cerebrale, la proteina che si accumula nel cervello dei malati di Alzheimer. I ricercatori hanno concluso che il "3NB dimostra un potenziale preclinico promettente come farmaco multitarget per la prevenzione e/o il trattamento del morbo di Alzheimer".

Analisi nutrizionale

3 COSTE DI SEDANO (120 g)		
Nutrienti ed energia	**Vitamine**	**Minerali**
Acqua 114 g	Vitamina A 16 RE	Potassio 340 mg
Calorie 18 kcal	Vitamina C 7,6 mg	Calcio 44 mg
Proteine 0,8 g	Tiamina 0,04 mg	Ferro 0,6 mg
Grassi 1,4 g	Riboflavina 0,04 mg	Magnesio 14 mg
Carboidrati 4,4 g	Niacina 0,36 mg	Fosforo 32 mg
	Vitamina B 6 0,036 mg	Sodio 106 mg
	Acido folico 10,6 mcg	

Scelta

Il sedano migliore è verde chiaro, ha l'aspetto fresco ed è croccante. Le coste devono rompersi, non piegarsi. Non acquistate sedano molle e flessibile.

Preparazione per la spremitura

Tagliate la parte inferiore per separare le coste e lavarle in modo accurato sotto l'acqua corrente. Spazzolatele bene e risciacquatele.

Ricette di succo di sedano

Il succo di sedano bevuto da solo è abbastanza gradevole, ma in genere viene mescolato con altri succhi. Oltre alle ricette riportate qui di seguito, nell'indice trovate succhi con sedano e altri ingredienti.

SEDANO-CAVOLO

- 4 coste di sedano
- ½ cavolo, a pezzi

SEDANO-CETRIOLO

- 4 coste di sedano
- ½ cetriolo

SEDANO-CETRIOLO-CAVOLO RICCIO

- 4 coste di sedano
- ½ cetriolo
- 3 foglie di cavolo riccio

SEDANO-CETRIOLO-PREZZEMOLO

- 4 coste di sedano
- ½ cetriolo
- ½ tazza di prezzemolo

SEDANO-CETRIOLO-PREZZEMOLO-SPINACI

- 4 coste di sedano
- ½ cetriolo
- ½ tazza di prezzemolo
- ½ tazza di spinaci

Senape indiana

La senape indiana (*Brassica juncea*) è una varietà di senape a foglie larghe, della famiglia delle Brassicaceae. Le foglie sono particolarmente nutrienti, hanno un aspetto seghettato e sono molto saporite. Dai suoi semi si ricava la senape nera, salsa di condimento dal sapore aspro e piccante. Per ulteriori informazioni, vedere il cavolo riccio, perché la senape indiana ne condivide le medesime proprietà.

Spinacio

Probabilmente gli spinaci sono originari dell'Asia sudoccidentale e della Persia. Per moltissimi anni sono stati coltivati in molte zone del mondo, non solo come alimento, ma anche come importante pianta utilizzata in numerosi sistemi di medicina tradizionale.

Benefici

C'è molto folclore intorno agli spinaci, cui vengono da sempre attribuite notevoli capacità di ripristinare l'energia, aumentare la vitalità e migliorare la qualità del sangue. E, in effetti, gli spinaci vantano una quantità di ferro doppia rispetto a qualsiasi altra verdura. Come altri ortaggi ricchi di clorofilla e carotene, gli spinaci esercitano inoltre forti effetti protettivi antitumorali. Oltre a caroteni come la luteina, i ricercatori hanno identificato almeno 13 diversi composti flavonoidi che funzionano come agenti antiossidanti e antitumorali.[40] Le proprietà antitumorali dei flavonoidi presenti negli spinaci sono così rilevanti da indurre i ricercatori a creare degli estratti di spinaci da usare in studi controllati. Questi estratti hanno dimostrato di rallentare la divisione cellulare nel cancro allo stomaco (adenocarcinomi gastrici) e, negli studi sui topi, di ridurre i tumori della pelle (papillomi cutanei).[41] Uno studio condotto alla fine degli anni Ottanta su donne adulte del New England ha evidenziato che l'assunzione di spinaci è inversamente correlata all'incidenza di cancro al seno.[42] In altre parole, più spinaci sono stati consumati, minore è stato il rischio di sviluppare un carcinoma mammario.

Analisi nutrizionale

1 TAZZA DI SPINACI CRUDI (55 g)		
Nutrienti ed energia	**Vitamine**	**Minerali**
Acqua 51 g	Vitamina A 376 RE	Potassio 312 mg
Calorie 12 kcal	Vitamina C 16 mg	Calcio 56 mg
Proteine 1,6 g	Tiamina 0,04 mg	Ferro 1,52 mg
Grassi 0,2 g	Riboflavina 0,1 mg	Magnesio 44 mg
Carboidrati 2 g	Niacina 0,4 mg	Fosforo 28 mg
	Vitamina B_6 0,11 mg	Sodio 22 mg
	Acido folico 109,2 mcg	

Scelta

Gli spinaci freschi devono essere di colore verde scuro, giovani, teneri e con le foglie ancora lisce e prive di macchie o segni. Gli spinaci leggermente appassiti possono essere fatti rinvenire in acqua fredda.

Preparazione per la spremitura

Lavate accuratamente gli spinaci sotto l'acqua corrente e poi metteteli in ammollo con acqua e bicarbonato o acqua e aceto (9:1). Muovete le foglie con le mani e cambiate spesso l'acqua per togliere la terra. Utilizzate una centrifuga per insalata per asciugarli, poi stringeteli dando loro la forma di una palla e metteteli nell'estrattore.

Ricette di succo di spinaci

Il succo di spinaci è molto forte, è quindi consigliabile mescolarlo ad altri succhi come carota, pomodoro e mela. Oltre alla ricetta riportata qui di seguito, nell'indice trovate succhi con spinaci e altri ingredienti.

SPINACI-POMODORO

- 1 tazza di spinaci
- 4 pomodori, a pezzi

Tarassaco

Il tarassaco è una pianta perenne che si trova in quasi tutto il mondo. Molte persone lo considerano un'erbaccia indesiderata, ma gli erboristi "venerano" quest'erba preziosa.

Il suo nome scientifico, *Taraxacum*, viene dal greco *taraxos* (disordine) e *akos* (rimedio) e fa riferimento alla sua capacità di correggere una moltitudine di "disordini", intesi come disturbi. È comunemente noto come dente di leone (per le foglie dentellate che sembrano denti aguzzi), dente di cane, cicoria selvatica, cicoria asinina, pisciacane, grugno di porco…

Il tarassaco ha una lunga storia di utilizzo popolare in tutto il mondo. In Europa era usato nel trattamento di febbri, bolle, problemi agli occhi, diarrea, ritenzione idrica, congestione del fegato, bruciore di stomaco e vari problemi della pelle. In Cina, il tarassaco è stato utilizzato per la cura di problemi al seno (cancro, infiammazione, mancanza di latte materno), malattie del fegato, appendicite e disturbi digestivi. In India, Russia e in altre parti del mondo veniva usato principalmente per l'azione che esercitava sul fegato.

Benefici

Il tarassaco è una fonte ricca di nutrienti e altri composti che possono migliorare le funzioni del fegato, promuovere la perdita di peso e avere effetti diuretici. Il tarassaco ha un contenuto particolarmente alto di vitamine e minerali, proteine, colina, inulina e pectine. I suoi carotenoidi sono estremamente elevati, come si evince da un contenuto di vitamina A più alto di quello delle carote: tarassaco 14.000 UI (Unità Internazionali) di vitamina A per 100 g rispetto agli 11.000 UI delle carote. Il tarassaco deve essere considerato un alimento estremamente nutriente e una fonte ricca di composti medicinali che hanno un effetto tonificante sul corpo.

Di quest'erba si utilizzano sia le foglie sia le radici; queste ultime aiutano il fegato in forma sia di alimento sia di medicinale. Studi condotti sull'uomo e sugli animali da laboratorio hanno dimostrato che la radice di tarassaco facilita il flusso della bile, migliorando disturbi come la congestione del fegato, l'infiammazione delle vie biliari, l'epatite, i calcoli biliari e l'ittero. L'azione del tarassaco per aumentare il flusso biliare è duplice: ha un effetto diretto sul fegato, causando un aumento della produzione di bile e del flusso alla cistifellea (proprietà coleretica), e un effetto diretto sulla cistifellea, provocandone la contrazione e il rilascio della bile accumulata (azione colagoga). L'uso del tarassaco sin dai tempi antichi per curare una serie di patologie è probabilmente connesso alla capacità della pianta di migliorare la funzionalità epatica.[43]

Storicamente il tarassaco è stato usato anche nel trattamento dell'obesità, per questo i ricercatori hanno indagato sulla sua efficacia rispetto al peso corporeo con delle ricerche su cavie. Gli animali che hanno assunto per un mese un estratto fluido ricavato dal tarassaco hanno perso quasi il 30% del loro peso iniziale. Gran parte della perdita di peso sembrava risultare dall'aumento dell'attività diuretica.[44]

Scelta

Il tarassaco selvatico abbonda in Italia, mentre il tarassaco coltivato si può acquistare nei negozi e al mercato. Cercate di consumarlo freschissimo.

Preparazione per la spremitura

Sia le foglie sia le radici di tarassaco devono essere lavate accuratamente. In molti estrattori si riescono a spremere sia le foglie sia le radici, altrimenti tagliate le radici e spezzettate le foglie.

Ricette di succo di tarassaco

In genere il tarassaco si mischia con altre verdure. Consultate l'indice per trovare ricette di succhi con tarassaco e altri ingredienti.

Topinambur

Il topinambur, noto anche come rapa tedesca o carciofo di Gerusalemme, è una pianta originaria del Nordamerica, appartenente alla grande famiglia delle Asteracee, con l'infiorescenza a capolino. *Helianthus* è il suo nome generico e deriva dalle parole greche *helios* (sole) e *anthos* (fiore), perché alcune piante hanno i fiori che tendono a girarsi sempre verso il sole.

Benefici

I topinambur sono pieni di uno zucchero chiamato inulina, un polisaccaride, o amido, che viene gestito dall'organismo in modo diverso rispetto agli zuccheri. Infatti, l'inulina non è utilizzata dal corpo per il metabolismo degli zuccheri e questo rende il topinambur estremamente indicato per i diabetici. È provato, infatti, che l'inulina migliora il controllo della glicemia e, poiché il corpo non utilizza il carboidrato primario, il contenuto calorico è quasi nullo, solo circa 30 calorie per 100 g.

Anche se l'inulina non viene utilizzata dall'organismo, è fonte di nutrimento per i batteri salutari del tratto intestinale. Nello specifico l'inulina aiuta la crescita di bifidobatteri, "parenti" del *Lactobacillus acidophilus*, l'organismo primario nelle colture di yogurt.[45]

Un'avvertenza: dal momento che la maggior parte dei carboidrati del topinambur è data da inulina indigeribile, questi tuberi – come i fagioli – provocano flatulenza, per cui iniziate a mangiarli in piccole quantità.

I topinambur possono migliorare l'attività immunitaria, perché l'inulina ha anche la capacità di sostenere tutto il sistema immunitario. Il sistema del complemento, insieme agli anticorpi, è responsabile dell'aumento dei meccanismi di difesa: neutralizza i virus, distrugge i batteri nocivi e aumenta il movimento dei globuli bianchi (neutrofili, monociti, eosinofili e linfociti) verso le aree di infezione. Molte piante medicinali, come l'echinacea e la bardana, devono molto delle loro proprietà di rafforzamento delle difese immunitarie all'inulina. I topinambur sono una delle fonti più ricche di inulina che abbiamo a disposizione.

Analisi nutrizionale

1 TAZZA DI TOPINAMBUR A PEZZI (75 g)		
Nutrienti ed energia	**Vitamine**	**Minerali**
Acqua 60 g	Vitamina A 0 RE	Potassio 152 mg
Calorie 25 kcal	Vitamina C 15 mg	Calcio 18 mg
Proteine 0,42 g	Tiamina 0,02 mg	Ferro 0,28 mg
Grassi 0,7 g	Riboflavina 0,02 mg	Magnesio 12 mg
Carboidrati 2,8 g	Niacina 0,14 mg	Fosforo 14 mg
	Vitamina B_6 0,03 mg	Sodio 14 mg
	Acido folico 20 mcg	

Scelta

I topinambur freschi devono essere sodi, senza segni visibili di muffa, scolorimento o deterioramento.

Preparazione per la spremitura

Lavate bene i topinambur sotto l'acqua corrente.

Ricette di succo di topinambur

Di per sé il succo è piuttosto acidulo, perciò è consigliabile mescolarlo con la carota, la mela o la pera. Consultate l'indice per trovare ricette di succhi con topinambur e altri ingredienti.

Zenzero

Lo zenzero è una pianta perenne, con spessi rizomi carnosi (fusti e radici ipogee). Proviene dall'Asia meridionale e oggi viene ampiamente coltivata nelle zone con clima tropicale e in Paesi quali India, Cina, Giamaica, Haiti e Nigeria. Il maggior esportatore di zenzero nel mondo è la Giamaica. In Cina questo rizoma è stato impiegato per migliaia di anni per curare numerosi disturbi di salute.

Benefici

Storicamente lo zenzero è stato utilizzato soprattutto per i disturbi gastrointestinali. In genere è adoperato per le sue eccellenti proprietà carminative (favorisce l'eliminazione dei gas intestinali) e come spasmolitico intestinale (rilassa e calma il tratto intestinale).

Recenti studi in doppio cieco hanno dimostrato l'efficacia dello zenzero nell'eliminazione dei disturbi gastrointestinali e la capacità di questa pianta erbacea nel prevenire i sintomi della cinetosi, soprattutto il mal di mare. È stato provato che lo zenzero è di gran lunga superiore alla Dramamina (deminidrato), un farmaco da banco comune utilizzato per chi soffre di cinetosi.[46] Lo zenzero riduce tutti i sintomi legati a questo disturbo, tra cui vertigini, nausea, vomito e sudorazione fredda.

Lo zenzero viene utilizzato anche per il trattamento di nausea e vomito associati alla gravidanza. Recentemente, gli effetti benefici dello zenzero sono stati dimostrati anche nell'iperemesi gravidica, una forma acuta e incontrollabile di vomito e nausee che richiede il ricovero ospedaliero.[47] In questi casi è stata somministrata la radice di zenzero in polvere, in una dose di 250 mg quattro volte al giorno, e si è assistito a una significativa riduzione sia della gravità della nausea sia del numero di attacchi di vomito.

Lo zenzero è anche un inibitore molto potente nella formazione di prostaglandine e trombossani, composti infiammatori, e questo spiegherebbe anche alcuni usi tradizionali della radice come agente infiammatorio. Lo zenzero fresco vanta inoltre delle proprietà antiossidanti e contiene una proteasi (enzima idrolitico coinvolto nella digestione proteica) che può esercitare un'azione simile alla bromelina sull'infiammazione.

In uno studio clinico, sette pazienti con artrite reumatoide, ai quali i farmaci convenzionali avevano dato solo un sollievo temporaneo o parziale, sono stati trattati con lo zenzero: a un paziente sono stati somministrati ogni giorno 50 g di zenzero leggermente cotto, mentre gli altri sei prendevano quotidianamente 5 g di radice fresca oppure da 0,1 a 1 grammo di zenzero in polvere. Tutti i pazienti hanno riferito miglioramenti sostanziali, tra cui diminuzione del dolore, mobilità articolare e riduzione del gonfiore e della rigidità mattutina.[48]

Inoltre è stato dimostrato che lo zenzero riduce significativamente il colesterolo e migliora la funzionalità epatica.

Anche se in molti studi scientifici è stato usato lo zenzero in polvere, quello fresco a un dosaggio equivalente apporta dei risultati persino migliori, perché contiene enzimi attivi e livelli elevati di altri costituenti, anch'essi più attivi. Nella maggior parte delle ricerche è stato impiegato 1 grammo di polvere di zenzero pari a circa 10 g di zenzero fresco.

Scelta

Lo zenzero fresco può essere acquistato nel reparto di frutta e verdura di qualsiasi supermercato. La radice color bronzo deve apparire fresca, senza macchie, muffe o una buccia rugosa. Conservate lo zenzero fresco in frigorifero.

Preparazione per la spremitura

Affettate la quantità di zenzero desiderata e inseritela nell'estrattore. È consigliabile mettere per primo lo zenzero e poi il resto di verdura o frutta che volete spremere, in modo che la radice venga spremuta completamente.

Ricette di succo di zenzero

Consultate l'indice per trovare ricette di succhi con lo zenzero e altri ingredienti.

In sintesi

Le verdure ci portano la vita e ci forniscono la più ampia gamma di sostanze nutritive e fitochimiche rispetto a qualsiasi altro gruppo alimentare. Il modo migliore per consumare molte verdure è di assumerle nella loro forma fresca, crude, perché così otteniamo concentrazioni di importanti fitochimici molto elevate.

Spremere le verdure è un modo straordinario per sfruttare i benefici salutari che le verdure ci offrono.

Settanta favolose ricette di succhi

È facile abituarsi a fare lo stesso succo ogni giorno. Per aiutarvi a esplorare questo mondo, vi offro qui alcune ricette dei miei succhi di frutta e verdura preferiti. E mi raccomando, create le vostre ricette! Non preoccupatevi di seguire le istruzioni fedelmente. Siate flessibili e divertitevi! Il mio consiglio è di consumare il più ampio assortimento possibile di succhi di frutta e verdura freschi.

Per facilitare il compito, ogni settimana cercate di variare al massimo i colori dei succhi. Sempre più ricerche stanno dimostrando come i pigmenti vegetali contengano alcune tra le più importanti proprietà nutritive: clorofilla, caroteni e flavonoidi hanno tutti dei notevoli effetti benefici sulla salute.

E allora bevete un "arcobaleno" di succhi di frutta e verdura!

Linee guida per la spremitura

Lasciate che sia il vostro palato a guidarvi. Se vi dice, per esempio, che una bevanda vegetale ha un sapore troppo forte e non è proprio buona, potete aggiustare il tiro con l'aggiunta di carote, sedano, cetriolo o mele.

La linea guida più importante è divertirsi. È divertente sperimentare e trovare una combinazione che possa essere insolitamente deliziosa. Mi è capitato proprio questo quando ho inventato Meglio rossi che morti (pagina 191), che contiene carote, barbabietole e patate dolci. Sì, proprio le patate dolci, ed è delizioso.

A volte scoprirete qualche nuovo succo di frutta che non vi piace. Si

Avvertenza per la preparazione delle ricette

Per ogni ricetta dovreste ottenere dai 230 ai 350 ml di succo fresco. L'effettivo rendimento dipende dalla dimensione della frutta o verdura e dalla qualità del vostro estrattore.
Se non diversamente specificato, per tutte le ricette si utilizzano frutti e ortaggi di medie dimensioni. Trovate delle ricette particolarmente utili per perdere peso e per detossificare: sono contrassegnate dal simbolo PP (Perdere Peso), e si tratta principalmente di ricette di frutta e verdure a basso indice glicemico.

tratta di capirne il motivo, perché anche questo è lo stimolo per la voglia di sperimentare qualcosa di nuovo. Personalmente ho fatto dei succhi che non farò mai più, ma almeno ci ho provato!

Molte persone sostengono che non si deve mescolare frutta e verdura, ma c'è poco (se non nulla) di scientifico a sostegno di questa tesi. Non vi è alcuna base fisiologica nell'idea che la combinazione di frutta e verdura in un pasto possa causare eventuali problemi di digestione. Tuttavia, alcune persone quando combinano frutta e verdura lamentano gonfiore e presenza di gas addominali. Se rientrate in questa categoria, evitate di spremere frutta e ortaggi insieme. L'eccezione a questa regola sembrano essere le carote e le mele, alimenti che si mischiano bene a qualsiasi altro frutto o verdura. Ancora una volta, lasciatevi guidare dalle vostre papille gustative (e dal vostro sistema digestivo).

È meglio bere il succo appena fatto, perché così si hanno i benefici migliori. Ma, se non è possibile, conservate il succo in un contenitore ermetico o in un thermos, in frigorifero. Non conservate il succo per più di 12 ore: più fresco è, meglio è.

A qualcuno piace caldo PP

Se vi piacciono i cibi caldi e piccanti, vi innamorerete di questa bevanda. Il peperone, insieme al daikon, è molto rinvigorente, a dir poco.

- 1 daikon grande, tagliato a pezzi per il lungo, o 4 ravanelli con le foglie
- 2 pomodori, a pezzi
- 1 peperone verde, a pezzi
- 1 peperone rosso, a pezzi
- 4 coste di sedano

Inserite un ingrediente per volta nell'estrattore.

Albicocca-mango

Questa divertente bevanda è ricca di nutrienti. Le albicocche e i manghi sono delle fonti incredibili di beta-caroteni, mentre le arance sono note per essere una fonte ricchissima di vitamina C e flavonoidi.

- 4 albicocche, tagliate a metà e senza nocciolo
- 1 mango, senza nocciolo e a fette
- 1 arancia, senza buccia

Spremete le albicocche, poi il mango e l'arancia. Potete mescolare il succo in modo che i sapori si amalgamino bene. Potrebbe risultare un po' denso.

Ananas-ginger ale

Questa bevanda è veramente squisita e ricca di nutrienti terapeutici.

- 2,5 cm di zenzero
- ½ ananas, con la buccia e a fette

Spremete lo zenzero, poi l'ananas.

C maiuscola

Spesso pensiamo che gli agrumi abbiano il più alto contenuto di vitamina C, ma di fatto gli ortaggi di questa ricetta hanno un contenuto di vitamina C molto più elevato degli agrumi.

- 1 tazza di cime di broccoli, con i gambi
- 1 peperone verde
- 1 peperone rosso
- 2 mele, a fette

Spremete i broccoli e poi i peperoni e le mele.

Cetriolo e sedano servito freddo PP

Servite questo succo con ghiaccio, oppure con dei cubetti ghiacciati di succo di pomodoro che avrete spremuto e fatto congelare il giorno prima.

- 1 pomodoro, a pezzi
- 1 cetriolo
- 4 coste di sedano
- 1 rametto di prezzemolo, per guarnire

Spremete il pomodoro, seguito dal cetriolo e dal sedano.

Ciliegia pop

Le ciliegie sono un'ottima fonte di flavonoidi e hanno dato prova di apportare molti benefici nei casi di artrite e, in particolare, di gotta. Questo è un succo delizioso che i genitori possono offrire ai bambini in alternativa alle bibite o ai succhi di frutta confezionati, ricchi di zuccheri e coloranti.

- 1 tazza di ciliegie, senza nocciolo
- 1 mela, a fette
- 120 ml di acqua minerale frizzante

Spremere le ciliegie, poi la mela. Mettere il succo in un bicchiere con ghiaccio e poi versarvi sopra l'acqua minerale.

Cocktail depurativo PP

Questo è un ottimo succo da bere nel corso di un digiuno a base di succhi, perché è denso di nutrienti e aiuta la detossificazione. Se l'erba di grano non è disponibile, usate il prezzemolo. L'erba di grano è molto ricca di clorofilla e antiossidanti, cercatela nei negozi di alimenti biologici.

- ½ tazza di erba di grano o prezzemolo
- 3 carote
- 1 mela, a fette
- 2 coste di sedano
- 1 barbabietola, con le foglie

Raggruppate l'erba di grano e infilatela nell'estrattore, spingendola con l'aiuto di una carota. Alternate gli altri ingredienti nell'estrattore, per garantire una corretta spremitura.

Cocktail depurativo estremo PP

Questa versione è pensata per chi cerca un aiuto extra per la detossificazione.

- ½ tazza di erba di grano o prezzemolo
- 2 carote
- ½ tazza di coriandolo
- 1 peperone verde, tagliato in quattro
- 2 coste di sedano
- ½ tazza di daikon, tagliato per il lungo
- 1 barbabietola, con le foglie

Raggruppate l'erba di grano e infilatela nell'estrattore, spingendola con l'aiuto di una carota. Alternate gli altri ingredienti nell'estrattore, per garantire una corretta spremitura.

Cocktail per le ossa PP

Questa bevanda fornisce i nutrienti necessari a costruire ossa forti: calcio, boro, magnesio, altri minerali e vitamina K_1. È un succo molto denso di nutrienti, in quanto offre livelli incredibili di vitamine e sali minerali per caloria.

- 3 o 4 foglie di cavolo
- 1 manciata di prezzemolo
- 2 carote
- 1 cetriolo, tagliato a metà per il lungo
- 1 peperone rosso o verde

Schiacciate le foglie di cavolo e il prezzemolo nell'estrattore, spingendole con l'aiuto della carota e del cetriolo. Poi spremete il peperone e la carota rimasta.

Colorami di rosa PP

Questa ricetta è un ottimo inizio di giornata, soprattutto se siete a dieta. Il succo ha poche calorie, ma gli zuccheri naturali della frutta vi aiuteranno a mantenere l'appetito sotto controllo. Questa bevanda e particolarmente ricca di flavonoidi. Assicuratevi di lasciare l'albedo (la parte più interna bianca e spugnosa della scorza) sul pompelmo, in quanto è ricca di flavonoidi.

- 1 tazza di lamponi
- 1 grande pompelmo rosa, senza buccia

Spremete i lamponi e poi il pompelmo.

Colorami di rosso PP

Questa ricetta è una variante del Colorami di rosa (vedi sopra) ed è un ottimo modo per variare un po' le ricette in un programma dietetico. Le barbabietole sostituiscono i lamponi e, fidatevi, il sapore è ottimo. In questa ricetta non si utilizzano le foglie della barbabietola, ma potete usarle in un altro succo di frutta.

- 2 barbabietole medio-grandi
- 1 pompelmo rosa medio grande, senza buccia

Spremete la barbabietola e, a seguire, il pompelmo rosa.

Delizia digestiva

Questa è una bevanda fantastica per chi soffre di problemi digestivi. È piena di enzimi e in più zenzero e menta stimolano gli spasmi intestinali per facilitare l'eliminazione dei gas.

- 2,5 cm di zenzero
- ½ tazza di foglie di menta
- 2 kiwi, con la buccia
- ¼ di ananas, con la buccia, affettato per il lungo

Spremete lo zenzero e la menta, seguito da kiwi e ananas.

Di tutto un po' PP

Vi siete mai chiesti che gusto avrebbe un succo fatto di un mix di tutte le verdure del vostro orto? Tutte in un unico bicchiere? Beh, ecco l'occasione per scoprirlo. È buono, anzi per me è ottimo.

- 1 manciata di spinaci
- 2 coste di sedano
- 2 ravanelli, con le foglie
- 1 mela, a fette
- ½ cetriolo
- 1 pomodoro, a pezzi
- ½ tazza di cime di broccoli, con i gambi
- ½ peperone verde
- 3 carote

Raggruppate gli spinaci e spingeteli nell'estrattore con l'aiuto di una costa di sedano. Alternate il resto delle verdure, ma spremete le carote per ultime.

Digestivo di fuoco

Questa ricetta è un potente aiuto digestivo, pensato per risvegliare con il "fuoco" un apparato digerente stanco.
È fenomenale, ma è molto forte. Non è adatto per chi non è abituato a bere succhi, perché è un rimedio aggressivo sia nel gusto sia nell'azione.

- 2,5 cm di zenzero
- ½ daikon grande, tagliato a pezzi per il lungo
- ½ tazza di foglie di menta
- 1 kiwi, con la buccia
- ¼ di ananas, con la buccia e affettato per il lungo

Spremete lo zenzero, seguito da daikon, menta, kiwi e ananas.

Dolce risveglio

Questa è un'altra bevanda gustosa per la colazione, sazia ma ha poche calorie. Decisamente soddisfa gli amanti del dolce.

- ½ papaia, senza semi e senza buccia e a fette
- 1 arancia, senza buccia
- 1 banana, senza buccia
- buccia d'arancia, per guarnire

Spremete prima la papaia e poi l'arancia. Poi mettete tutto in un frullatore, aggiungete la banana e azionate. Versate in un bicchiere e decorate con un pezzetto di buccia dal bel colore arancione.

Dolore vai via

Ecco una potente ricetta antinfiammatoria.

- 2,5 cm di curcuma fresca o zenzero
- 1 tazza di mirtilli
- ¼ di ananas, con la buccia e a fette
- 4 coste di sedano

Spremete la curcuma, seguita da mirtilli, ananas e sedano.

Don Giovanni

È stato provato che lo zenzero ha qualche blando effetto afrodisiaco e in questo senso ha una lunga tradizione nella medicina araba. Il prezzemolo fornisce maggiore energia e sensibilità.

- 2,5 cm di zenzero
- 1 manciata di prezzemolo
- ¼ di ananas, con la buccia e a fette

Mettete lo zenzero in mezzo al prezzemolo e infilatelo nell'estrattore, poi continuate con l'ananas.

Energizzante PP

Questo succo è una ricetta nota per aumentare energia e lucidità. È ricco di nutrienti e ha molte poche calorie.

- 1 manciata di prezzemolo
- 4 carote

Raggruppate il prezzemolo e spingetelo nell'estrattore con l'aiuto di una carota. Poi spremete le carote rimaste.

Energizzante più PP

Per potenziare la versione classica di questo succo, aggiungete una barbabietola.

- 1 manciata di prezzemolo
- 3 carote
- 1 barbabietola grande, con le foglie

Raggruppate il prezzemolo e spingetelo nell'estrattore con l'aiuto di una carota. Poi spremete la barbabietola e le carote rimaste.

Enzimi a bizzeffe

Ricco di enzimi, questo è un succo fantastico per iniziare la giornata. È una super colazione.

- 2 kiwi, senza buccia
- 1 arancia, senza buccia
- ½ papaia, senza semi e a fette
- ¼ di ananas, con la buccia e a fette

Spremete i kiwi, proseguite con arancia, papaia e ananas.

Enzimi a bizzeffe più

Una versione ancora più energetica.

- 2,5 cm di zenzero
- 1 daikon grande, tagliato a pezzi per il lungo, o 4 ravanelli con le foglie
- 1 arancia, senza buccia
- 2 kiwi, senza buccia
- ¼ di ananas, con la buccia e a fette

Spremete lo zenzero, seguito da daikon, arancia, kiwi e ananas.

Femme fatale PP

Una *femme fatale* è una donna che attrae gli uomini con la sua aura di fascino e mistero. Questo succo sostiene il sistema endocrino femminile. Finocchi e sedano contengono i cosiddetti fitoestrogeni, composti vegetali che occupano i siti di legame per gli ormoni femminili ed esercitano azioni simili a quelle ormonali. Questa bevanda è utile per molti disturbi specifici femminili, inclusa la menopausa e la sindrome premestruale. Oltre ai fitoestrogeni, questo succo è una bomba nutrizionale con potassio, magnesio, acido folico e vitamina B.

- 1 piccolo finocchio
- 1 mela, a fette
- 4 coste di sedano

Tagliate il finocchio a spicchi sottili e inseritelo nell'estrattore, continuate con mela e sedano.

Ferro più

Questa è una bevanda incredibile, soprattutto per quelle donne che tendono a essere anemiche e hanno bassi livelli di ferro. Ha anche un alto contenuto di acido folico, magnesio, vitamine E e C, così come ferro.

- 1 barbabietola, con le foglie
- 2 foglie di cavolo riccio
- 1 tazza di cime di broccoli, con i gambi
- 2 carote
- 1 mela, a fette

Mettete tutti gli ingredienti nell'estrattore, alternandoli tra loro.

Fiesta di patate messicane

Questo succo è molto interessante e vanta dei benefici salutari importanti grazie alla combinazione di zenzero e daikon. Provatelo ogni tanto, per cambiare un po'.

- 2,5 cm di zenzero
- 1 patata messicana, a pezzi
- 1 pera, a fette
- 1 daikon grande, tagliato a pezzi per il lungo, o 4 ravanelli con le foglie

Spremete lo zenzero e poi la patata messicana, la pera e il daikon.

Formula diuretica PP

È stato dimostrato che l'estratto di tarassaco ha la stessa azione diuretica del Lasix (un farmaco di furosemide). Anche le carote e il sedano sono diuretiche.

- 1 manciata di foglie di tarassaco o prezzemolo
- 6 coste di sedano
- 2 carote

Spremete le foglie e poi il sedano e le carote.

Formula diuretica più PP

L'azione diuretica del daikon aumenta l'efficacia della ricetta base (alla pagina precedente).

- 1 manciata di foglie di tarassaco o prezzemolo
- 6 coste di sedano
- 2 carote
- ½ daikon grande, tagliato a pezzi per il lungo

Raggruppate insieme le foglie e spingetele nell'estrattore con l'aiuto di una costa di sedano. Poi spremete il resto del sedano, seguito da carote e daikon.

Fresco mojito di cetriolo e sedano PP

Questo succo si può servire con ghiaccio, oppure con dei cubetti ghiacciati di succo di sedano che avrete spremuto e fatto congelare il giorno prima.

- ½ tazza di foglie di menta
- 1 cetriolo
- 6 coste di sedano
- foglie di menta, per guarnire

Spremete le foglie di menta e poi il cetriolo e il sedano. Versate in un bicchiere e guarnite con le foglia di menta.

Frutti di bosco felici

I flavonoidi contenuti nei frutti di bosco agiscono su ogni tessuto e funzione dell'organismo. Questa bevanda sfrutta anche gli effetti benefici della melagrana.

- 1 tazza di frutti di bosco misti (per esempio mirtilli, lamponi, fragole, more)
- ¼ di tazza di semi di melagrana
- 1 mela o pera, a spicchi

Spremete i frutti di bosco, poi i semi di melagrana. Inserite solo alla fine la mela: aiuterà a ripulite l'estrattore.

Ginger ale PP

Questa è un'ottima bevanda per i bambini, una sostituzione eccellente delle bibite zuccherine. È utile anche per alleviare il mal di stomaco.

- 1 cm circa di zenzero
- 1 spicchio di limone, con la buccia
- 1 mela verde, a pezzi
- 120 ml di acqua minerale frizzante

Spremete lo zenzero, poi il limone e la mela. Versate in un bicchiere con il ghiaccio, aggiungete l'acqua minerale, e mescolate.

Gotta vai via

Questo è un grande mix per prevenire gli attacchi di gotta.

- 1 tazza di ciliegie, senza nocciolo
- 6 coste di sedano

Spremete le ciliegie, seguite dal sedano.

Il dolce sole di Gina

Questa è la specialità di mia moglie Gina che ama bere questo succo la mattina, ed è anche uno dei miei preferiti. È ottimo anche da prendere per tirarsi su, a metà pomeriggio, perché è ricco di zuccheri naturali. Le qualità effervescenti dell'acqua minerale frizzante migliorano l'aroma del succo e lo rendono davvero delizioso e rinfrescante.

- 1 tazza di uva bianca
- ½ limone, con la buccia
- 2 arance, senza buccia
- 120 ml di acqua minerale frizzante

Spremete l'uva, poi il limone e le arance. Mettete il tutto in un bicchiere con il ghiaccio, aggiungete l'acqua minerale e mescolate.

Il preferito dai bambini PP

I bambini adorano questa bevanda. È anche un ottimo succo per chi è a dieta (ha poche calorie ed è molto saziante) e per chi ha problemi cardiaci. L'alto contenuto di vitamina C e flavonoidi danno una bella spinta al sistema immunitario.

- ½ melone, con la buccia
- 1 tazza di fragole

Mettete nell'estrattore melone e fragole, alternandoli.

Il preferito di Mike

Questa è la mia bevanda preferita, non solo per il suo sapore, ma anche perché so quello che si addice al mio stato di salute. È un ottimo inizio di giornata se preso come colazione, piuttosto denso e saziante.

- 2,5 cm di zenzero
- 1 tazza di mirtilli
- ¼ di ananas, con la buccia e a fette

Spremete lo zenzero, poi continuate con i mirtilli e l'ananas.

Insalata nel bicchiere PP

Se non vi piace proprio mangiare le insalate, provate a spremerne una. In questa bevanda ci sono enormi vantaggi nutrizionali in poche calorie.

- 4 rametti di prezzemolo
- 3 pomodori, a pezzi
- ½ peperone verde
- ½ cetriolo
- 4 coste di sedano
- 1 fetta di limone per decorare

Raggruppate il prezzemolo e inseritelo nell'estrattore, seguito da pomodori, peperone, cetriolo, sedano. Se volete, decorate con una fetta di limone.

Insalata Waldorf

Questa è una bevanda deliziosa e rinfrescante. Sembra abbia un effetto rilassante ed è spesso raccomandata per il mal di testa.

- 4 coste di sedano
- 2 mele verdi, a fette

Spremete il sedano, poi le mele.

Meglio rossi che morti PP

È una delle mie bevande preferite, soprattutto in autunno. È ricca di caroteni, in particolare rossi e arancioni. Bere questo succo vi donerà un piacevole colorito per tutto l'anno. Ho chiamato la bevanda Meglio rossi che morti perché uno dei miei professori, Ed Madison, tenne un convegno con questo titolo sui benefici dei caroteni. Quella conferenza lasciò il segno in me e da allora cerco di mantenere un alto apporto di caroteni. Come spiegato in precedenza, vi è una forte correlazione tra livelli di carotene e aspettativa di vita. Prima di andare in vacanza in località soleggiate, prendete questo succo per qualche settimana: in questo modo i caroteni si depositano nella pelle e la proteggono da scottature solari.

- 1 barbabietola, con le foglie
- ½ patata dolce media, a pezzettini
- 3 carote

Spremete per prima la barbabietola, seguita dai pezzettini di patate dolci e dalle carote.

Meglio rossi che morti – versione alla frutta

È una versione ideale per i ragazzi schizzinosi (giovani e vecchi): infatti i pigmenti rossi presenti nei frutti di bosco, ciliegie e melagrana coprono il gusto della barbabietola. Questo succo fornisce una diversa classe di pigmenti rossi rispetto al Meglio rossi che morti di verdure (vedi sopra), per cui è una buona idea alternare le due ricette.

- ½ tazza di fragole
- ½ tazza di ciliegie, senza nocciolo
- 1 barbabietola, con le foglie
- ¼ di tazza di semi di melagrana
- 1 mela, a spicchi

Spremete le fragole e le ciliegie, seguite da barbabietola, melagrana e mela.

Mela alle spezie

È un delizioso succo di mela un po' piccante che vi riscalderà anche se è una bevanda fredda. Lo considero un succo autunnale e un'alternativa "viva" al sidro di mele caldo. Questo succo fa bene al fegato, perché sia lo zenzero sia la cannella migliorano la funzione epatica. È anche una bevanda ideale da prendere prima di andare a dormire.

- 2,5 cm di zenzero
- 3 mele, a spicchi
- ½ cucchiaino di cannella

Spremete lo zenzero, seguito dalle mele. Versate in un bicchiere, aggiungete la cannella e mescolate.

Mela-carota succo base

Questo succo è semplice, basilare, ma non per questo è meno delizioso o meno ricco di nutrienti. Soprannominato da Jay Kordich (il padre della spremitura di frutta e verdura) "The Champ", il campione, è annoverato tra i suoi preferiti. Per una buona ragione: Jay è convinto che questo succo gli abbia salvato la vita quando a vent'anni, giovane e promettente atleta del calcio americano, fu scioccato da una diagnosi di cancro. Da allora smise immediatamente col cibo cotto e recuperò la piena salute nutrendosi principalmente di succhi freschi e rivitalizzanti.

Questo succo può fare da base per l'aggiunta di piccole quantità di verdure più potenti come cavoli, spinaci, ravanelli e barbabietole.

- 4 carote
- 2 mele, a spicchi

Mettete nell'estrattore, carote e mele alternandole, per garantire una miscelazione corretta.

Mela meraviglia

Questo succo è un ottimo esempio di che cosa succede quando si fanno degli esperimenti, che spesso portano a creare qualcosa di veramente adorabile. Questa bevanda è molto rinfrescante, un drink fantastico per i mesi più caldi.

- ¼ di tazza di foglie fresche di menta
- 2 mele Granny Smith
- ½ lime, senza buccia
- 2 coste di sedano

Spremete la menta e, a seguire, mele, lime e sedano.

Mela-mirtillo acidulo

È un buon succo da bere quando si avvicinano le vacanze ed è un'ottima alternativa alle bevande di mirtilli già confezionate e piene di zuccheri. È utile anche per le infezioni del tratto urinario e nei soggetti tendenti a sviluppare calcoli renali.

- ½ tazza di mirtilli
- ½ limone, con la buccia
- ½ tazza di acini d'uva
- 2 mele, a fette

Spremete i mirtilli e poi il limone, l'uva e le mele.

Mix di agrumi e finocchio PP

Il finocchio si combina molto bene con gli agrumi per una colazione completa o un succo rinfrescante.

- 1 piccolo finocchio
- 1 pompelmo grande, senza buccia
- 1 arancia, senza buccia

Spremete il finocchio e poi il pompelmo e l'arancia.

Mucca viola PP

Proprio come il latte, questa bevanda è ricca di calcio (circa 150 mg per porzione), ma a differenza del latte contiene un nutriente aggiuntivo, la vitamina K.

- ½ cavolo rosso, a pezzi
- 2 foglie di cavolo riccio
- 1 peperone rosso, a pezzi
- 2 mele rosse, a fette

Spremete il cavolo, poi le foglie di cavolo riccio, il peperone e le mele.

Patata messicana-carota-mela PP

Questo è un esempio di come carote e mele possano fungere da base a succhi in cui si aggiungono altre verdure.

- ½ patata messicana, tagliata a fette per il lungo
- 2 carote
- 1 mela, a fette

Inserite gli ingredienti nell'estrattore alternandoli.

Potente bevanda di Braccio di Ferro PP

Vi ricordate di Braccio di Ferro? Vi ricordate come si sentiva dopo aver mangiato la sua inseparabile lattina di spinaci? Questa bevanda energizzante vi offre quasi lo stesso effetto degli spinaci di Braccio di Ferro, ma nella vita reale (ed è decisamente più potente di una lattina di spinaci).

- 1 manciata di prezzemolo

- 3 carote
- 1 manciata di spinaci
- 2 coste di sedano

Raggruppate il prezzemolo e spingetelo nell'estrattore con l'aiuto di una carota. Ripetete questa operazione con gli spinaci. Continuate con carota e sedano.

Potere del potassio PP

Questa bevanda fornisce un'enorme quantità di potassio (1800 mg per porzione) ed è piena di caroteni, vitamine e altri minerali. È un succo indicato per chi soffre di pressione sanguigna alta.

- 1 manciata di prezzemolo
- 3 carote
- 1 manciata di spinaci
- 4 coste di sedano
- 1 pomodoro, a pezzi

Raggruppate il prezzemolo e spingetelo nell'estrattore con l'aiuto di una carota. Ripetete questa operazione con gli spinaci. Continuate a spremere il resto degli ingredienti, alternandoli.

Potere immunitario della frutta

Questa bevanda è ricca di molti nutrienti vitali per il sistema immunitario e abbonda anche in flavonoidi e altre sostanze fitochimiche che hanno dimostrato di avere effetti antivirali e antiossidanti.

- 1 arancia, senza buccia
- 1 tazza di fragole
- ¼ di ananas, con la buccia e a fette

Spremete l'arancia, seguita dalle fragole e dall'ananas.

Potere immunitario vegetariano PP

Questo succo fortifica il sistema immunitario ed è particolarmente utile nel corso di un'infezione. Dà una sferzata al sistema immunitario perché è ricco di caroteni, e in più aglio e zenzero stimolano le difese immunitarie. Con il suo elevato contenuto di inulina, il topinambur fornisce ulteriori benefici immunitari.

- 2 spicchi d'aglio
- 1 pezzettino di zenzero
- 1 manciata di prezzemolo
- 3 carote
- 1 mela, a fette
- 1 tazza di topinambur (facoltativo)

Mettete l'aglio e lo zenzero in mezzo al prezzemolo e infilateli nell'estrattore, aiutandovi con una carota. Continuate alternando carote, mele e topinambur (se lo usate).

Potere immunitario vegetariano estremo PP

Questa formula è un'arma speciale per combattere le infezioni delle vie respiratorie superiori. Il daikon aiuta veramente a ripulire i seni paranasali e le cavità nasali.

- 2 spicchi d'aglio
- 1 pezzettino di zenzero
- 1 manciata di prezzemolo
- 3 carote
- 1 daikon grande, tagliato a pezzi per il lungo, o 4 ravanelli con le foglie

Mettete l'aglio e lo zenzero in mezzo al prezzemolo e infilateli nell'estrattore, aiutandovi con una carota. Spremete il daikon e le carote che restano.

Pugno di potassio

Consistente e delizioso, questo "pugno" è ricco non solo di potassio, ma anche di vitamina C. È un altro ottimo modo per iniziare la giornata.

- 1 pesca, senza nocciolo e a fette
- 2 arance, senza buccia
- ½ papaia, senza semi e a fette
- 1 banana, senza buccia

Spremete la pesca, seguita da un'arancia, la papaia e poi la seconda arancia. Versate il succo nel frullatore, aggiungete la banana e azionate.

Regolatore intestinale

Pere e mele sono ottime fonti di fibre idrosolubili come le pectine, mentre le prugne secche hanno ben note proprietà lassative. Questo mix ha un ottimo effetto tonificante sull'intestino, migliorando la funzionalità del colon. È molto utile nei casi di stitichezza passeggera.

- 2 prugne, senza nocciolo
- 2 mele, a fette
- 1 pera, senza buccia

Spremete prugne, mele, pere, alternandole.

Salto di zenzero PP

Un succo classico per promuovere la buona salute, può anche aiutare a ridurre il colesterolo.

- 2,5 cm di zenzero
- 1 mela, a fette
- 3 carote

Spremete lo zenzero, poi la mela e le carote.

Salto di zenzero più PP

Una versione più piccante della bevanda classica.

- 1 pezzettino di zenzero
- 1 mela, a fette
- 2 carote
- 1 daikon grande, tagliato a pezzi per il lungo, o 4 ravanelli con le foglie

Spremete lo zenzero, poi la mela, le carote e il daikon.

Schiuma di menta

Questa è una bevanda fantastica dal gusto piacevole. La menta ha un effetto lenitivo sul tratto intestinale ed esercita anche alcune attività antivirali.

- 1 manciata di menta
- 2 kiwi, senza buccia
- 1 mela verde, a fette

Spremete le foglie di menta e poi i kiwi e la mela. Aggiungete del ghiaccio, se vi piace.

Sferzata di pomodoro PP

Un cocktail al succo di pomodoro con un tocco di energia, una bevanda che rinfresca, in particolare se servita con il ghiaccio.

- 4 pomodori, a pezzi
- 2 peperoni rossi, a pezzi
- 1 daikon grande, tagliato a pezzi per il lungo, o 4 ravanelli con le foglie

Alternate pomodori, peperoni e daikon nell'estrattore. Versate in un bicchiere (opzionale il ghiaccio).

Sorpresa di Crucifere PP

La sorpresa è proprio data dalla bontà di questo succo. È una super-bevanda, densa di nutrienti, ricca di quei composti contenenti zolfo – tipici della famiglia delle Brassicaceae – che hanno dimostrato di migliorare la capacità dell'organismo di disintossicarsi dalle sostanze chimiche cancerose e di eliminare i metalli pesanti. È anche ricco di calcio, vitamina C e caroteni. Questo è un ottimo drink da bere durante un digiuno a base di succhi.

- 3 o 4 foglie di cavolo riccio
- 1 tazza di cime di broccoli, con i gambi
- ½ testa di cavolo, a pezzi
- 2 carote
- 1 mela, a fette

Spremete prima le foglie del cavolo riccio, proseguite con i broccoli e il cavolo. Infine alternate nell'estrattore i pezzi di carota e mela.

Sorpresa di Crucifere estrema PP

Questa versione è un po' più piccante e decisamente molto più potente.

- 3 o 4 foglie di cavolo riccio
- 1 tazza di cime di broccoli, con i gambi
- ½ testa di cavolo, a pezzi
- 2 carote
- ½ daikon grande, tagliato a pezzi per il lungo

Spremete le foglie di cavolo riccio, poi i broccoli e il cavolo. Alternate nell'estrattore le carote e il daikon.

Stimolatore epatico

Questa bevanda si chiama "stimolatore epatico" perché favorisce il flusso della bile e del grasso da e verso il fegato, cosa molto utile per la perdita di peso e i disturbi epatici.

- 2,5 cm di radice di curcuma o zenzero
- 1 barbabietola, con le foglie
- 1 daikon grande, tagliato a pezzi per il lungo, o 4 ravanelli con le foglie
- 2 mele, a fette

Spremete la curcuma, continuate con la barbabietola, il daikon e le mele.

Succco verde PP

Probabilmente questa è una delle ricette di succo tra le più sane.

- 1 manciata di prezzemolo o erba di grano
- 1 mela Granny Smith, a fette
- 2 foglie di cavolo riccio
- 1 manciata di spinaci
- 4 coste di sedano

Spremete il prezzemolo e poi la mela, i cavoli, gli spinaci e il sedano.

Succo verde per bambini

È difficile far mangiare le verdure alla maggior parte dei bambini. Fortunatamente, potete riuscire a fargliele bere. Ecco un'ottima bevanda verde che piacerà ai vostri piccoli.

- 1 manciata di bietole, cavoli, spinaci o una combinazione di queste
- 1 pera
- 1 tazza di fragole
- ½ limone, con la buccia
- 1 mela, a fette

Spremete la bietola e a seguire la pera, le fragole, il limone e la mela.

Super-pomodoro PP

Se vi piace il succo di pomodoro, vi innamorerete di questa bevanda. È fresca, è viva e ha un alto contenuto di nutrienti, ma soprattutto non ha il gusto del succo in bottiglia. Questo succo è un'ottima bevanda elettrolita sostitutiva per atleti, con molti nutrienti e poche calorie.

- 1 manciata di prezzemolo
- 2 carote
- 1 manciata di spinaci
- 2 pomodori, a pezzi
- 2 coste di sedano
- ½ cetriolo
- ½ peperone verde

Raggruppate il prezzemolo e spingetelo nell'estrattore con l'aiuto di una carota. Ripetete questa operazione con gli spinaci. Continuate a spremere il resto degli ingredienti, alternandoli.

Tonico abbassa colesterolo PP

Se volete davvero abbassare i livelli di colesterolo velocemente, questo succo un po' piccante, insieme a una dieta ricca di cibi ad alto contenuto di fibre, può fare la differenza. La bevanda contiene una miscela di alimenti che hanno dimostrato di ridurre i livelli di colesterolo; combinandoli insieme si ottiene un risultato ancora più efficace rispetto al consumo degli alimenti singoli. Questo effetto è denominato "sinergico" e riflette uno scenario in cui il tutto è maggiore della somma delle singole parti, dove 1+1=3 e non 2. Per mia esperienza personale posso dire che questo succo può essere molto efficace nel ridurre i livelli di colesterolo. L'aglio e lo zenzero operano anche per impedire alle piastrine di raggrupparsi, riducendo in modo significativo il rischio di infarto e ictus.

- 0,5 cm di zenzero
- 1 spicchio d'aglio (facoltativo)
- 1 manciata di prezzemolo
- 2 carote
- 4 ravanelli, con le foglie
- 1 mela a fette

Mettere lo zenzero e l'aglio (se si utilizza) in mezzo al prezzemolo e infilare il tutto nell'estrattore, questo riduce in gran parte l'odore dell'aglio. Poi continuare con carote, ravanelli e mela.

Tonico epatico PP

Un tonico epatico è una sostanza che migliora il tono e le funzioni del fegato, l'organo più importante del metabolismo e della detossificazione. Se non riuscite a trovare le radici di tarassaco, potete sostituirle con 4 ravanelli con le foglie oppure con mezzo daikon.

- 1 radice di tarassaco
- 1 barbabietola, con le foglie
- 2 carote
- 1 mela, a fette

Mettete gli ingredienti nell'estrattore, alternandoli.

Tonico epatico più PP

La radice di curcuma è un sostegno potente per il fegato. Aiuta nelle reazioni di detossificazione e aumenta il flusso di bile dal fegato alla cistifellea.

- 2,5 cm di curcuma o zenzero
- 1 daikon grande, tagliato a pezzi per il lungo, o 4 ravanelli con le foglie
- 1 barbabietola, con le foglie
- 2 carote
- 1 mela, a fette

Mettete gli ingredienti nell'estrattore, alternandoli.

Tonico per la pancia PP

Finocchio, zenzero, menta piperita sono carminativi e antispastici intestinali. I carminativi sono sostanze che favoriscono la digestione e alleviano la presenza di gas intestinali; gli antispastici intestinali alleviano l'attività spastica dell'intestino. È una bevanda interessante, da provare quando avete mal di pancia. La consiglio anche come bevanda dimagrante.

- 1 cm di zenzero
- 1 manciata di menta fresca
- ½ finocchio piccolo
- 1 mela, a fette

Avvolgete lo zenzero nella menta e inseriteli nell'estrattore, poi continuate con finocchio e mela.

Trito di cranberry

I cranberry (mirtilli rossi americani) sono fantastici per mantenere la vescica libera da infezioni. In questa bevanda, i principi amari dei mirtilli sono mascherati dalla naturale dolcezza delle mele e dell'arancia.

- 1 tazza di cranberry
- 2 mele, a spicchi
- 1 arancia, senza buccia

Spremete i cranberry, poi alternate le mele e gli spicchi di arancia.

Uccidete il freddo PP

Questo è un succo perfetto da bere quando si sente che ci sta venendo un raffreddore. Si tratta di un tè diaforetico, cioè che vi scalda dentro e aiuta la sudorazione. È piacevole berlo anche quando, semplicemente, si desidera riscaldarsi e sentirsi bene.

- 5 cm di zenzero
- ½ limone, con la buccia
- 1 tazza di acqua calda

Spremete lo zenzero e il limone e metteteli nell'acqua. È un infuso forte. Se per voi è troppo forte, basta aggiungere più acqua. Bevetelo al naturale o dolcificate con un po' di miele o dolcificanti a basso contenuto calorico, come stevia o xilitolo, se lo desiderate.

Un aiuto arancione

Una variante del succo d'arancia, piacevole per il palato.

- ¼ di ananas con la buccia, a fette
- 2 arance, senza buccia

Spremete l'ananas, poi le arance.

Vai di verde PP

Un po' più di verde ci porta lontano in questa versione di un super succo verde. E vi farà "volare": vai, vai con l'energia!

- 1 manciata di prezzemolo o erba di grano
- 4 coste di sedano
- 2 foglie di cavolo riccio
- 1 peperone verde
- 1 manciata di spinaci
- 1 cetriolo, tagliato a metà per il lungo

Spremete il prezzemolo, seguito da sedano, cavolo, peperone, spinaci e cetriolo.

Vitamina U per l'ulcera PP

Ecco qui la famosa ricetta con i consigli del dottor Garnett Cheney per curare le ulcere peptiche. La verza è meglio, ma anche il cavolo rosso va bene.

- ½ verza
- 2 pomodori, a pezzi, o 2 carote
- 4 coste di sedano

Tagliate la verza in lunghi spicchi e inseriteli nell'estrattore, continuate con i pomodori e il sedano.

In sintesi

È facile abituarsi a fare lo stesso succo ogni giorno. Cercate invece di consumare frutta e verdura basandovi sul più ampio spettro di colori possibile; ogni settimana spremete un "arcobaleno" di frutta e ortaggi freschi. Non preoccupatevi di seguire alla lettera una ricetta. Siate flessibili, divertitevi e create i vostri succhi. Sperimentate e trovate delle combinazioni che vi piacciano. La linea guida più importante è quella di divertirvi.

Il succo di frutta come farmaco

Ippocrate, il padre della medicina occidentale, disse: "Fa' che il cibo sia la tua medicina e che la medicina sia il tuo cibo". È sorprendente quanto ci siamo allontanati da questo buon consiglio.

Mi ricordo che a metà degli anni Ottanta, mentre leggevo il "Sunday Seattle Times", mi capitò di imbattermi in una rubrica dal titolo *Chiedi al dottore*. Al medico era stata fatta questa domanda da un lettore: "Il cavolo fa bene a chi sta curando un'ulcera peptica?". La risposta del dottore fu un "no" deciso; il medico proseguì affermando che secondo lui la diffusione delle informazioni sul potere terapeutico di alcuni alimenti non era altro che una grossa ciarlataneria.

Questa risposta secca fu una reazione istintiva basata sulla sua "opinione" e non sui fatti.

Innanzitutto, come accennato in precedenza, il succo fresco di cavolo ha dimostrato di avere successo nella cura delle ulcere peptiche ed è stato ben documentato nella letteratura medica. Negli anni tra il 1940 e il 1950, il dottor Garnett Cheney e altri ricercatori della Stanford University's School of Medicine hanno effettuato numerosi studi sulle proprietà del succo di cavolo fresco.[1] I risultati di tali ricerche hanno provato che questo succo è estremamente efficace nella cura delle ulcere peptiche: infatti, la maggior parte dei pazienti sottoposti a indagine guarì completamente in soli 7 giorni. Il succo di cavolo agisce aumentando la quantità di sostanze protettive che rivestono l'intestino. La lesione della mucosa intestinale è la causa della maggior parte delle ulcere, per cui il succo di cavolo è in grado di contrastare la causa della maggior parte delle ulcere.

Un'altra parte della risposta del medico che mi trovò decisamente in disaccordo fu il suo consiglio di curare il problema ricorrendo a un medicinale che bloccasse la produzione di acido. Questi farmaci si dividono in due grandi gruppi: uno è il vecchio gruppo degli antagonisti dei recettori dell'istamina come Zantac, Tagamet e famotidina; l'altro, il più nuovo e più potente, è il gruppo degli inibitori della pompa protonica che include Nexium e Prilosec.

Questi farmaci non curano veramente, ma tendono a sopprimere i sintomi. In breve, quando i pazienti iniziano a prendere queste medicine, finiscono per diventarne dipendenti. Questi medicinali interferiscono con i processi digestivi naturali dell'organismo e producono dei significativi disturbi del tratto gastrointestinale, tra gli altri effetti collaterali a più lunga durata abbiamo l'aumento del rischio di osteoporosi, le aritmie cardiache, le infezioni intestinali, la polmonite batterica e le carenze nutritive multiple. E più seriamente, questi farmaci aumentano lo sviluppo di diverse forme tumorali gastrointestinali. Poiché l'organismo utilizza l'acido gastrico per rilasciare molte sostanze nutritive degli alimenti, le persone che assumono questi farmaci che bloccano la produzione di acido corrono il rischio di sviluppare carenze di nutrienti. In particolare ai pazienti che assumono regolarmente gli antiacidi mancano nutrienti importanti quali la vitamina B_{12}, il magnesio e il ferro.[2]

Vi consiglio un approccio naturopatico che elimina tutti questi effetti collaterali. Il primo passo della cura è quello di identificare e poi eliminare o ridurre tutti i fattori che possono contribuire allo sviluppo di ulcere peptiche: allergie alimentari, fumo di sigaretta, stress e farmaci come l'aspirina e altri analgesici non steroidei. Quando i fattori determinati sono stati identificati e poi messi sotto controllo o eliminati, rivolgete l'attenzione alla guarigione delle ulcere e all'aumento della resistenza dei tessuti. Tutto questo si realizza non solo bevendo succo di cavolo, ma anche con una dieta ad alto contenuto di fibre e povera di cibi allergenici, evitando quegli elementi noti per scatenare la formazione di ulcere (come il fumo, l'alcol, il caffè e l'aspirina) e attuando un efficace piano di riduzione dello stress.

Un naturopata potrebbe anche utilizzare uno speciale estratto di liquirizia, noto come DGL (abbreviazione di liquirizia deglicirrizinata), che favorisce la guarigione delle ulcere invece di bloccare un importante processo biologico. Come il cavolo, la liquirizia deglicirrizinata opera per ristabilire una sana mucosa gastrica.

I succhi sono farmaci? L'importanza di un approccio globale

Pare che molti alimenti e molti succhi abbiano concreti effetti terapeutici, come potete leggere in questo libro. Ma, anche se determinati succhi hanno dato prova di portare benefici concreti ad alcune patologie, in generale non dovrebbero essere considerati come dei farmaci. Invece di cercare un succo specifico per curare una data malattia, sarebbe meglio concentrarsi sull'adozione di una dieta e di uno stile di vita che affrontino i fattori scatenanti dei nostri disturbi.

Inoltre si dovrebbe spremere tanta frutta e verdura, piuttosto che affidarsi a un succo qualsiasi per risolvere una patologia specifica; in questo modo ci si assicura un'ampia gamma di sostanze benefiche che vengono distribuite nell'organismo.

Per fare un esempio di quanto i succhi freschi possano essere d'aiuto in casi di malattie serie, vediamo come usarli per l'artrite. Molti succhi freschi contengono composti antinfiammatori quali enzimi e flavonoidi. Le persone che soffrono di artrite possono ottenere un po' di sollievo bevendo succhi freschi, crudi, che contengano questi composti, ma se ignorano altri aspetti dietetici importanti, non avranno dei risultati a lungo termine. In ultima analisi, fare i succhi deve essere parte di un programma di salute olistico, se cercate risultati duraturi.

Da molti anni, la dieta è considerata fortemente connessa a molte forme di artrite, sia per quanto riguarda le cause che la cura. Molti medici consigliano di seguire diete specifiche, in particolare per l'artrite reumatoide, la forma più grave. Per esempio, alcuni malati affetti da artrite reumatoide traggono giovamento dall'eliminazione di alimenti allergenici. Il digiuno o una dieta pensata per eliminare le allergie alimentari, cui segue la reintroduzione degli alimenti incriminati, sono spesso metodi efficaci per isolare i cibi che fanno male. In pratica, qualsiasi alimento può causare un aggravamento dell'artrite reumatoide, ma quelli più pericolosi sono grano, mais, latte e altri prodotti lattiero-caseari, carne bovina e Solanaceae (pomodoro, patata, melanzane, peperoni e tabacco).[3]

Uno studio a lungo termine mette in evidenza l'efficacia dei succhi (come parte di una dieta e di uno stile di vita sani) nell'alleviare i sintomi dell'artrite reumatoide. Nella ricerca durata 13 mesi, condotta a Oslo, in

Norvegia, presso l'Oslo Rheumatism Hospital, due gruppi di pazienti affetti da artrite reumatoide sono stati messi a confronto per determinare l'effetto della dieta sulla malattia. Un gruppo (gruppo trattato) ha seguito una dieta terapeutica, nell'altro (gruppo di controllo) i pazienti potevano mangiare quello che volevano.[4]

Il gruppo trattato ha iniziato la dieta terapeutica digiunando per 7-10 giorni e poi ha seguito una dieta specifica. Durante il digiuno i pazienti potevano assumere tisane, aglio, brodo vegetale, decotto di patate e prezzemolo e succhi di carote, barbabietole e sedano. I succhi di frutta non sono stati autorizzati.

Dopo il digiuno, i pazienti introducevano nella dieta un "nuovo" alimento ogni due giorni. Se notavano un aumento del dolore, della rigidità o del gonfiore alle articolazioni entro 2-48 ore, l'alimento veniva escluso dalla dieta per almeno 7 giorni prima di essere introdotto una seconda volta. Se il cibo causava un peggioramento dei sintomi anche alla seconda introduzione, veniva escluso per sempre dalla dieta.

Lo studio ha evidenziato che un digiuno breve seguito da una dieta vegetariana porta a una "sostanziale riduzione dell'attività della malattia" in molti pazienti. I risultati implicavano un beneficio terapeutico al di là dell'eliminazione dei soli alimenti che davano allergia. Gli autori hanno affermato che i miglioramenti aggiuntivi erano determinati dal cambiamento del consumo di acidi grassi essenziali.

Gli acidi grassi sono importanti mediatori dell'infiammazione: infatti cambiarne l'assunzione nella dieta può aumentarla o diminuirla in modo significativo, a seconda del tipo di grasso impiegato. L'acido arachidonico, un acido grasso polinsaturo derivato quasi interamente da fonti animali (carne e prodotti lattiero-caseari), contribuisce notevolmente al processo infiammatorio attraverso la sua conversione in prostaglandine infiammatorie e leucotrieni. Gli effetti benefici di una dieta vegetariana nelle persone affette da malattie infiammatorie, come l'artrite reumatoide e l'asma, risulta presumibilmente dalla diminuzione della disponibilità di acido arachidonico per la conversione in composti infiammatori.[5]

L'artrite reumatoide è un ottimo esempio di "malattia multifattoriale", molto complessa. Se il succo di ananas fresco può essere efficace per curare alcune persone con l'artrite reumatoide – nel caso in cui alimenti e succhi vengano usati per i loro effetti "farmacologici" – non possiamo però far fronte a molte delle cause che stanno alla base della malattia. Anziché cercare un succo specifico per curare una patologia specifica, dovremmo concentrarci su una dieta e uno stile di vita che affrontino le concause di queste malattie.

Succhi di erbe aromatiche fresche e spezie

Aggiungere ai succhi erbe aromatiche fresche e spezie aumenta i benefici alla salute. Per esempio, come accennato nel capitolo "Guida agli ortaggi da spremere", l'aglio ha molte proprietà salutari – tra cui quelle antibiotiche, antitumorali, sostegno immunitario, riduzione del colesterolo e della pressione e miglioramento dell'attività di detossificazione.[6] L'aglio crudo è molto più potente di quello cotto, essiccato o dei preparati a base di aglio e si può facilmente aggiungere ai succhi.

Un altro integratore semplice è lo zenzero fresco. Perfetto per dare un tocco piccante, se vi piace, o se si soffre di spasmi intestinali, artrite o rigidità motoria. Anche se nella maggior parte degli studi scientifici è stato usato lo zenzero in polvere, con lo zenzero fresco, in dosaggi equivalenti, si dovrebbero ottenere migliori risultati in quanto contiene enzimi attivi. Nella maggior parte delle ricerche è stato utilizzato 1 grammo di zenzero in polvere che sarebbe pari a circa 10 g di zenzero fresco. Lo zenzero fresco si acquista facilmente in molti negozi di alimentari e supermercati.

Una delle spezie più potenti per i suoi effetti curativi, da utilizzare sia fresca sia essiccata, è la curcuma. Anche se la maggior parte delle ricerche scientifiche ha utilizzato la curcumina (pigmento giallo della curcuma), spremere la curcuma fresca ha senza dubbio alcuni vantaggi. Non essendo idrosolubile, la curcumina viene assorbita poco[7] e quindi è possibile che attraverso l'utilizzo del succo di curcuma fresca si ottenga un maggior assorbimento.

Attualmente sono in commercio delle nuove formule di curcumina che hanno risolto il problema della scarsa biodisponibilità, se assunta per via orale. Sulla base di studi specifici sull'assorbimento, si può affermare che la curcumina con la maggiore biodisponibilità sia la Theracurmin®.[8]

Aggiungere ai succhi zenzero, curcuma e aglio consente di integrare le bevande con erbe e spezie medicinali. Altri esempi sono il prezzemolo, la menta piperita, il peperoncino, le cipolle e la radice di tarassaco.

I succhi e le patologie più comuni

I succhi di frutta e verdura non devono essere considerati sostitutivi dei farmaci o delle cure mediche, ma solo come supporti nutrizionali. Tuttavia si tratta di raccomandazioni che, in molti casi, apportano dei benefici concreti.

Acne

- Succo di carota
- Succo verde (pagina 200)
- Mucca viola (pagina 194)
- Meglio rossi che morti (pagina 191)

ULTERIORI RACCOMANDAZIONI: l'integrazione di zinco può essere molto efficace nel trattamento dell'acne. Utilizzate una forma di zinco altamente assorbibile come lo zinco picolinato o il citrato di zinco in dosi di 30-45 mg al giorno per ottenere dei risultati migliori.

Afte

- Succo verde (pagina 200)
- Vitamina U per l'ulcera (pagina 204)
- Pugno di potassio (pagina 197)

ULTERIORI RACCOMANDAZIONI: le allergie al latte e al grano spesso scatenano le ulcere, per cui sarebbe meglio evitare questi alimenti. La DGL (liquirizia deglicirrizinata) può aiutare a lenire le infiammazioni ricorrenti.

Anemia

- Ferro più (pagina 187)
- Di tutto un po' (pagina 183)
- Succo verde (pagina 200)

ULTERIORI RACCOMANDAZIONI: nella cura delle anemie correlate alla dieta è fondamentale integrare il nutriente corrispondente per affrontarne la carenza. Per esempio, l'integrazione con il ferro è il trattamento dell'anemia dovuta a carenza di ferro, mentre la vitamina B_{12} viene usata per curare l'anemia creata dalla mancanza di vitamina B_{12}. Spesso è consigliato il fegato di vitello a chi è anemico, perché è ricco non solo di ferro, ma anche di tutte le vitamine del gruppo B. Alcune persone possono reagire solo a un tipo di ferro noto come il ferro eme o ferro emico, legato all'emoglobina o alla mioglobina, che si trova nel fegato di vitello, così come nel pesce e nella carne.

Angina

- Succo di melone
- Succo di melagrana
- Tonico abbassa colesterolo (pagina 201)
- Ananas-ginger ale (pagina 179)
- Il preferito dai bambini (pagina 190)

ULTERIORI RACCOMANDAZIONI: provate il coenzima Q_{10} (200 mg al giorno), un composto-vitamina che ha dato prova di essere utile per i problemi cardiaci. Il coenzima si ritrova in ogni cellula dell'organismo ed è essenziale per mantenere una buona efficienza fisica. La sua concentrazione diminuisce con l'invecchiamento e in presenza di malattie croniche derivanti da problemi cardiaci. Nei casi di angina è indicato un supplemento di magnesio; prendete il magnesio in forma di citrato o in un'altra forma altamente assimilabile a un dosaggio da 150 a 250 mg tre volte al giorno.

Ansia

- Pugno di potassio (pagina 197)
- Potere del potassio (pagina 195)
- Insalata Waldorf (pagina 191)

ULTERIORI RACCOMANDAZIONI: l'esercizio fisico regolare è la migliore ricetta per alleviare lo stress e l'ansia. Anche praticare regolarmente esercizi di respirazione profonda è spesso utile. Evitare semplicemente caffeina, zucchero, alcol e allergeni alimentari e aumentare vitamine del gruppo B, calcio e magnesio, può aiutare molto ad alleviare l'ansia. A volte basta eliminare la caffeina per osservare la scomparsa dei sintomi. L'integrazione con PharmaGABA – l'acido gamma-aminobutirico (GABA), un neurotrasmettitore che l'organismo sintetizza a partire dal glutammato – può risultare molto efficace. Prendetene 200 mg fino a sei volte al giorno.

Artrite

- Dolore vai via (pagina 184)
- Ananas-ginger ale (pagina 179)
- Salto di zenzero (pagina 197)

ULTERIORI RACCOMANDAZIONI: diminuite lo stress sulle articolazioni raggiungendo il giusto peso corporeo. Poi provate a eliminare le Solanaceae (pomodori, patate, peperoni, melanzane, tabacco), in quanto questi alimenti possono spesso aggravare l'artrite. Per l'osteoartrite, la forma più comune, il glucosamina-solfato si è dimostrato molto efficace a un dosaggio di 1500 mg al giorno.

Artrite reumatoide

- Dolore vai via (pagina 184)
- Ananas-ginger ale (pagina 179)
- Cocktail depurativo (pagina 180)
- Salto di zenzero (pagina 197)

Asma e raffreddore da fieno

- Succo di mela
- Frutti di bosco felici (pagina 188)
- Tonico abbassa colesterolo (pagina 201)
- Insalata nel bicchiere (pagina 190)
- C maiuscola (pagina 179)

ULTERIORI RACCOMANDAZIONI: le allergie alimentari spesso hanno un ruolo importante nell'asma, soprattutto in quella infantile. Gli allergeni più comuni sono: grano, mais, latte e latticini, agrumi e uova. La dieta vegetariana si è dimostrata estremamente efficace in casi gravi. Per un'integrazione aggiuntiva, provate i prodotti naturali che contengono N-acetilcisteina e l'estratto di edera.

Aterosclerosi e livelli elevati di colesterolo

- Succo di barbabietola
- Succo di melagrana
- Tonico abbassa colesterolo (pagina 201)
- Ciliegia pop (pagina 180)
- Ananas-ginger ale (pagina 179)

ULTERIORI RACCOMANDAZIONI: ridurre la mortalità prematura dovuta a malattie cardiache e ictus comporta ridurre e – idealmente – eliminare i seguenti principali fattori di rischio: fumo, elevati livelli di colesterolo nel sangue, ipertensione, diabete, mancanza di attività fisica e obesità. Esistono molti prodotti naturali che migliorano la salute del cuore; primo fra tutti è l'olio di pesce di alta qualità. Prendete olio di pesce a sufficienza per arrivare a 1000 mg al giorno di omega 3, tecnicamente definiti EPA (acido eicosapentaenoico) e DHA (acido docosaesaenoico).

Bronchite e polmonite

- Succo di ananas
- Potere immunitario vegetariano (pagina 196)
- Un aiuto arancione (pagina 204)
- Uccidete il freddo (pagina 203)

ULTERIORI RACCOMANDAZIONI: per un ulteriore supporto, provate i prodotti naturali che contengono N-acetilcisteina ed estratto di edera.

Calcoli biliari

- Tonico epatico (pagina 202)
- Colorami di rosa (pagina 182)
- Delizia digestiva (pagina 182)

ULTERIORI RACCOMANDAZIONI: per la prevenzione e la cura dei calcoli biliari, aumentate l'assunzione di verdura, frutta e fibre dietetiche, in particolare le fibre gelatinose o mucillaginose (semi di lino, crusca di avena, gomma guar, pectina ecc.); riducete il consumo di grassi saturi, colesterolo, zuccheri e proteine animali; evitate tutti i cibi fritti e bevete almeno 6 bicchieri di acqua ogni giorno per mantenere la corretta idratazione della bile.

Calcoli renali

- Mela-mirtillo acidulo (pagina 193)
- Trito di cranberry (pagina 203)
- Formula diuretica (pagina 187)

ULTERIORI RACCOMANDAZIONI: per la prevenzione dei calcoli renali, aumentate il consumo di liquidi per diluire la concentrazione delle urine. Una persona che ha sofferto di calcoli renali dovrebbe consumare una quantità di liquidi tale da produrre un volume urinario giornaliero di circa

2 litri. Ulteriori quantità di vitamina B_6 (100 mg) e magnesio (300 mg di magnesio citrato) aiutano anche a prevenire le recidive.

Cataratta

- Succo di mela e mirtilli
- C maiuscola (pagina 179)
- Colorami di rosa (pagina 182)

ULTERIORI RACCOMANDAZIONI: alte dosi di vitamina C (da 1 a 3 g al giorno in dosi suddivise) e di altri antiossidanti come il selenio possono prevenire ulteriori danni in individui che hanno già la cataratta. Anche la luteina, in dosaggi da 15 a 30 mg al giorno, può aiutare.

Degenerazione maculare

- Succo di mela-mirtillo
- C maiuscola (pagina 179)
- Colorami di rosa (pagina 182)

ULTERIORI RACCOMANDAZIONI: l'integrazione di luteina (da 15 a 30 mg al giorno) è fortemente raccomandata per la gravità di questa patologia.

Diabete (tipo 2)

- Succo di melone amaro
- Succhi a base di topinambur
- Super-pomodoro (pagina 200)
- Insalata nel bicchiere (pagina 190)

ULTERIORI RACCOMANDAZIONI: la raccomandazione più importante per il diabete di tipo 2 è di raggiungere il peso corporeo ideale: essere sovrappeso porta al diabete. Utilizzate il supplemento PGX (vedi il capitolo "Perdere peso con i succhi") e seguite una dieta a basso indice glicemico.

Diarrea

- Dolce risveglio (pagina 184)
- Pugno di potassio (pagina 197)
- Tonico per la pancia (pagina 202)

ULTERIORI RACCOMANDAZIONI: se la diarrea dura più di 24 ore o è abbondante, consultate un medico. Per solidificare le feci consumate frutta e verdura ricca di pectina come pere, mele, pompelmi, carote, patate e barbabietole. Anche i mirtilli freschi sono utilizzati per frenare la dissenteria.

Dismenorrea (mestruazioni dolorose)

- Femme fatale (pagina 186)
- Ananas-ginger ale (pagina 179)
- Potere del potassio (pagina 195)

ULTERIORI RACCOMANDAZIONI: limitate l'assunzione di grassi animali, tranne l'olio di pesce (prendetene da 1000 a 3000 mg al giorno) e 1 cucchiaio di olio di semi di lino al giorno.

Disturbi digestivi

- Delizia digestiva (pagina 182)
- Ananas-ginger ale (pagina 179)
- Tonico per la pancia (pagina 202)

ULTERIORI RACCOMANDAZIONI: mangiate di frequente, fate spuntini in un'atmosfera rilassata. Masticate il cibo accuratamente. Le preparazioni con enzimi digestivi possono aiutare molto.

Ecchimosi

- Succo di mirtillo
- Frutti di bosco felici (pagina 188)
- Il preferito di Mike (pagina 190)
- Colorami di rosa (pagina 182)
- Un aiuto arancione (pagina 204)

ULTERIORI RACCOMANDAZIONI: prendete la vitamina C (da 1 a 3 g al giorno incrementando il dosaggio), insieme con l'estratto di semi d'uva (da 100 a 300 mg al giorno).

Eczema (dermatite atopica)

- Delizia digestiva (pagina 182)
- Cocktail depurativo (pagina 180)
- Potere immunitario vegetariano (pagina 196)

ULTERIORI RACCOMANDAZIONI: evitate gli allergeni alimentari più comuni, quali grano, mais, latte e latticini, agrumi e uova. Nei casi estremi, una dieta vegetariana può essere efficace.

Epatite

- Succo di tarassaco
- Tonico epatico (pagina 202)
- Tonico abbassa colesterolo (pagina 201)
- Potere immunitario vegetariano (pagina 196)

ULTERIORI RACCOMANDAZIONI: la silimarina, un estratto di cardo mariano, si è dimostrata estremamente efficace. Assumetene da 240 a 360 mg al giorno.

Foruncoli

- Succo verde (pagina 200)
- Cocktail depurativo (pagina 180)
- Potere immunitario vegetariano (pagina 196)

ULTERIORI RACCOMANDAZIONI: sulle zone infiammate, applicate un unguento a base di tea tree oil (olio di melaleuca) per uso topico.

Glaucoma (cronico ad angolo aperto)

- Il preferito di Mike (pagina 190)
- Succo di mela e mirtillo
- Succo d'arancia

ULTERIORI RACCOMANDAZIONI: assumere olio di pesce di alta qualità può esser d'aiuto, prendete da 1000 a 3000 mg al giorno di omega 3 acidi grassi essenziali.

Gotta

- Ciliegia pop (pagina 180)
- Gotta vai via (pagina 189)
- Dolore vai via (pagina 184)
- Succo verde (pagina 200)
- Ananas-ginger ale (pagina 179)

ULTERIORI RACCOMANDAZIONI: la gotta si controlla facilmente con la dieta. Eliminate l'alcol e i cibi ad alto contenuto di purine (frattaglie, carni, frutti di mare), diminuite il consumo di grassi e zuccheri raffinati e aumentate quello di acqua e liquidi, includendo da 4 a 6 bicchieri di acqua e due bicchieri di succo fresco al giorno.

Infezione alla vescica (cistite)

- Trito di cranberry (pagina 203)
- Mela-mirtillo acidulo (pagina 193)
- Potere immunitario vegetariano (pagina 196)

ULTERIORI RACCOMANDAZIONI: evitate i carboidrati raffinati e bevete almeno 1,5 litri liquidi al giorno. L'uva ursina è stata usata efficacemente come rimedio contro le infezioni del tratto urinario.

Insonnia

- Insalata Waldorf (pagina 191)
- Potere immunitario della frutta (pagina 195)
- Pugno di potassio (pagina 197)

ULTERIORI RACCOMANDAZIONI: eliminate caffeina e alcol che interrompono i normali processi del sonno e aumentate l'esercizio fisico. Se vi serve un ulteriore aiuto, provate la melatonina (3 mg), 5-idrossitriptofano (50 mg) e L-teanina (100 mg).

Iperplasia prostatica benigna (Ipb)

- Succo di melagrana
- Tonico abbassa colesterolo (pagina 201)
- Don Giovanni (pagina 184)
- Super-pomodoro (pagina 200)

ULTERIORI RACCOMANDAZIONI: i semi di zucca forniscono zinco e acidi grassi essenziali che aiutano la ghiandola prostatica a funzionare, mentre l'estratto di *Serenoa repens* – da assumere una o due volte al giorno nella dose di 320 mg – ne riduce l'ingrossamento.

Ipertensione

- Succo di barbabietola
- Succo di sedano
- Barbabietola-carota-sedano (pagina 124)
- Tonico abbassa colesterolo (pagina 201)
- Potere del potassio (pagina 195)
- Insalata nel bicchiere (pagina 190)

ULTERIORI RACCOMANDAZIONI: eliminate alcol, caffeina e tabacco. Aumentate i livelli di potassio e diminuite quelli di sodio nella dieta, evitando i cibi pronti e il sale da tavola e utilizzando sostituti del sale a base di cloruro di potassio.

Ipoglicemia

- Succhi a base di topinambur
- Super-pomodoro (pagina 200)
- Insalata nel bicchiere (pagina 190)

ULTERIORI RACCOMANDAZIONI: diluite i succhi di frutta con acqua (rapporto 1:1). Mangiate di frequente, fate spuntini e assumente il PGX (vedi il capitolo "Perdere peso con i succhi") a ogni pasto.

Malattia di Crohn e colite ulcerosa

- Vitamina U per l'ulcera (pagina 204)
- Succo verde (pagina 200)
- Cocktail depurativo (pagina 180)
- Enzimi a bizzeffe (pagina 185)

ULTERIORI RACCOMANDAZIONI: Si tratta di patologie gravi, per le quali, tuttavia, i rimedi naturali sono un aiuto davvero valido.

Malattia parodontale (piorrea)

- Cocktail per le ossa (pagina 181)
- C maiuscola (pagina 179)
- Colorami di rosa (pagina 182)

ULTERIORI RACCOMANDAZIONI: praticate una corretta igiene dentale (regolare spazzolatura, uso del filo interdentale e pulizia). Eliminate gli zuccheri raffinati, soprattutto cioccolatini e caramelle appiccicose.

Mal di testa

- Potere del potassio (pagina 195)
- Femme fatale (pagina 186)
- Salto di zenzero (pagina 197)

ULTERIORI RACCOMANDAZIONI: le allergie alimentari spesso hanno un ruolo importante. Gli allergeni più comuni sono il grano, il mais, il latte e i prodotti lattiero-caseari, gli agrumi e le uova. Bassi livelli di magnesio sono comuni in chi soffre di mal di testa. Prendete del magnesio altamente assorbibile, come per esempio il magnesio citrato, in dosi di 150 e 250 mg da 2 a 3 volte al giorno.

Mastopatia fibrocistica

- Stimolatore epatico (pagina 199)
- Tonico epatico (pagina 202)
- Cocktail depurativo (pagina 180)

ULTERIORI RACCOMANDAZIONI: la stitichezza è un fattore che contribuisce a sviluppare questa displasia mammaria benigna. L'assunzione di iodio, vitamina E e l'eliminazione della caffeina si sono dimostrati utili.

Menopausa (vedi anche osteoporosi)

- Femme fatale (pagina 186)
- Cocktail per le ossa (pagina 181)
- Colorami di rosa (pagina 182)

ULTERIORI RACCOMANDAZIONI: integratori a base di erbe sono spesso utili, soprattutto per le vampate di calore. Di solito le formule che contengono la *Cimicifuga racemosa* sono le più efficaci.

Menorragia (sanguinamento mestruale abbondante)

- Ferro più (pagina 187)
- Di tutto un po' (pagina 183)
- Succo verde (pagina 200)

ULTERIORI RACCOMANDAZIONI: le basse quantità di ferro sono una causa frequente di menorragia (sanguinamento mestruale abbondante). Un semplice esame del sangue per controllare la ferritina sierica, determina le riserve di ferro. Anche la scarsa funzionalità tiroidea può contribuire a questa disfunzione. Il medico può richiedere questi esami.

Nausea e vomito gravidico

- Salto di zenzero (pagina 197)
- Tonico per la pancia (pagina 202)
- Delizia digestiva (pagina 182)

ULTERIORI RACCOMANDAZIONI: durante la gravidanza è meglio fare piccoli pasti di frequente. Il fegato lavora molto per affrontare lo stress ormonale della gravidanza. È provato che l'assunzione di vitamina B_6, 25 mg tre volte al giorno, riduce la nausea.

Osteoporosi

- Cocktail per le ossa (pagina 181)
- Succo verde (pagina 200)
- Super-pomodoro (pagina 200)

ULTERIORI RACCOMANDAZIONI: per diminuire la perdita di calcio si devono ridurre gli zuccheri raffinati, le bibite e le proteine. L'esercizio fisico è il principale artefice della densità ossea, per cui fate movimento.

Psoriasi

- Tonico epatico (pagina 202)
- Potere immunitario vegetariano (pagina 196)
- Ananas-ginger ale (pagina 179)

ULTERIORI RACCOMANDAZIONI: limitate l'assunzione di prodotti di origine animale, tranne il pesce. Dosaggi elevati di olio pesce (3000 mg al giorno) si sono dimostrati efficaci. Molti pazienti affetti da psoriasi traggono giovamento anche quando seguono diete prive di glutine.

Raffreddore

- Potere immunitario vegetariano estremo (pagina 196)
- Potere immunitario della frutta (pagina 195)
- Uccidete il freddo (pagina 203)

ULTERIORI RACCOMANDAZIONI: riposate e bevete molti liquidi. L'echinacea è un'erba usata spesso per rafforzare il sistema immunitario nel picco massimo dell'infezione. Inoltre, 250-500 mg di vitamina C ogni 2 ore e l'uso di losanghe di zinco aiutano a ridurre la severità dei sintomi e la durata del raffreddore.

Ritenzione idrica

- Succo di anguria
- Formula diuretica (pagina 187)
- Formula diuretica più (pagina 188)
- Potere del potassio (pagina 195)

ULTERIORI RACCOMANDAZIONI: diminuite l'apporto di sodio. Leggete con attenzione le etichette e mantenete l'assunzione di sodio a meno di 1500 mg al giorno.

Sindrome dell'intestino irritabile

- Tonico per la pancia (pagina 202)
- Salto di zenzero (pagina 197)
- Delizia digestiva (pagina 182)

ULTERIORI RACCOMANDAZIONI: eliminate gli allergeni alimentari, aumentate i cibi che contengono fibra integrando la dieta con fibre gelatinose come lo psillio e la crusca di avena. Per un'ulteriore integrazione, prendete le capsule gastroresistenti di olio di menta piperita.

Sindrome del tunnel carpale

- Potere del potassio (pagina 195)
- Ananas-ginger ale (pagina 179)
- Un aiuto arancione (pagina 204)
- Salto di zenzero (pagina 197)

ULTERIORI RACCOMANDAZIONI: la vitamina B_6 allevia i sintomi. Prendetene da 25 a 50 mg tre volte al giorno.

Stipsi

- Succo di pera
- Regolatore intestinale (pagina 197)
- Succo verde (pagina 200)
- Enzimi a bizzeffe (pagina 185)

ULTERIORI RACCOMANDAZIONI: i lassativi che aumentano il volume delle feci (polvere di semi di psillio, gomma di guar, crusca di avena) possono essere molto utili. Aumentate il consumo di cibi integrali come cereali integrali, legumi, frutta e verdura. Secondo gli studi del prestigioso "New England Journal of Medicine", il latte vaccino è la causa della costipazione in circa i ⅔ dei bambini. Si presume che per gli adulti la situazione sia la stessa.

Ulcera

- Succo di cavolo
- Vitamina U per l'ulcera (pagina 204)
- Succo verde (pagina 200)
- Pugno di potassio (pagina 197)

ULTERIORI RACCOMANDAZIONI: ridurre o eliminare le cause quali stress, fumo e i farmaci come aspirina e corticosteroidi. Le allergie al latte possono essere un fattore scatenante. Assumete liquirizia deglicirrizinata (DGL) in vendita nei negozi di alimenti naturali.

Vene varicose

- Mirtillo
- Frutti di bosco felici (pagina 188)
- Un aiuto arancione (pagina 204)
- Il preferito di Mike (pagina 190)
- Colorami di rosa (pagina 182)

ULTERIORI RACCOMANDAZIONI: nella cura e nella prevenzione delle vene varicose (e delle emorroidi) una dieta ad alto contenuto di fibre è fondamentale per prevenire gli sforzi. Una dieta ricca di verdure, frutta, legumi e cereali promuove la peristalsi (le contrazioni anulari del tubo digerente che spingono il cibo verso l'intestino cieco). Molti componenti della fibra attirano l'acqua e formano una massa gelatinosa che mantiene soffici le feci, facilitandone il passaggio. Inoltre, evitate di stare in piedi per lunghi periodi di tempo, indossate calze elastiche specifiche e fate regolarmente esercizio fisico. Questi accorgimenti riducono il ristagno venoso e migliorano i sintomi di pesantezza e dolore alle gambe.

Digiunare con i succhi

Le sostanze tossiche per il nostro organismo sono ovunque: nell'aria che respiriamo, nel cibo che mangiamo e nell'acqua che beviamo. Persino i nostri corpi e i batteri nell'intestino producono sostanze tossiche. Dovrebbe essere fortemente rimarcato il concetto che la salute di una persona è in gran parte determinata dalla capacità del corpo di "detossificare". Questa abilità si basa quasi interamente sulla funzione di un organo importante: il fegato.

Con l'espansione dell'industrializzazione, il nostro ambiente si deteriora sempre più. Un numero crescente di prodotti chimici, che non sono mai esistiti prima, vengono letteralmente scaricati nell'ecosistema e, infine, assorbiti dai nostri organismi.

La nostra salute non è minacciata tanto da una chimica individuale, quanto da un costante fuoco di fila di prodotti chimici: pesticidi, erbicidi, additivi alimentari, piombo, mercurio, fertilizzanti sintetici, inquinanti atmosferici, solventi e migliaia di altri composti.

Ora, forse più che mai, è fondamentale per noi sostenere il nostro corpo con sistemi di detossificazione, se vogliamo essere sani. Un digiuno periodico a base di succhi è un modo sano per aiutare l'abilità del nostro organismo a interagire con le tossine.

Tipi di sostanze tossiche

Metalli pesanti

Nella categoria dei metalli pesanti sono inclusi piombo, mercurio, cadmio, arsenico, nichel e alluminio. Questi metalli tendono ad accumularsi nel cervello, nei reni e nel sistema immunitario, di cui possono seriamente disturbare il normale funzionamento. La maggior parte dei metalli pesanti nel nostro organismo è dovuta alla contaminazione industriale. Per esempio, solo negli Stati Uniti, fonti industriali e auto a benzina scaricano più di 600.000 tonnellate di piombo nell'atmosfera che viene inalato o, dopo essersi posato sulle colture alimentari, nell'acqua dolce e nel suolo, ingerito.

Le fonti comuni di metalli pesanti, oltre a quelle industriali, comprendono il piombo della saldatura delle lattine, gli spray pesticidi e gli utensili da cucina; il cadmio e il piombo da fumo di sigaretta; il mercurio dalle otturazioni dentali, dal pesce contaminato e dai cosmetici; l'alluminio dagli antiacidi e dalle pentole.

I primi segni di avvelenamento da metalli pesanti sono vaghi o associati con altri problemi: possono includere mal di testa, affaticamento, dolori muscolari, indigestione, tremori, stitichezza, anemia, pallore, vertigini e scarso coordinamento. La persona che presenta una tossicità anche lieve da metalli pesanti manifesta ridotta capacità di pensare o concentrarsi e con l'aumento della tossicità si aggravano i segnali e i sintomi.

È stato provato che esiste una forte correlazione tra le difficoltà di apprendimento nell'infanzia (e altri disturbi, tra cui il comportamento criminale) e l'accumulo nell'organismo di metalli pesanti. In generale, le difficoltà di apprendimento pare si correlino a un'alta presenza nei capelli di mercurio, cadmio, piombo, rame e manganese. L'alimentazione povera e l'aumento nel corpo di metalli pesanti vanno di pari passo, a causa di una riduzione del consumo di alimenti in grado di chelare questi metalli o diminuirne l'assorbimento.

Dovremmo fare ogni sforzo possibile per ridurre i livelli di metalli pesanti e promuoverne l'eliminazione. Questo obiettivo è particolarmente importante per le persone le cui professioni prevedono un'elevata esposizione ai metalli pesanti, tra questi i produttori di batterie, i benzinai, gli stampatori, chi lavora sui tetti, i saldatori, i dentisti e i gioiellieri.

Sostanze chimiche tossiche, droghe, alcol, solventi, formaldeide, tossine, pesticidi, erbicidi, additivi alimentari

L'esposizione ad additivi alimentari, solventi (per esempio prodotti per la pulizia, formaldeide, toluene, benzene), pesticidi, erbicidi e altre sostanze chimiche può provocare una serie di sintomi di diversa gravità. I più comuni sono condizioni psicologiche e neurologiche, come depressione, mal di testa, confusione mentale, malattia mentale, formicolio alle estremità, riflessi normali anomali e altri segni di compromissione della funzione del sistema nervoso, che è estremamente sensibile a queste sostanze chimiche. Nelle persone esposte in modo continuato alle tossine chimiche è frequente rilevare allergie delle vie respiratorie e un aumento del tasso di incidenza di molti tipi di cancro.

L'importanza di ridurre il nostro carico tossico consumando prodotti biologici non deve essere assolutamente sottovalutata. Negli Stati Uniti, ogni anno, più di 1,2 miliardi di chili di pesticidi ed erbicidi vengono distribuiti sui raccolti. La maggior parte dei pesticidi in uso è costituita da sostanze chimiche di sintesi di discutibile sicurezza. I principali rischi per la salute a lungo termine includono la potenziale insorgenza del cancro e difetti alla nascita, mentre i rischi maggiori di intossicazione acuta comprendono vomito, diarrea, visione offuscata, tremori, convulsioni e danni al sistema nervoso.

Composti microbici

Le tossine prodotte nell'intestino da batteri e lieviti vengono assorbite dal flusso sanguigno, causando importanti disturbi alle funzioni dell'organismo. Alcuni esempi di questi tipi di tossine includono: endotossine, esotossine, ammine tossiche, derivati tossici di bile e varie sostanze cancerogene.

Le tossine batteriche nell'intestino sono implicate in una vasta gamma di patologie, tra cui malattie del fegato, morbo di Crohn, colite ulcerosa, malattie della tiroide, psoriasi, lupus eritematoso, pancreatite, allergie, asma e disturbi del sistema immunitario.

Oltre alle sostanze tossiche create da microrganismi, talvolta gli anticorpi prodotti in risposta a un antigene microbico cross-reagiscono con antigeni autologhi determinando l'insorgenza di malattie immunitarie e autoimmuni. La lista di malattie autoimmuni collegate alla cross-reattività comprende l'artrite reumatoide, la miastenia grave, il diabete e la tiroidite autoimmune.

Per ridurre l'assorbimento di sostanze tossiche, è consigliata una dieta ricca di fibre. Le fibre idrosolubili come quelle che si trovano nella gomma di guar, nella pectina, nella crusca di avena e in tante verdure, sono particolarmente preziose. La fibra riesce a legarsi alle tossine nell'intestino e promuoverne l'escrezione. Il sistema immunitario, così come il fegato, hanno anche lo scopo di eliminare le sostanze tossiche che vengono assorbite dall'intestino.

Degradazione delle proteine

I reni sono in gran parte responsabili dell'eliminazione della parte tossica delle proteine (come ammoniaca e urea).

Questa funzione importante si sostiene bevendo adeguate quantità di liquidi (soprattutto succhi di frutta freschi) ed evitando l'assunzione eccessiva di proteine.

Diagnosi di tossicità

Per individuare la presenza di tossine nell'organismo si utilizzano diverse tecniche speciali di laboratorio. Per i metalli pesanti, il metodo più affidabile di valutazione di un'esposizione continuata è l'analisi minerale dei capelli. Per ottenere risultati affidabili dall'analisi dei capelli è necessario raccoglierne un campione in modo adeguato e affidarsi a personale esperto, in grado di usare metodi analitici appropriati in un laboratorio qualificato.

Per determinare l'esposizione alla seconda categoria di tossine, le sostanze chimiche tossiche, è fondamentale una dettagliata anamnesi da parte di un medico esperto. Se necessario, per questo gruppo di tossine, le analisi di laboratorio includono la ricerca nel sangue e nei tessuti adiposi dei sospetti agenti chimici. È inoltre indispensabile misurare l'effetto che queste sostanze chimiche hanno sul fegato: il test più affidabile è il dosaggio ematico degli acidi biliari. Sono importanti anche altri test di funzionalità epatica (bilirubina sierica ed enzimi epatici).

I medici utilizzano diverse tecniche di laboratorio per determinare la presenza di tossine microbiche, compresi i test per la presenza di concentrazioni microbiche anomale e organismi che causano malattie (coltura feci) e sottoprodotti microbici (test dell'indicano urinario).

Gli esami del sangue e delle urine determinano i livelli di scarti prodotti dalla degradazione delle proteine e il buon funzionamento renale.

Digiuno

Il digiuno è l'astinenza da ogni cibo e bevanda, a eccezione dell'acqua, per un periodo di tempo specifico, di solito per scopi terapeutici o religiosi. Spesso è utilizzato come metodo di detossificazione, poiché è uno dei modi più rapidi per aumentare l'eliminazione dei rifiuti e rafforzare il processo di guarigione dell'organismo. Questo processo risparmia il tessuto essenziale (organi vitali) e utilizza tessuti non essenziali (tessuto adiposo e muscolare) come carburante.

Anche se il digiuno terapeutico è, probabilmente, una delle terapie più antiche conosciute, è stato praticamente ignorato dalla comunità scientifica fino a poco tempo fa. Solo da poco esiste un notevole supporto scientifico sull'utilizzo del digiuno per il trattamento di obesità, avvelenamento chimico, artrite, allergie, psoriasi, eczema, tromboflebiti, ulcere degli arti inferiori, sindrome del colon irritabile, alterazione o squilibrio dell'appetito, asma bronchiale, depressione, nevrosi e schizofrenia.

Uno degli studi più incoraggianti sul digiuno è stato pubblicato sull'"American Journal of Industrial Medicine" nel 1984.[2] Questa ricerca coinvolgeva pazienti che avevano ingerito olio di riso contaminato da policlorobifenili (PCB). Tutti i pazienti hanno riferito un miglioramento dei sintomi e alcuni hanno riportato un notevole sollievo dopo aver seguito un digiuno dai 7 ai 10 giorni. Questa ricerca conferma gli studi effettuati in passato sugli avvelenamenti da PCB e specifica gli effetti terapeutici del digiuno. Tuttavia bisogna essere cauti quando si digiuna dopo una notevole contaminazione di tossine liposolubili come i pesticidi. Infatti, è stato dimostrato che il pesticida DDT viene mobilitato nel corso di un digiuno e raggiunge livelli ematici tossici per il sistema nervoso.[3] Di seguito trovate le linee guida per sostenere le reazioni di detossificazione durante il digiuno.

Digiuno breve o breve dieta di eliminazione con succo fresco

Durante un digiuno, per attenersi a una definizione rigida, bisognerebbe consumare solo acqua. Se assumete succhi di frutta e verdura freschi si parla di dieta di eliminazione piuttosto che di digiuno, ma io la chiamo digiuno a base di succhi. Alla maggior parte delle persone sane non serve seguire uno stretto digiuno a sola acqua per detossificare l'organismo. Personalmente vi consiglio un digiuno a base di succhi di verdura e frutta della durata da 3 a 5 giorni, che vi porterà grandi benefici. È importante sottolineare che dovete usare solo succo di frutta o verdura fresche per aiutare l'eliminazione. Come abbiamo già visto il succo fresco fornisce enzimi preziosi per il nostro sistema.

Bere succo fresco per ripulirsi riduce alcuni degli effetti collaterali associati a un digiuno a sola acqua, come stordimento, stanchezza e mal di testa. Mentre durante il digiuno con i succhi freschi, in genere le persone sperimentano un maggiore senso di benessere, rinnovata energia, pensieri più chiari e un senso di purezza.

Anche se il digiuno a base di succhi si può iniziare in qualsiasi momento, è meglio cominciarlo nel fine settimana o in un momento in cui potete riposare in modo adeguato in modo che l'energia possa essere incanalata verso la guarigione invece che utilizzata per altre funzioni del corpo.

Preparatevi per il digiuno il giorno prima e fate l'ultimo pasto mangiando solo frutta e verdura fresche (alcuni esperti raccomandano di assumere alimenti crudi nella giornata che precede il digiuno).

Consumate 4-5 bicchieri da 220 ml di soli succhi di frutta e verdura freschi (preferibilmente preparati solo con prodotti biologici) al giorno per 3-5 giorni.

Di fatto qualsiasi succo fresco aiuta nella detossificazione, ma vi suggerisco di bere Tonico epatico (pagina 202), Delizia digestiva (pagina 182), Ananas-ginger ale (pagina 179), Mela-mirtillo acidulo (pagina 193), Succo verde (pagina 200), Cocktail depurativo (pagina 180), Sorpresa di Crucifere (pagina 199) e Potere del potassio (pagina 195).

Oltre al succo fresco, durante il digiuno consumate acqua pura, almeno 4 bicchieri al giorno.

Altre importanti linee guida

Durante il digiuno devono essere eliminati caffè, bibite, bevande sportive e qualsiasi altro drink elaborato; per variare un po' si possono assumere tisane senza zucchero.

L'esercizio fisico deve essere ridotto, perché l'energia di riserva aiuta a ottenere la massima depurazione, sono utili brevi passeggiate e dello stretching, ma sforzi eccessivi bloccano il sistema e inibiscono la riparazione e l'eliminazione.

La pulizia della pelle con bagni di acqua tiepida è desiderabile, ma l'utilizzo di temperature elevate può risultare stancante. Da evitare deodoranti, saponi, spray, detergenti, shampoo sintetici e l'esposizione ad altre sostanze chimiche che ostacolano l'eliminazione e pesano sulla detossificazione del corpo.

Uno degli aspetti più importanti del digiuno è il riposo. Si consigliano uno o due pisolini durante il giorno, mentre di notte si può anche dormire meno, visto che l'attività quotidiana è minore.

Nel corso del digiuno la temperatura corporea si abbassa, così come la pressione sanguigna, il battito e la frequenza respiratoria, tutti segnali del rallentamento metabolico dell'organismo. È quindi importante stare al caldo.

Quando si interrompe il digiuno, bisogna riprendere a mangiare lentamente, masticare a lungo e non esagerare (vedi tabella sotto). Nei giorni che seguono l'interruzione del digiuno può essere molto utile scrivere quello che si mangia e fare attenzione a eventuali effetti negativi. Molti dei problemi di salute odierni derivano dalle allergie alimentari e dall'eccesso di cibo.

Interrompere il digiuno

GIORNO UNO		
Colazione	**Pranzo**	**Cena**
Un frutto a scelta: melone, pesche noci o ananas	Un frutto diverso ma sempre dalla lista colazione	Un bicchiere di succo di qualsiasi altro frutto
GIORNO DUE		
Colazione	**Pranzo**	**Cena**
1 bicchiere e ½ di un tipo di frutta fresca	400 ml di pere, papaia o agrumi	Insalata di verdure crude a foglia verde, pomodoro, sedano e cetriolo o 2 pere, 2 mele e ¼ di avocado
GIORNO TRE		
Riprendete una dieta salutare		

Sostenere le reazioni della detossificazione durante il digiuno

Mentre si digiuna è estremamente importante sostenere le reazioni della detossificazione. Questo obiettivo si raggiunge, in parte, scegliendo il digiuno con i succhi, invece di quello a sola acqua: un supporto nutrizionale supplementare è necessario perché le tossine accumulate nelle nostre cellule adipose vengono rilasciate nel sistema durante il digiuno. Vi raccomando vivamente di seguire un programma mirato di pulizia interna, come il 7 Day Total Nutritional Cleansing Program di Natural Factors, che ho sviluppato insieme al dottor Michael Lione. Questo programma consiste in un kit di prodotti corredati da un libretto di istruzioni, facili da seguire, su come utilizzare le polveri alimentari medicinali e gli integratori del kit così come le linee guida dietetiche, le proposte di menu e ricette. Non è un digiuno, è un programma di pulizia, pensato per dare al vostro corpo gli strumenti di cui ha bisogno per liberarsi delle tossine. Potete modificare i pasti suggeriti, seguendo le linee guida di cui sopra. Per ulteriori informazioni su questo programma: www.naturalfactors.com

Oppure, se volete fare un vostro percorso detossificante, qui di seguito vi do alcuni suggerimenti importanti:

1. Assumete una soluzione vitaminica e minerale potente per fornire un sostegno generale alla detossificazione.
2. Prendete una soluzione lipotropa, un composto speciale per sostenere il fegato, disponibile nei negozi di alimenti naturali. Sono composti in genere ricchi di colina e metionina. Assumetene una dose giornaliera di 1000 mg di colina e 1000 mg di metionina e/o di cisteina.
3. Prendete 1 g di vitamina C tre volte al giorno.
4. Assumete da 3 a 5 g di integratore di fibra, la sera, prima di andare a dormire. Le migliori fonti di fibra sono le fibre idrosolubili come PGX (vedi il capitolo "Perdere peso con i succhi"), potenziato con psillio, gomma di guar e pectina.
5. Considerate di sostenere maggiormente il fegato prendendo un estratto speciale di cardo mariano noto come silimarina. Il dosaggio sarà compreso tra 70 e 210 mg per tre volte al giorno.

Prospettiva a lungo termine

La detossificazione da sostanze nocive è un processo continuo nell'organismo. La detossificazione non deve essere un'esperienza sgradevole e non deve essere effettuata solo durante un digiuno. In realtà, l'approccio migliore è quello di disintossicarsi gradualmente.

Un approccio ragionevole per aiutare i meccanismi di detossificazione dell'organismo include brevi periodi di digiuno con i succhi (da 3 a 5 giorni), oppure digiuni più lunghi sotto la supervisione medica. In ogni caso, per sostenere davvero i processi di detossificazione del corpo, si raccomanda un programma di detossificazione a lungo termine. In particolare è necessario sostenere la salute del fegato. Per farlo, ci sono tre cose dalle quali dovete stare definitivamente alla larga: grassi saturi, zucchero raffinato e alcol. Una dieta ricca di grassi saturi aumenta il rischio di sviluppare infiltrazioni di grassi e/o colestasi. Al contrario, una dieta ricca di fibre, in particolare di fibre idrosolubili, promuove l'aumento di secrezione biliare. Gli alimenti speciali, ricchi di quei composti che aiutano a proteggere il fegato dai danni e migliorano la funzione epatica, comprendono cibi ad alto contenuto di zolfo come aglio, legumi, cipolle e uova; buone fonti di fibre idrosolubili come pere, crusca di avena, mele e legumi; verdure della famiglia delle Crucifere, in particolare broccoli, cavolini di Bruxelles e cavolo; carciofi, barbabietole, carote, tarassaco e molte erbe e spezie come curcuma, cannella e zenzero.

Evitate l'alcol se soffrite di insufficienza epatica, e in ogni caso bevete con moderazione: ogni giorno, non più di 2 bicchieri scarsi di vino o 3 bicchieri di birra, non più di 60 ml di liquore per gli uomini e 30 per le donne. L'alcol sovraccarica i processi di detossificazione e può danneggiare fegato e sistema immunitario.

In sintesi

La capacità di detossificare è uno dei processi critici che determinano la nostra salute. È sorprendente come l'organismo gestisca l'assalto costante della vita moderna. Digiuni periodici fatti con i succhi, così come un approccio a lungo termine di detossificazione, possono essere utilizzati per sostenere i meccanismi di detossificazione del corpo.

Perdere peso con i succhi

Perché alcune persone ingrassano facilmente, mentre altre mangiano tutto quello che vogliono e non mettono su un etto? E perché per così tante persone è estremamente difficile perdere peso, mentre altre hanno difficoltà a non dimagrire? Qual è l'approccio migliore per mantenere i risultati? Qual è la dieta migliore?

I ricercatori hanno lavorato per decenni per dare delle risposte a queste e ad altre domande fatte da un numero crescente di persone in sovrappeso. Nel frattempo, le legioni che combattono la battaglia del peso hanno ormai raggiunto proporzioni epidemiche; i dati forniti dal National Center for Health Statistics indicano che nel 2012 quasi 8 su 10 adulti negli Stati Uniti erano in sovrappeso o obesi.

Sull'obesità e il dimagrimento si sentono tanti miti e idee sbagliate. Ma è innegabile che il successo di un *dimagrimento permanente* deve comprendere alimentazione di alta qualità, adeguato esercizio fisico e un atteggiamento mentale positivo. *Tutte* queste componenti sono critiche e correlate. Migliorare uno di questi aspetti può essere sufficiente per ottenere alcuni cambiamenti positivi, ma migliorandoli tutti e tre si ottengono i risultati più grandi.

Centinaia di diete e programmi per la perdita di peso si propongono come la risposta all'obesità. Se è vero che la maggior parte delle diete, se seguite senza sgarri, permette un dimagrimento a breve termine, in realtà la stragrande maggioranza delle persone non riesce a perdere peso in modo definitivo: il 90% di essi recupera addirittura più del peso perso. Le statistiche dei National Institutes of Health ci dicono che il 94% delle persone che dimagriscono seguendo una dieta riprendono il peso in 5 anni. Basandosi su queste statistiche, si potrebbe effettivamente concludere che, negli Stati Uniti, la dieta contribuisce in modo significativo all'obesità.

Le diete troppo restrittive falliscono perché, con il passare del tempo, diventa sempre più difficile resistere alle tentazioni e al morso della fame.

Equazione dimagrante

L'equazione di base per perdere peso è la stessa per quasi tutti: per perdere peso, l'apporto calorico deve essere inferiore alla quantità di calorie bruciate. Un risultato a cui si arriva mangiando meno o aumentando l'attività fisica, oppure idealmente, combinando le due cose.

Per perdere 1 kg di grasso, una persona deve assumere 3500 calorie in meno rispetto al suo dispendio calorico. Per perdere 3 kg di grasso ogni settimana, è necessario un equilibrio calorico negativo di 1000 calorie al giorno, che si ottiene diminuendo la quantità di calorie ingerite e/o aumentando l'attività fisica. Per ridurre il proprio apporto calorico di 1000 calorie al giorno con l'esercizio fisico, una persona dovrebbe fare jogging per 90 minuti, giocare a tennis per 2 ore o fare una camminata di 2 ore e ½. L'approccio più ragionevole per dimagrire è quello di mangiare meno e al tempo stesso muoversi di più.

Per avere successo, un programma di dimagrimento deve fornire dalle 1200 alle 1500 calorie al giorno e accompagnarsi all'esercizio aerobico da 20 a 30 minuti al giorno per 3-4 giorni alla settimana e a un allenamento di resistenza (sollevamento pesi) 3 giorni a settimana: così si ottiene una perdita di peso ottimale che va da 500 g a 1,3 kg alla settimana.

Le diete drastiche di solito portano a una rapida perdita di chili (per lo più muscolo e acqua), ma poi si assiste a un nuovo aumento di peso. L'approccio più efficace per perdere peso è una riduzione graduale delle calorie adottando una dieta a lungo termine e modificando lo stile di vita.

Inoltre, col passare del tempo, le diete classiche portano a una perdita di massa muscolare che causa l'abbassamento del metabolismo, perciò le calorie ingerite in eccesso si trasformano subito in grasso. E, cosa più importante, le diete classiche non aiutano a mettere in atto i cambiamenti da adottare per tutto il resto della vita, per cui dopo un po' di tempo si tende lentamente a tornare alle vecchie abitudini.

In questo capitolo descrivo in dettaglio un programma che serve per raggiungere il vostro peso corporeo ideale per sempre, perché non è una dieta, è un modo di vita!

Preparate il vostro corpo a perdere peso

Nella prima settimana di un programma di dimagrimento si dovrebbe optare per un digiuno a base di succhi oppure utilizzare il mio 7 Day Total Nutritional Cleansing Program (entrambi descritti nel capitolo "Digiunare con i succhi"). In questa settimana il vostro organismo inizia a liberarsi delle tossine accumulate come pesticidi, metalli pesanti e composti derivanti dalla plastica. Ricordatevi che molte sostanze tossiche si accumulano nelle cellule adipose e quando si inizia a perdere grasso questi composti vengono rilasciati nel sangue. Assicuratevi di seguire le raccomandazioni che vi ho dato nel capitolo "Digiunare con i succhi", per fornire al corpo quei nutrienti importanti che lo aiutano ad affrontare ed eliminare queste sostanze nocive. Man mano che il dimagrimento progredisce, il corpo continua a eliminare queste tossine accumulate e ha bisogno della protezione dei succhi freschi, del PGX (vedi pagina 249) e di una dieta ad alto contenuto di fibre.

Il vantaggio dei succhi freschi nella perdita di peso

I succhi di frutta e verdura fresca offrono molti vantaggi nutrizionali, estremamente importanti per la perdita di peso. Il succo fresco fornisce un concentrato di nutrienti, facilmente assorbibili, un ricco rifornimento di proteine, carboidrati, acidi grassi essenziali, vitamine e minerali.

Come accennato nel capitolo "Perché i succhi?", le diete con una percentuale elevata di cibi crudi sono associate alla perdita di peso, al miglioramento del controllo glicemico e alla riduzione della pressione sanguigna. I ricercatori, cercando di determinare perché le diete alimentari crudiste producono questi effetti, sono giunti alle seguenti conclusioni:

1. Una dieta alimentare crudista è molto più soddisfacente per l'appetito. Cuocere i cibi porta a una perdita fino al 97% di vitamine idrosolubili (A, D, E e K). Dal momento che i cibi crudi, come i succhi di frutta, contengono più vitamine e altri nutrienti, sono più soddisfacenti per l'organismo. Se il corpo non viene alimentato, sente che sta morendo di fame e il risultato è che il metabolismo rallenta, bruciando meno grassi.
2. L'effetto di abbassamento della pressione sanguigna da parte dei cibi crudi è dovuto, probabilmente, alla scelta di cibi molto più salutari, che

hanno fibre e potassio. Comunque, la cottura degli alimenti non si può escludere. Quando i pazienti passano da una dieta crudista a una dieta con cibi cotti, si assiste a un rapido aumento della pressione sanguigna che torna ai valori pre ricerca.

3. Una dieta in cui il 60% delle calorie ingerite proviene da alimenti crudi riduce lo stress sull'organismo. Nello specifico, la presenza di enzimi nei cibi crudi, la loro allergenicità ridotta e gli effetti che hanno sull'ecosistema dei batteri intestinali sono molto più salutari rispetto agli alimenti cotti.

I succhi di frutta e ortaggi freschi aiutano il processo digestivo del corpo e consentono un rapido assorbimento di nutrienti di alta qualità. Il risultato: livelli di energia maggiori. Questo è uno dei grandi vantaggi di perdere peso attraverso una migliore alimentazione. A differenza di altri programmi che vi fanno sentire stanchi e senza vita, i succhi freschi – insieme a un modo attento di nutrirsi – vi danno vitalità, energia da bruciare nell'attività fisica.

Mentre alcuni esperti di succhi freschi promuovono una sorta di digiuno non ben definito per perdere peso, io non credo che sia sostenibile. Utilizzare in modo eccessivo i succhi freschi per dimagrire spesso porta a riguadagnare i chili persi, quando si ricomincia a mangiare. Il programma che vi consiglio in questo capitolo offre una delle migliori possibilità di perdere peso e poi di mantenere il peso forma.

L'importanza di un carico glicemico basso

Nel capitolo "Che cosa c'è nei succhi? I nutrienti", si è parlato dell'importanza di una dieta a basso carico glicemico (CG). È fondamentale utilizzare questo strumento pratico per una perdita di peso efficace e il controllo della glicemia. L'Appendice B fornisce un elenco di alimenti con il loro IG (indice glicemico), CG e contenuto di fibra. Serve ad aiutarvi a costruire una dieta sana. Le raccomandazioni che seguono sono essenziali per dimagrire con successo.

1. Mantenere il CG sotto al 20 per un periodo di 3 ore. Se siete diabetici o state cercando di perdere peso, mantenere il valore sotto al 15.

2. Quando si bevono succhi di frutta e verdura, riducete la quantità di succhi con IG alto come mela, carota, arancia e la maggior parte dei succhi di frutta: non più di 170 ml (un bicchiere scarso) ogni 3 ore.
3. Focalizzatevi sui nutrienti migliori, spremete frutta e verdura con basso CG.
4. Usate piccole quantità di alimenti ad alto CG (per lo più frutta e carote) come base dei succhi per aggiungere sapore e appetibilità e concentratevi sui nutrienti più carichi, con un CG più basso.

Perché è così difficile perdere peso?

Il peso corporeo è strettamente legato a quello che viene definito un "set point", vale a dire il peso che il corpo cerca di mantenere regolando la quantità di cibo e le calorie consumate. Le ricerche effettuate su animali ed esseri umani hanno evidenziato che ogni persona ha un suo "set point", un peso programmato. Le cellule adipose addominali controllano questo "set point": quando nelle persone obese le cellule adipose diventano più piccole, inviano dei messaggi potenti al cervello per mangiare, oppure bloccano l'azione dei composti che sopprimono l'appetito.
L'esistenza di questo "set point" aiuta a spiegare, perché la maggior parte delle diete non funziona. Anche se l'individuo in sovrappeso combatte l'impulso di mangiare per un po' di tempo, alla fine i segnali diventano troppo forti per riuscire a continuare a ignorarli. Il risultato è il ritorno a mangiare in modo eccessivo e le persone finiscono per pesare di più rispetto all'inizio della dieta. Non solo, il loro "set point" viene riassestato a un peso maggiore del precedente, rendendo ancora più difficile perdere peso. Questo è il classico effetto a yo-yo.
La chiave per superare il "set point" delle cellule adipose è quella di aumentare la loro sensibilità insulinica, perché, a quanto pare, questa sensibilità può essere migliorata e il "set point" abbassato con l'esercizio fisico, una dieta su misura e l'utilizzo di un integratore nutrizionale speciale chiamato PGX (vedi pagina 249). La teoria del "set point" suggerisce che una dieta incapace di migliorare la sensibilità insulinica molto probabilmente è destinata a fallire sul lungo periodo.

Scelte alimentari salutari

I risultati permanenti richiedono cambiamenti permanenti nella scelta degli alimenti da mangiare e su quando mangiarli. Una dieta salutare in un programma di perdita effettiva di peso deve porre l'accento sulle verdure a basso CG, sulla frutta che promuove la salute, sui cereali e i legumi e su una adeguata, ma non eccessiva, quantità di proteine, e deve evitare quei componenti alimentari dannosi per la salute, come zucchero, grassi saturi, colesterolo, sale, additivi alimentari, alcol e residui agricoli come pesticidi ed erbicidi. Gli alimenti sani consigliati sono divisi nelle seguenti categorie:

- Ortaggi
- Frutta
- Pane di grano, cereali, verdure ricche di amido
- Legumi (fagioli)
- Fonti di proteine
- Grassi
- Dolcificanti

Ortaggi

Gli ortaggi sono alimenti dietetici fantastici, perché hanno un alto valore nutritivo, ma un basso contenuto calorico. Sono ottime fonti di vitamine, minerali e fibre salutari. Nella tabella 1 trovate una lista di ortaggi che, oltre a poter essere spremuti, possono essere gustate crudi, in insalata o al vapore. Gli ortaggi contrassegnati da un asterisco (*) sono "alimenti liberi" e possono essere consumati nella quantità desiderata, perché le calorie che contengono sono compensate dalle calorie che il corpo brucia nel processo digestivo. Un altro effetto di questi alimenti liberi è che aiutano a sentirsi sazi tra un pasto e l'altro.

Oltre a consumare ortaggi nella forma di succhi di frutta, se dovrebbero mangiare almeno 4 tazze al giorno, e una di queste dovrebbe essere di verdure a foglia verde. Si possono assumere quantità aggiuntive se vengono scelte tra quelle contrassegnate dall'asterisco. Acquistate ortaggi di stagione e variati per ottenere sostanze nutritive diverse.

Gli ortaggi ricchi di amidi come le patate rientrano nella categoria successiva con pane, cereali e amidacei.

Tabella 1. Calorie degli ortaggi

Per tazza, se non diversamente specificato

Aglio, 1 spicchio	10	Funghi*	20
Asparagi, 6 punte medie	21	Germogli di erba medica*	20
Barbabietole	54	Germogli di fagioli mung*	21
Bietola	30	Gombo, 8 baccelli	36
Broccoli	40	Indivia*	10
Carciofi al vapore, cuore e foglie	44	Lattuga*	10
Carote	46	Melanzana	38
Cavolfiore*	27	Patata messicana	49
Cavolini di Bruxelles	54	Peperoni*	22
Cavolo riccio	37	Piselli	106
Cavolo rapa	40	Pomodori	23
Cavolo verde o rosso, crudo*	24	Porri	53
Cavolo verde o rosso, cotto*	31	Prezzemolo	26
Cetriolo*	16	Rabarbaro	50
Choy bok*	20	Rape*	36
Cipolle	50-60	Ravanelli*	20
Crescione	7	Scarola*	10
Daikon	26	Sedano*	17
Fagiolini, verdi o gialli	31	Spinaci*	41
Foglie di:		Zucca estiva, polpa	40
Barbabietola	36	Zucchine	25
Cavolo riccio	40		
Rapa	29		
Senape indiana	40		

* Ortaggio che può essere consumato nella quantità desiderata.

Tabella 2. Calorie della frutta

Albicocche, disidratate, 8 metà	70	Mandarini, 2 medi	80
Albicocche, fresche, 4 metà	70	Mango, 1 piccolo	125
Ananas, 1 tazza	80	Mela, 1 grande o 2 piccoli	125
Anguria, 2 tazze	110	Meloni ½ piccolo	80
Arance, 2 piccole	110	Nettarine, 2 piccole	80
Banana, 1 piccola	100	Papaia, 1 piccola	110
Cachi, 2 medi	130	Pesche, 2 medie	80
Ciliegie, 10 grandi	45	Pompelmo, 1	50
Datteri, 4	100	Prugne, 4 medie	80
Fichi, essiccati, 2	100	Prugne, secche, 4 medie	110
Fichi, freschi, 2	100	Salsa di mele, non zuccherata, 1 tazza	100
Frutti di bosco: Cranberry, 1 tazza Fragole, 1 tazza Lamponi, 1 tazza Mirtilli, 1 tazza More, 1 tazza	 90 55 70 90 85	Uva, 20 acini	70
		Uvetta, ¼ di tazza	105

Frutta

La frutta è un ottimo spuntino, perché contiene zuccheri naturali che vengono assorbiti lentamente nel sangue, dando così al corpo il tempo di utilizzarli. I frutti sono anche ottime fonti di vitamine e sali minerali, nonché fibre salutari e molte sostanze fitochimiche. Tuttavia, in genere la frutta ha più calorie delle verdure, per cui in un piano di dimagrimento la sua assunzione va limitata.

Due delle porzioni di frutta che trovate nella tabella 2 possono essere mangiate durante il giorno o utilizzate in forma di succo.

Pane, cereali e ortaggi ricchi di amido

Pane, cereali e ortaggi ricchi di amido sono classificati come carboidrati complessi. Chimicamente, i carboidrati complessi sono costituiti da una lunga catena di carboidrati semplici o zuccheri. Ciò significa che il corpo deve digerire o distruggere le grandi catene di zuccheri in zuccheri semplici. Perciò lo zucchero dai carboidrati complessi entra nella circolazione sanguigna più lentamente. Questo significa che i livelli di zucchero nel sangue e l'appetito vengono controllati meglio.

I cibi ricchi di carboidrati complessi come pane, cereali e ortaggi ricchi di amidi hanno più fibra e nutrienti, ma meno calorie dei cibi pieni di zuccheri semplici come torte e caramelle. Non si possono mangiare più di 2 porzioni di carboidrati complessi indicati nella tabella 3.

Legumi

I legumi sono degli alimenti fantastici. Sono ricchi di importanti nutrienti per un corretto metabolismo e aiutano a migliorare la funzione epatica, come dimostra la loro capacità di abbassare il colesterolo. Inoltre hanno dato prova di essere efficaci nel migliorare il controllo della glicemia. Dal momento che l'obesità è stata collegata alla perdita del controllo di zuccheri nel sangue (insulino-resistenza), i legumi sono estremamente importanti in un programma di dimagrimento.

Si può consumare una tazza al giorno dei seguenti legumi cotti:

- Ceci
- Fagioli Borlotti
- Fagioli dall'occhio nero
- Fagioli di Lima
- Fagioli rossi
- Lenticchie
- Piselli spezzati
- Tofu
- Altri fagioli e piselli secchi

Tabella 3. Calorie di pane, cereali e ortaggi ricchi di amido

Cereali		Pane e cracker	
Cereali cotti, 1 tazza	150	Bagel, 1 piccolo	200
Cereale soffiati, non zuccherati, 2 tazze	120	Cracker salati, 6	156
Cereali integrali, 1 tazza	130	Dinner roll, 2	90
Altri cereali senza zucchero, 1 tazza e ½	160	English muffin (focaccine inglesil), 1 piccolo	120
Farina, 5 cucchiai	140	Pane azimo, 1 pezzo	111
Farina di mais, ¼ di tazza	100	Pane di farina integrale di frumento, di segale o integrale di segale, 2 fette	200
Germe di grano, ¼ di tazza	108	Tortilla, 2	90
Pasta, cotta, 1 tazza	210	**Ortaggi ricchi di amido**	
Riso o orzo, cotto, 1 tazza	242	Mais, 1 tazza	124
Semolino, cotto, 1 tazza	145	Pannocchia di mais, 2 piccole	120
		Pastinaca, 2 tazze	110
		Patate, bianche, 1 media	180
		Patate, purè, 1 tazza	180
		Patata dolce, 1 tazza	100
		Zucca Acorn o Butternut, 1 tazza	84

Prodotti di origine animale

Per evitare di perdere la muscolatura durante la dieta, è importante assumere proteine in quantità adeguate. Gli alimenti elencati nella tabella 3 forniscono proteine a sufficienza, ma è fondamentale attingere a tutti i gruppi di alimenti.

Se scegliete di consumare proteine animali, soprattutto nella fase di transizione, è estremamente importante seguire alcune linee guida. La prima regola, senza dubbio, è che il consumo va limitato a non più di due volte alla settimana. Se scegliete uno dei seguenti prodotti alimentari, sarà necessario ridurre i grassi a ½ porzione, diminuire della metà anche pane, cereali e verdure ricche di amido ed eliminare i legumi.

- Pesce: 170 g di merluzzo, sogliola, halibut, salmone, tonno al naturale o pesce persico
- Manzo: 120 g di tagli magri di bistecca, filetto, costate, scamone, tutti i tagli della schiena, costine o trippa
- Agnello: 120 g di tagli magri di coscia, costole, controfiletto, lombo, stinco o spalla
- Pollame: 120 g di pollo senza pelle o tacchino
- Latticini: 2 tazze di latte scremato, 1 tazza di latte al 2% di grassi, 1 tazza di yogurt magro o ½ tazza di ricotta

Grassi

L'assunzione di grassi dovrebbe essere ridotta al minimo, visto che sono ricchi di calorie. Due dei seguenti grassi si possono consumare ogni giorno:

- Avocado, diametro di 10 cm, ¼
- Olio vegetale, di oliva, olio di canola, o olio di macadamia, olio di semi di lino, 1 cucchiaio
- Olive, 5 piccole
- Mandorle, 10 intere
- Noci pecan, 4 grandi
- Arachidi
  - Spagnole, 20 intere
  - Virginia, 10 intere

Esercizio fisico e dimagrimento

L'esercizio fisico regolare è un elemento necessario in un programma di dimagrimento per queste ragioni:

1. Quando si ottiene il dimagrimento solo con la dieta, senza esercizio fisico, una parte sostanziale della perdita di peso totale è dovuta alla perdita di acqua del tessuto magro.
2. Quando nel programma dietetico è incluso il movimento, di solito si assiste a un miglioramento della composizione corporea dovuto a un aumento del peso della massa magra a causa dell'incremento della massa muscolare e a una diminuzione concomitante di massa grassa.
3. L'esercizio fisico aiuta a contrastare la riduzione del metabolismo basale (BMR, dall'inglese *Basal metabolic rate*) che di solito accompagna la restrizione calorica.
4. L'esercizio fisico aumenta il metabolismo basale (BMR) per un lungo periodo di tempo dopo la sessione di allenamento.
5. L'esercizio fisico, da moderato a intenso, può sopprimere il senso dell'appetito.
6. I soggetti che praticano sport durante e dopo la dieta riescono a mantenere meglio la perdita di peso rispetto a quelli che non fanno esercizio fisico.

- Noci, 6 piccole
- Condimenti per insalata, 1 cucchiaio
- Maionese, 1 cucchiaio

Dolcificanti

I dolcificanti a basso contenuto calorico come stevia e xilitolo possono essere usati con parsimonia. Limitate l'assunzione dei dolcificanti naturali elencati qui di seguito a uno al giorno:

- Miele, 1 cucchiaio
- Confetture, gelatine, marmellate, 1 cucchiaio

Pgx: uno strumento importante per la perdita di peso

Questo libro parla degli effetti benefici dei succhi, ma sarei negligente se non sottolineassi l'importanza di usare una nuova super fibra nota come PolyGlycopleX (PGX) per dimagrire. Penso che il PGX sia il "Santo Graal" che aiuta le persone a raggiungere e mantenere il loro peso corporeo ideale. È, di gran lunga, il sostegno più importante che io conosca per aiutare le persone a controllare i problemi di fondo che portano alla resistenza insulinica, alla perdita di controllo dell'appetito, all'obesità e al diabete di tipo 2.

La scoperta del PGX ha avuto origine quando il dottor Michael Lyon ed io lavoravamo al libro *How to Prevent and Treat Diabetes with Natural Medicine* e abbiamo cominciato a testare diversi tipi di fibra per aiutare le persone a controllare i livelli di zucchero nel sangue. Ci sono voluti due anni di ricerche senza sosta per ricreare i processi che hanno portato all'utilizzo di tre fibre naturali (glucomannano, xantano e algina) che hanno dato vita al PGX.[1]

Indagini scientifiche dettagliate hanno dimostrato la composizione unica e nuova del PGX – si tratta di una molecola di fibra completamente nuova – testato per quanto riguarda sicurezza ed efficacia. Il PGX è un prodotto naturale sicuro, che migliora il controllo dell'appetito e promuove la sensazione di sazietà. Non ha attività stimolanti pericolose come molti altri soppressori dell'appetito.

Quando abbiamo iniziato a utilizzare il PGX nel Centro canadese di Medicina funzionale, non solo abbiamo assistito a notevoli miglioramenti nel controllo della glicemia, ma molti pazienti hanno cominciato a segnalare una perdita di peso senza sforzi. Perdevano peso perché si sentivano sazi e assumevano meno calorie durante il giorno. Così, nel 2003 decidemmo di effettuare una prova pilota sul PGX utilizzato come sostegno del dimagrimento.

Prima di iniziare questo studio aperto, ho voluto fare da cavia umana per verificare se sarebbe stato facile seguire il programma e che tipo di risultati avrebbero potuto aspettarsi i partecipanti. Sono contento di averlo fatto, perché è stata un'esperienza che mi ha cambiato la vita. Per quasi 20 anni il mio peso ha fluttuato tra i 90 e i 94 kg, sono alto 1,83 metri e sono piuttosto muscoloso per cui quel peso per me andava bene. Il 18 agosto del 2003 mi pesai: ero 93,45 kg con una percentuale di grasso ▶

del 21,3%. Quattro settimane dopo pesavo 85,27 kg, il peso più basso mai raggiunto in 15 anni! In situazioni normali direi alle persone che una perdita di peso tale non è saggia, perché di solito è associata a perdita di massa muscolare. Ma pesandomi su una bilancia che determina anche la percentuale di grasso corporeo, ho osservato che il mio grasso corporeo era diminuito dal 21,3 al 17,8%. Per cui la maggior parte della perdita di peso era in realtà dovuta a una perdita di grasso. Per quanto fosse incredibile perdere così tanto peso rapidamente (anche se avevo programmato di arrivare a 88,5 kg), ciò che per me era sbalorditivo era che il dimagrimento non aveva richiesto sforzi. Ed era stato facile perché mi ero sentito sazio per tutto il periodo dimagrante.
Nei 10 anni da quando il programma ha avuto inizio, il mio peso si è stabilizzato tra gli 85 e gli 86 kg e la percentuale della massa grassa fluttua tra l'11 e il 14%. Considerando la questione in un'ottica più ampia, ho perso 12 kg e 700 g di grasso e guadagnato più di 4,5 kg di massa muscolare. Raggiungere questo traguardo in un cinquantenne è rivoluzionario.
Posso dirvi, per esperienza personale, che seguire il programma che vi spiego in questo capitolo non solo aiuta le persone a perdere peso, ma continuando a seguire questi principi permette loro di mantenere il peso e di continuare a bruciare la massa grassa, mentre si costruisce la massa magra: un obiettivo chiave per la salute a lungo termine e la vitalità.
Oggi esistono più di 20 studi pubblicati sul PGX. Ricerche cliniche sugli esseri umani hanno dimostrato che il PGX porta i seguenti vantaggi:

- riduce l'appetito e favorisce un'efficace perdita di peso[2];
- aumenta la sensibilità insulinica[3];
- riduce l'indice glicemico dei cibi o dei pasti[4];
- abbassa il colesterolo nel sangue e i trigliceridi.

Negli studi clinici pubblicati, i partecipanti che hanno consumato 5 PGX da due a tre volte al giorno prima dei pasti per 14 settimane hanno perso tra i 2,23 kg e i 9,30 kg con una perdita media di 5,77 kg. La perdita di peso sperimentata costantemente con il PGX si traduce in una perdita sana da 225 g a 900 g alla settimana per 12-14 settimane.
Un'innovativa ricerca del dottor Lyon ha dimostrato che le persone in

sovrappeso trascorrono gran parte della loro giornata su un "ottovolante glicemico virtuale". Nello specifico, utilizzando le nuove tecniche per il monitoraggio della glicemia sulle 24 ore è stato dimostrato che, nei soggetti sovrappeso, il desiderio di cibo e l'appetito eccessivo sono direttamente correlati alle rapide fluttuazioni di glucosio nel sangue presenti tutto il giorno e tutta la notte. Utilizzando il PGX questi stessi soggetti possono ripristinare la capacità del loro organismo di controllare i livelli di zucchero nel sangue e questo risultato è fortemente legato ai notevoli miglioramenti nella sensibilità insulinica e alla riduzione delle calorie consumate.

Per ottenere benefici nella perdita di peso con l'uso del PGX è importante assumerne da 2,5 a 5 g ai pasti principali e, per chi ha un appetito serale difficile da contenere, un'altra dose un'ora dopo cena. Il PGX è disponibile in tante forme diverse: capsule di gelatina molle, mix di bevanda a zero calorie, granuli da aggiungere al cibo e alle bevande e come bevanda sostitutiva del pasto. Ciò che è importante affinché il PGX abbia effetto è assumerlo prima di ogni pasto con un bicchiere di acqua o succo. Studi dettagliati su esseri umani e animali hanno dimostrato che il PGX è molto sicuro e ben tollerato. Non ci sono interazioni farmacologiche specifiche, ma si consiglia di prendere qualsiasi tipo di farmaco un'ora prima o un'ora dopo l'assunzione del PGX. Oltre che nei negozi di alimentari nordamericani, i prodotti di PGX si acquistano facilmente via internet. Per trovare il negozio a voi più vicino, visitate il sito www.PGX.com.

Per la perdita di peso l'uso del PGX e dei succhi di frutta e verdura freschi sono stati un elemento fondamentale. I granuli di PGX sono insapori e possono essere aggiunti ai succhi.

Che cosa succede se non voglio usare il PGX?

Il PGX è uno strumento che può contribuire a rendere più facile la perdita di peso, ma non è assolutamente necessario per raggiungere il vostro obiettivo di dimagrimento. Lo consiglio in questo libro perché è in grado di aiutare le persone, che hanno lottato per dimagrire, a mantenere i risultati raggiunti per lungo tempo. Se preferite non usare il PGX, attenetevi semplicemente al programma che segue, escludendo i consigli sull'uso del PGX.

Un piano quotidiano per dimagrire

Raggiungere il peso ideale non significa stare a dieta o privarsi del cibo, ma eliminare la fame eccessiva e godere della soddisfazione e del piacere che il cibo ci dà. Nelle pagine seguenti trovate alcune opzioni di menu che vi aiuteranno a sentirvi soddisfatti per poter affrontare senza sforzi la perdita di peso. Si tratta di variazioni del menu base esposto qui sotto.

Colazione

Prima di colazione, prendete 2,5-5 g di PGX in granuli in un bicchiere d'acqua. Per la prima colazione, preparate un succo fresco scelto tra le ricette consigliate per la perdita di peso. In alternativa, potete prendere un frullato dimagrante SlimStyles Weight Loss Drink Mix, una formula sostitutiva del pasto che contiene PGX, e bere il succo a metà mattina o metà pomeriggio come merenda.

Spuntino o succo di metà mattina

Fare uno spuntino è una buona abitudine, se ci si limita a piccole porzioni e a un basso contenuto calorico. Sono consentiti, al massimo, due spuntini al giorno, da consumare tra la colazione e il pranzo e tra il pranzo e la cena. Gli spuntini servono a mantenere attivo il metabolismo durante il giorno, ma merende poco salutari, ricche di grassi o zuccheri portano solo a un aumento di peso.

Ricette di succhi consigliati per il dimagrimento

Nel capitolo "Settanta favolose ricette di succhi", dedicato alle ricette, trovate una serie di succhi per perdere peso contrassegnati dal simbolo PP (Perdere Peso). Anche le ricette senza quel simbolo possono essere utilizzate, ma dimezzate gli ingredienti per ridurne le calorie. Se avete bisogno di qualcosa che vi sazi di più, dimezzate gli ingredienti e diluite il succo con acqua.

Opzione 1: Uno spuntino da 50 a 100 calorie con alimenti dal basso carico glicemico e molto voluminosi come verdure crude e frutta con poche calorie.

Opzione 2: Un bicchiere (230 ml) di succo, tra quelli consigliati nelle ricette per la perdita di peso.

Pranzo

Prima di pranzo, prendete 2,5-5 g di PGX in granuli, in un bicchiere d'acqua. Il pranzo è un momento perfetto per approfittare di zuppe e insalate con poche calorie e alimenti molto voluminosi. Oppure potete semplicemente bere un altro bicchiere di succo cercando tra le ricette consigliate.

Spuntino o succo di metà pomeriggio

Opzione 1: Uno spuntino da 50 a 100 calorie con alimenti dal basso carico glicemico e molto voluminosi come verdure crude e frutta con poche calorie.

Opzione 2: Un bicchiere (230 ml) di succo, tra quelli consigliati nelle ricette per la perdita di peso.

Cena

Prima di cena, prendete 2,5-5 g di PGX in granuli, in un bicchiere d'acqua. La cena dovrebbe essere un pasto a basso carico glicemico e con alimenti molto voluminosi. Per esempio: una porzione (da 50 a 100 g) di petto di pollo al forno, salmone, carne magra, o tofu; un'insalata di dimensioni medie condita con olio di oliva, erbe naturali e spezie; una porzione (da 1 a 2 tazze) di una verdura cotta non amidacea e ½ tazza di frutti di bosco come dessert.

NOTA: come alternativa al dessert, prendete ½ porzione di SlimStyles Weight Loss Drink Mix e mettetela in frigorifero, prima di cena. In 40-60 minuti si trasforma in un delizioso budino spezza fame.

Pgx e tè serale

Se avete fame dopo cena, prendete 2,5-5 g di PGX in granuli in un bicchiere d'acqua e poi bevete 1 o 2 tazze di tisana. La maggior parte delle principali marche di tè e tisane dà informazioni precise per capire quale è adatta a voi. In generale, evitate i tè neri. Provate a scegliere varietà decaffeinate, soprattutto se le bevete la sera prima di andare a dormire. Se avete bisogno di un po' di caffeina al mattino, prendete una tazza di tè verde.

Esempio di menu per 4 giorni

Per aiutarvi a iniziare a pianificare i vostri menu quotidiani, vi propongo un esempio di menu modulato su 4 giorni che si concentra sui vantaggi benefici dei succhi freschi. Ho scelto delle ricette semplici da fare per il pranzo e per la cena, che si preparano in 30 minuti o anche meno, con una breve lista di ingredienti. Nelle ricette ho previsto anche delle possibili sostituzioni da fare, a seconda dei vostri gusti. Però cercate di non modificare il contenuto calorico quando sostituite quello che non vi piace. Per esempio, se una ricetta prevede una verdura che non volete, sostituitela con una che vi aggrada. **I succhi sono monoporzioni, ma il pranzo e la cena sono modulati per due porzioni**; se necessario si possono diminuire o aumentare le porzioni (per esempio, per 4 porzioni semplicemente raddoppiate le dosi).

Credo, veramente, che il segreto del successo del dimagrimento a lungo termine sia raggiungere un alto grado di sazietà e una sensazione di soddisfazione. Per questo, potete notare quanto sia favorevole a mangiare molti cibi a basso contenuto calorico e ricchi di acqua che tendono a dare una sensazione di pienezza.

Vi consiglio di assumere piccole quantità di cibo nel corso della giornata, piuttosto che fare tre pasti abbondanti. Penso anche che variando tipologia di alimenti e utilizzando le spezie o le erbe aromatiche si possa contribuire ad alzare il metabolismo, oltre a ottenere benefici salutari.

GIORNO 1

Colazione

Prima di colazione, prendete 2,5-5 g di PGX in granuli in un bicchiere d'acqua.
1 ricetta di succo per perdere peso, come Colorami di rosso (pagina 182)

Spuntino o succo di metà mattina

Opzione 1: 1 arancia
Opzione 2: 1 ricetta di succo per perdere peso, come Formula diuretica più (pagina 188).

Pranzo

Prima di pranzo, prendete 2,5-5 g di PGX in granuli in un bicchiere d'acqua.

INSALATA MISTA

- 4 tazze di insalata mista
- 2 cucchiai di condimento per insalata con olio di oliva o di semi di lino (segue ricetta)

In qualsiasi supermercato si trova l'insalata mista già pronta, in sacchetti. È molto comoda perché in pochi minuti avete un'insalata perfetta. La vostra porzione è di 2 tazze da condire con 1 cucchiaio di condimento di olio di oliva o di olio di semi di lino.
Di seguito la ricetta di un condimento adatto.

CONDIMENTO PER INSALATA CON OLIO DI OLIVA O DI SEMI DI LINO

- 120 ml di olio extravergine di oliva o di semi di lino biologico
- 2 cucchiai di succo di limone fresco
- 2 cucchiai di aceto balsamico
- 2 spicchi d'aglio, tritati finemente
- 1 cucchiaio di erbe aromatiche essiccate
- 1 cucchiaino di sale dietetico
- 1 cucchiaino di pepe nero

Mettete tutti gli ingredienti in un frullatore e azionate per 2 o 3 minuti. Conservate in frigorifero per 1 mese al massimo. Utilizzatene non più di 2 cucchiai al giorno.

Spuntino o succo di metà pomeriggio

Opzione 1: 1 tazza di coste di sedano
Opzione 2: 1 ricetta di succo per perdere peso, come Fresco mojito di cetriolo e sedano (pagina 188)

Cena

Prima di cena, prendete 2,5-5 g di PGX in granuli in un bicchiere d'acqua.

INSALATA MISTA CON PEPERONI, CAROTE E RAVANELLI

- 4 tazze di insalata mista
- 1 peperone verde, a pezzetti
- ½ tazza di carote, grattugiate
- ½ tazza di ravanelli, a rondelle
- 1 cucchiaio di condimento per insalata con olio di oliva

o di semi di lino (pagina 255)

CAROTE ALLA MENTA CON SEMI DI ZUCCA

- 3 carote medie, senza buccia e a rondelle
- 1 cucchiaio di prezzemolo tritato fresco
- 1 cucchiaio di menta fresca tritata
- 2 cucchiai di semi di zucca tritati grossolanamente
- 1 cucchiaio di succo di limone fresco
- 1 cucchiaio di olio extravergine di oliva
- sale dietetico
- pepe nero, a piacere

Cucinate a vapore le carote tenendole leggermente croccanti. Aggiungete prezzemolo, menta e semi di zucca. In una piccola ciotola, sbattete il succo di limone e l'olio, condite con sale e pepe e mescolate il tutto delicatamente con le carote.

BROCCOLI AL VAPORE

- ½ testa di broccoli

Tagliate i broccoli longitudinalmente o separate le cime della testa per cuocerli a vapore più velocemente. Cuocete i broccoli, lasciandoli leggermente croccanti.

SALMONE ASIATICO

- 2 cucchiaini di salsa di soia a basso contenuto di sodio
- 1 cucchiaio di senape di Digione
- 1 filetto di salmone (225 g), diviso in due
- ½ tazza di cipolla, a fette
- 1 spicchio d'aglio, tritato
- ½ cucchiaio di zenzero fresco tritato o ¼ essiccato
- 2 tazze di funghi shiitake freschi, tagliati a pezzi

Preriscaldate il forno a 180 °C. Mescolate la salsa di soia alla senape e spalmatela sul salmone. In una padella, soffriggete olio di oliva, cipolla, aglio, zenzero e poi aggiungete i funghi. Fate cuocere per 5 minuti. Sistemate il salmone in una teglia e fatelo cuocere in forno per 15-20 minuti. Quando è cotto, servitelo sul letto di funghi.

LAMPONI FRESCHI

- 1 tazza di lamponi freschi
- 1 tazza di latte di soia alla vaniglia o yogurt magro (facoltativo)

Mescolate i lamponi con un po' di latte di soia o di yogurt magro, se vi piace. Servite freddo.

GIORNO 2

Colazione

Prima di colazione, prendete 2,5-5 g di PGX in granuli in un bicchiere d'acqua. Sentitevi poi liberi di scegliere tra le due opzioni qui indicate.
Opzione 1: 1 ricetta di succo per perdere peso, come per esempio Mix di agrumi e finocchio (pagina 193)
Opzione 2: SlimStyles Weight Loss Drink Mix

Spuntino o succo di metà mattina

Opzione 1: 2 cucchiai di mandorle e ½ tazza di mirtilli
Opzione 2: 1 ricetta di succo per perdere peso, come Tonico per la pancia (pagina 202)

Pranzo

Prima di pranzo, prendete 2,5-5 g di PGX in granuli in un bicchiere d'acqua.

ROTOLINO CON INSALATA DI TONNO

- 350 g di tonno in scatola al naturale
- ¼ di tazza di cipolla tritata
- 1 costa di sedano, tritata
- 1 cucchiaino di succo di limone fresco
- 1 cucchiaio di olio extravergine di oliva
- 1 cucchiaio di prezzemolo fresco tritato
- ¼ di tazza di senape di Digione
- ½ cucchiaino di sale dietetico
- ½ cucchiaino di pepe nero
- 2 tortilla integrali (15 cm)

Mescolate tutti gli ingredienti (tranne le tortilla) in una ciotola, poi mettete il composto nelle tortilla e avvolgetele. Potete sostituire la tortilla con del pane integrale e fare un panino.

Spuntino o succo di metà pomeriggio

Opzione 1: 2 prugne medie
Opzione 2: 1 ricetta di succo per perdere peso, come Sferzata di pomodoro (pagina 198)

Cena

Prima di cena, prendete 2,5-5 g di PGX in granuli in un bicchiere d'acqua.

INSALATA DI PATATE MESSICANE

- 1 tazza di patate messicane, senza buccia e a julienne
- 1 arancia, senza buccia e a pezzi
- 1 cetriolo, senza semi e a fette sottili
- ¼ di tazza di scalogno, tritato
- ¼ di tazza di coriandolo fresco, tritato
- 1 cucchiaio di menta fresca, tritata
- ¼ di tazza di succo d'arancia fresco
- ¼ di tazza di succo di limone o di lime
- ¼ di cucchiaino di peperoncino in polvere
- ¼ di cucchiaino di sale dietetico
- ¼ di cucchiaino di pepe nero

Mettete in una ciotola grande: patate, arancia, cetriolo, cipolla, coriandolo e menta. In una ciotola più piccola, mescolate il succo d'arancia con il succo di limone, il peperoncino in polvere, sale e pepe. Versate la miscela sulle patate e condite. Coprite e lasciate in frigorifero per almeno 20 minuti prima di servire.

CHILI DI FAGIOLI NERI

- 1 cucchiaio di olio extravergine di oliva
- ½ cipolla media, tritata
- 2 spicchi d'aglio, tritati
- 1 peperone verde, tagliato a dadini
- 1 tazza di brodo di pollo o di verdura
- 250 g di fagioli neri cotti
- 1 tazza di mais, fresco o in lattina
- 120 g di salsa di pomodoro a basso contenuto di sodio

- 2 cucchiai di cumino
- 2 cucchiai di peperoncino in polvere
- 2 cucchiai di erbe essiccate
- ½ cucchiaino di sale dietetico
- ½ cucchiaino di pepe nero
- ¼ di tazza di coriandolo fresco tritato, per guarnire

Scaldate l'olio in una padella media, a fuoco basso, e aggiungete la cipolla, l'aglio e il peperone. Mescolate spesso per circa 5 minuti, o fino a quando le cipolle saranno dorate. Aggiungete il brodo, i fagioli, il mais, la salsa di pomodoro, il cumino, il peperoncino in polvere e le erbe. Salate, pepate e cuocete a fuoco lento per 15 minuti. Servite e guarnite con il coriandolo. Potete accompagnare i fagioli con delle tortilla o del pane integrale.

ANANAS A FETTE

Pelate 1 ananas intero e tagliatelo a pezzetti. Servitene metà come dessert e l'altra metà conservatela in frigorifero per la colazione del giorno seguente.

GIORNO 3

Colazione

Prima di colazione, prendete 2,5-5 g di PGX in granuli in un bicchiere d'acqua.
Opzione 1: Succo di ananas (utilizzando l'ananas del giorno prima)
Opzione 2: Il preferito di Mike (pagina 190)

Spuntino o succo di metà mattina

Opzione 1: ½ tazza di mirtilli e 2 cucchiai di mandorle
Opzione 2: Succo di ananas o Il preferito di Mike (pagina 190)

Pranzo

Prima di pranzo, prendete 2,5-5 g di PGX in granuli in un bicchiere d'acqua.

ZUPPA DI FAGIOLI CANNELLINI

- 1 cucchiaio di olio extravergine di oliva
- ½ cipolla tagliata a metà, a fette sottili
- 4 spicchi d'aglio, a fette
- 2 tazze di brodo di pollo o di verdura
- 2 tazze di foglie di cavolo verza o cavolo riccio, tritate
- 220 g di pomodori, a dadini
- 2 cucchiaini di erbe aromatiche essiccate
- 440 g di fagioli cannellini, cotti e scolati
- sale dietetico e pepe nero, a piacere

Soffriggete la cipolla in una pentola, a fuoco medio, per 5 minuti, mescolando spesso. Quando è dorata, aggiungete l'aglio e rosolate per un altro minuto. Poi mettete il brodo, il cavolo, i pomodori e le erbe aromatiche. Cuocete per 15 minuti a fuoco medio. Aggiungete i fagioli, salate e pepate. Fate cuocere per altri 5 minuti, fino a quando i fagioli sono caldi.

Spuntino o succo di metà pomeriggio

Opzione 1: 1 pera rossa media
Opzione 2: 1 ricetta di succo per perdere peso, come A qualcuno piace caldo (pagina 179)

Cena

Prima di cena, prendete 2,5-5 g di PGX in granuli in un bicchiere d'acqua.

INSALATA DI ARANCIA E FINOCCHIO

- 1 arancia
- 1 piccolo finocchio
- 1 cespo di lattuga romana, tagliata
- ¼ di tazza di prezzemolo fresco, tritato
- 1 cucchiaio di condimento per insalata con olio di oliva
o di semi di lino (pagina 255)

Affettate le arance e i finocchi e uniteli alla lattuga e al prezzemolo in una ciotola grande. Aggiungete il condimento e mescolate per amalgamare bene il tutto.

TOFU O POLLO AL CURRY SU RISO INTEGRALE

- ½ tazza di riso integrale a cottura rapida
- 1 cucchiaio di olio extravergine di oliva
- ½ tazza di cipolla tritata
- 1 spicchio d'aglio, tritato
- 1 cm di zenzero fresco, tritato
- 2 cucchiaini di polvere di curry
- 1 tazza di brodo di pollo o di verdura
- 200 g di tofu tagliato a cubetti oppure 1 petto di pollo senza pelle, a dadini
- 1 peperone rosso medio, tritato
- ½ testa di broccoli
- ½ tazza di latte di cocco
- sale dietetico e pepe nero

Preparate il riso secondo le istruzioni riportate sulla confezione. Nel frattempo, soffriggete a fuoco medio la cipolla in una padella, mescolando spesso, per circa 5 minuti o fino a quando la cipolla sarà dorata. Aggiungete l'aglio e lo zenzero e continuate a rosolare per un altro minuto. Togliete la padella dal fuoco e mettete la polvere di curry. Mescolate bene. Rimettete la padella sul fuoco e aggiungete il brodo, il tofu (o il pollo), il peperone, i broccoli e il latte di cocco. Cuocete a fuoco medio fino a quando il tofu si sarà disfatto, servono circa 10 minuti. Salate e pepate. Disponete il riso nei piatti e versatevi sopra il tofu al curry.

MIRTILLI

- 1 tazza di mirtilli freschi
- 1 tazza di latte di soia alla vaniglia o yogurt magro (facoltativo)

Mescolate i mirtilli con un po' di latte di soia alla vaniglia o di yogurt magro, se vi piace. Servite freddo.

GIORNO 4

Colazione

Prima di colazione, prendete 2,5-5 g di PGX in granuli in un bicchiere d'acqua.
Opzione 1: SlimStyles Weight Loss Drink Mix
Opzione 2: Succo di mezzo melone grande

Spuntino o succo di metà mattina

Opzione 1: 1 mela rossa media
Opzione 1: Succo di mezzo melone grande

Pranzo

Prima di pranzo, prendete 2,5-5 g di PGX in granuli in un bicchiere d'acqua.

ZUPPA DI BORLOTTI E POMODORI

- 1 cucchiaio di olio extravergine di oliva
- ½ tazza di cipolla, tritata
- 1 spicchio d'aglio, tritato
- 1 costa di sedano, tagliato in piccoli pezzi
- 230 g di fagioli borlotti cotti, scolati e sciacquati
- 300 g di zuppa di pomodoro a basso contenuto di sodio
- 2 cucchiai di erbe aromatiche essiccate
- sale dietetico e pepe nero, a piacere

Scaldate l'olio in una padella, a fuoco basso, poi aggiungete cipolla, aglio e sedano. Fate soffriggere, mescolando spesso, per circa 5 minuti, o fino a quando le cipolle sono dorate.
In un frullatore, mettete i fagioli, la zuppa di pomodoro e le erbe aromatiche, frullate per 2-3 minuti e poi versate il composto nella padella. Fate bollire per 15 minuti, mescolando se necessario. Salate, pepate e servite caldo.

Spuntino o succo di metà pomeriggio

1 tazza di carota o sedano tagliati a pezzetti

Cena

Prima di cena, prendete 2,5-5 g di PGX in granuli in un bicchiere d'acqua.

INSALATA MEDITERRANEA

- 1 tazza di pomodoro fresco, a pezzetti
- 1 tazza di cetriolo, a pezzetti
- ½ tazza di scalogno, finemente tritato
- 1 spicchio d'aglio, finemente tritato
- 230 g di ceci, scolati e risciacquati
- 1 cucchiaio di prezzemolo fresco
- 1 cucchiaino di erbe aromatiche essiccate
- 1 cucchiaio di succo di limone fresco
- 1 cucchiaio di olio extravergine di oliva
- Sale dietetico e pepe nero

In una grande ciotola, mettete pomodoro, cetriolo, scalogno, aglio, ceci, prezzemolo ed erbe aromatiche. In una piccola ciotola, sbattete il succo di limone con olio, sale e pepe. Versate sull'insalata e mescolate per condire. Mettete in frigorifero per 15 minuti prima di servire.

ZUCCA ACORN VELOCE

- 1 zucca Acorn, tagliata a metà e senza semi
- 1 cucchiaio di miele
- 1 pizzico di cannella

Tagliate la zucca e mettetela in un piatto con la parte tagliata rivolta verso l'alto. Copritela e cuocetela nel microonde per 10-13 minuti o fino a quando risulterà tenera. Versateci sopra il miele e la cannella.

POLENTA CON TOFU

- 1 cucchiaio di olio extravergine di oliva
- 1 cipolla, a dadini
- 1 spicchio d'aglio, schiacciato o tritato

- 1 peperone verde, tagliato a dadini
- 1 foglia d'alloro
- 340 g di salsa di pomodoro
- 200 g di tofu, tagliato a dadini
- 1 cucchiaio di erbe aromatiche essiccate
- 1 cucchiaio di peperoncino a pezzetti
- 2 cucchiai di capperi, sciacquati
- 4-6 olive di Kalamata, senza nocciolo
- 1 cucchiaio di prezzemolo fresco, tritato fine
- ¼ di cucchiaino di sale dietetico
- ½ cucchiaino di pepe nero
- 1 tazza di polenta istantanea

Scaldate l'olio in una grande casseruola, a fuoco medio. Aggiungete la cipolla e l'aglio e fate rosolare per 3 minuti, o fino a quando le cipolle sono dorate. Aggiungete il peperone e fate rosolare per altri 3 minuti. Mettete 1 tazza di acqua e la foglia di alloro e portate a ebollizione. Coprite la pentola, abbassate la fiamma e cuocete a fuoco lento per 15 minuti. Poi aggiungete la salsa di pomodoro, il tofu, le erbe aromatiche, il peperoncino, i capperi, le olive, il prezzemolo, il sale e il pepe. Cuocete a fuoco lento per 30 minuti, mescolando ogni tanto.
Mentre il sugo bolle, fate la polenta seguendo le istruzioni riportate sulla confezione. Dividete la polenta in due ciotole o piatti e versatevi sopra la salsa.

FETTE DI MANGO FRESCO

Per un dessert rinfrescante, tagliate a fette un mango.

In sintesi

Perdere peso una volta per tutte è possibile, ma richiede che si prendano in considerazione in modo complessivo tutti i fattori nascosti che portano all'aumento del peso e all'obesità. Il programma descritto in questo capitolo si concentra sulla qualità della nutrizione di cui il corpo ha bisogno durante il dimagrimento. Consumare succhi di frutta e verdura freschi nell'ambito di una dieta altamente nutritiva e con un forte apporto di fibre costituisce un programma di dimagrimento ideale che diventa ancora più efficace se integrato con il PGX. Quando aumentate la qualità nutrizionale, le quantità di calorie che consumate si riducono, i livelli di energia si innalzano sensibilmente e vi sentite più inclini a muovervi. Migliorare la qualità della nutrizione è un passo importante per migliorare la qualità della vita.

La funzione immunitaria dei succhi e il paziente oncologico

Una delle funzioni principali dei succhi di frutta e verdura freschi è di sostenere i malati di cancro e coloro che si sottopongono a chemioterapia o a radioterapia. Spesso nei pazienti oncologici si assiste a un aumento tremendo di radicali liberi, effetto collaterale delle cure, e hanno bisogno di un supporto nutrizionale e di una protezione che i succhi di frutta e verdura sono in grado di offrire al loro sistema immunitario.

Il sistema immunitario: breve panoramica

Il sistema immunitario è composto da vasi linfatici e organi (timo, milza, tonsille e linfonodi), globuli bianchi (linfociti, neutrofili, basofili, eosinofili, monociti), cellule specializzate che si trovano in tessuti diversi (macrofagi, mastociti) e fattori specifici del siero sanguigno. La funzione primaria del sistema immunitario è di proteggere il corpo contro le infezioni e il cancro.

La ghiandola timo: il maestro del sistema immunitario

Il timo è una ghiandola composta di due morbidi lobi grigio-rosa, situata dietro allo sterno e i grossi vasi che escono dal cuore. Il timo è al massimo sviluppo subito dopo la nascita e si riduce con l'invecchiamento. Questo processo involutivo è dovuto alla sensibilità estrema del timo ai radicali liberi e al danno ossidativo causato da stress, farmaci, radiazioni, infezioni e malattie croniche; quando la ghiandola viene danneggiata, la sua funzionalità è gravemente compromessa.

Il timo controlla molte funzioni del sistema immunitario, compresa la produzione di linfociti T, un tipo di globuli bianchi responsabili dell'immunità cellulo-mediata, un processo per cui l'organismo riconosce e distrugge le cellule infette risparmiando quelle sane. Questo tipo di immunità è estremamente importante per resistere alle infezioni da batteri, lieviti (tra cui *Candida albicans*), funghi, parassiti e virus (compresi *herpes simplex* ed Epstein-Barr) ed è anche fondamentale per proteggersi dallo sviluppo del cancro e delle allergie.

Oltre alla funzione immunitaria, il timo produce anche fattori peptidici, a volte classificati come ormoni timici che influenzano la maturazione dei linfociti (timosine, timopoietina, timulina) e regolano molte funzioni immunitarie. Bassi livelli di queste sostanze nel sangue sono associati all'immunodepressione e a un aumento della suscettibilità alle infezioni. I livelli ormonali del timo sono solitamente bassi negli anziani, nelle persone a rischio di infezioni, nei malati di cancro e negli individui esposti a stress eccessivo.

Garantire un'attività ottimale del timo, buoni livelli di ormoni timici e l'immunità cellulo-mediata dipende dalla possibilità di limitare la regressione della ghiandola, utilizzando nutrienti che agiscono come co-fattori per gli ormoni timici e stimolano l'attività del timo. I succhi di frutta e verdura freschi possono essere utili per realizzare tutti e tre questi obiettivi, anche se per i casi più gravi bisogna agire con un approccio globale che comprende l'uso di erbe, integratori nutrizionali e fattori nutrizionali specifici oltre ad altre terapie di supporto.

I fattori che compromettono il sistema immunitario

Il sistema immunitario può essere influenzato negativamente da una serie di fattori, tra cui stress, carenze nutrizionali, zucchero, obesità, grassi nel sangue (ipertrigliceridemia) e alcol. A seguire affrontiamo ognuno di questi.

Stress

Lo stress provoca l'aumento degli ormoni della ghiandola surrenale come l'adrenalina e il cortisolo, che inibiscono i globuli bianchi e fanno ridurre il timo, portando a una soppressione significativa della funzione immunitaria. Il livello di soppressione immunitaria è di solito proporzionale al livello di stress.

Le conseguenze dello stress portano a una stimolazione del sistema nervoso simpatico, responsabile della reazione "fight-or-flight" (combatti o fuggi), una risposta primitiva a una situazione di pericolo. Il sistema immunitario funziona meglio sotto il sistema nervoso parasimpatico, che assume il controllo sulle funzioni corporee durante il riposo, il rilassamento, la visualizzazione, la meditazione e il sonno. Durante le fasi del sonno più profondo vengono rilasciati dei composti che migliorano la potenza immunitaria e molte funzioni aumentano notevolmente. Non si insisterà mai abbastanza sull'importanza che hanno la qualità del sonno, l'esercizio fisico, le tecniche di rilassamento per contrastare l'effetto dello stress e per migliorare il sistema immunitario.

Lo stress, la personalità, l'atteggiamento e la sensibilità sono fattori causali in molte malattie e cambiano a seconda degli individui, queste variazioni di risposta alla tensione incidono sulla severità di tante malattie indotte dallo stress.

Forse il fattore più importante per raggiungere o mantenere un sistema immunitario sano è un atteggiamento mentale positivo coerente, che di solito si ottiene piano piano, attraverso impercettibili cambiamenti, giorno dopo giorno. Il primo passo è quello di assumervi la responsabilità del vostro stato mentale, della vostra vita, della vostra situazione attuale, del vostro sistema immunitario e della vostra salute. Il passo successivo è di intervenire per apportare i cambiamenti che desiderate per la vostra vita. Infine, è necessario imparare a essere ottimisti, positivi e capaci di adattarsi. Prestate attenzione al dialogo interiore continuo, che tutti noi abbiamo.

Carenze nutrizionali

Anche se, storicamente, la ricerca ha sempre connesso la funzione immunitaria con gravi stati di malnutrizione, oggi l'attenzione si sta spostando verso quelle carenze marginali di un singolo o più nutrienti e sugli effetti dell'ipernutrizione (per esempio, essere obesi o sovrappeso). Ci sono molte prove che consentono di concludere come la mancanza anche di una singola sostanza nutritiva possa mettere profondamente in pericolo il sistema immunitario.

Le carenze nutrizionali non si limitano ai Paesi del Terzo mondo. Studi molto completi, sponsorizzati dal governo degli Stati Uniti, hanno messo in luce che le deficienze nutrizionali marginali sono presenti in una parte sostanziale della popolazione americana (circa il 50%) e che per alcuni nutrienti selezionati in determinate fasce di età, più dell'80% del gruppo assumeva meno delle porzioni raccomandate nella dieta. Teoricamente è possibile che gli individui traggano tutto il nutrimento di cui hanno bisogno dagli alimenti, ma, di fatto, la maggior parte delle persone non si avvicina neppure lontanamente a soddisfare i bisogni nutrizionali attraverso la sola dieta.[1] Il significato di queste scoperte ai fini del sistema immunitario è notevole, perché virtualmente qualsiasi carenza nutrizionale si traduce in un sistema immunitario compromesso, ponendo ogni persona di fronte al rischio del cancro e delle infezioni.

Zuccheri

Una ricerca ha dimostrato che l'assunzione di 100 g circa di carboidrati quali glucosio, fruttosio, saccarosio, miele e succo d'arancia pastorizzato riduce la capacità di un tipo di globuli bianchi (neutrofili) di fagocitare e distruggere i batteri.[2]

Al contrario, l'assunzione di 100 g di amido non ha avuto alcun effetto. Queste reazioni hanno avuto inizio a meno di 30 minuti dall'ingestione e hanno registrato una durata di più di 5 ore. Specificatamente, si assisteva a una riduzione del 50% delle attività dei neutrofili, 2 ore dopo l'ingestione. Dal momento che i neutrofili costituiscono dal 60 al 70% del totale dei globuli bianchi in circolazione, la compromissione della loro attività porta a un'immunità depressa.

Inoltre, è stato anche dimostrato che l'ingestione di 75 g di glucosio deprime l'attività dei linfociti.[3] Senza dubbio, altri aspetti della funzione immunitaria vengono danneggiati dal consumo di zucchero. Infatti è stato sottolineato come gli effetti negativi degli alti livelli di glucosio siano il risultato di una concorrenza tra il glucosio nel sangue e la vitamina C per il trasporto di sostanze attraverso la membrana cellulare.[4] Ciò si basa sull'evidenza che la vitamina C e il glucosio abbiano effetti opposti sulla funzione immunitaria mentre entrambi richiedono insulina per il trasporto dei materiali attraverso la membrana plasmatica.

Considerando che l'americano medio consuma ogni giorno 150 g di saccarosio e altri zuccheri semplici, l'inevitabile conclusione è che la maggior parte degli americani, probabilmente, ha un sistema immunitario cronicamente depresso. È chiaro, in particolare nel corso di un'infezione o di malattie come il cancro o l'AIDS, che il consumo di zuccheri raffinati è deleterio per lo stato immunitario.

Obesità

L'obesità è associata a malattie come arteriosclerosi, ipertensione, diabete mellito e disturbi articolari. È anche associata a uno stato immunitario compromesso, come dimostra la diminuzione della fagocitosi dei neutrofili e l'aumento di morbilità e mortalità da infezioni.[5] Solitamente i livelli di colesterolo e lipidi sono elevati nelle persone obese, cosa che può spiegare l'alterazione delle funzioni immunitarie (vedi oltre).

Grassi nel sangue

L'aumento dei livelli ematici di colesterolo, acidi grassi liberi, trigliceridi e acidi biliari inibisce varie funzioni immunitarie, tra cui la capacità dei linfociti di proliferare e produrre anticorpi e l'abilità dei neutrofili di migrare verso le aree di infezione e di fagocitare e distruggere gli organismi infetti.[6] Perciò la funzione immunitaria ottimale dipende dal controllo di questi componenti nel sangue.

Alcol

L'alcol aumenta la suscettibilità alle infezioni sperimentate sugli animali ed è risaputo che gli alcolisti sono più predisposti a contrarre la polmonite e altre infezioni. Studi sui globuli bianchi evidenziano come dopo l'ingestione di alcol si verifichi una grave riduzione dei leucociti. Ovviamente, se si è gravemente malati o si cerca di rinforzare il sistema immunitario, l'assunzione di alcol deve essere eliminata completamente.

Ottenere una funzione immunitaria ottimale

Una funzione immunitaria ottimale richiede una ricerca attiva del benessere, attraverso un atteggiamento mentale positivo, una dieta salutare e l'esercizio fisico. Una dieta sana è quella che:

- è completa di tutti gli alimenti naturali, come frutta, verdura, cereali, legumi, semi e frutta secca;
- ha un basso contenuto di grassi e zuccheri raffinati;
- contiene un'adeguata, ma non eccessiva, quantità di proteine.

Oltre a questo, una persona dovrebbe consumare da 350 a 700 g circa di succhi di frutta e verdura freschi al giorno, bere da 5 a 6 bicchieri da 200 ml circa di acqua al giorno, assumere un buon integratore multivitaminico-minerale, impegnarsi in almeno 30 minuti di esercizio aerobico e 5 o 10 minuti di stretching passivo quotidiano, eseguire esercizi di respirazione profonda e rilassamento ogni giorno (come meditazione o preghiera), ritagliarsi del tempo ogni giorno per giocare e godersi la famiglia e gli amici e, ancora, dormire almeno 6-8 ore al giorno.

I succhi e il malato oncologico

Forse non esiste malato che abbia un bisogno più impellente di sfruttare i vantaggi dei succhi di frutta e verdura freschi del paziente con il cancro. In molti casi il corpo non ha a che fare solo con il tumore, ma anche con gli effetti collaterali delle cure. Nello specifico, la chemioterapia e la radioterapia espongono le cellule sane, insieme a quelle tumorali, al danno dei radicali liberi. Ne risulta un grande stress dei meccanismi antiossidanti e l'esaurimento dei preziosi enzimi e nutrienti antiossidanti. I malati di cancro hanno bisogno di quantità maggiori di nutrienti antiossidanti.

La spremitura non solo fornisce importanti sostanze nutritive in grado di proteggere contro alcuni degli effetti dannosi della chemioterapia e delle radiazioni, ma offre anche un'ampia gamma di fitochimici (vedi il capitolo "Che cosa c'è nei succhi? I fitochimici") che possono esercitare diretti effetti antitumorali e stimolare il sistema immunitario. Inoltre, i succhi possono contribuire ad affrontare alcuni dei problemi nutrizionali che si sviluppano con la chemio e la radioterapia. In circa i due terzi di tutte le persone malate di cancro si assiste all'insorgenza della cachessia neoplastica, un estremo deperimento organico, caratterizzato da perdita di appetito con conseguente riduzione dell'apporto di nutrienti che porta a malnutrizione, atrofia muscolare e alla compromissione della funzione immunitaria. Questa condizione è molto grave, in quanto riduce notevolmente la qualità della vita e contribuisce enormemente allo sviluppo di ulteriori malattie o addirittura alla morte del paziente. I succhi di frutta e verdura freschi vengono usati nel programma di supporto nutrizionale ai malati oncologici sia in molti centri di cura tradizionale sia in centri in cui si applicano trattamenti alternativi, in tutto il Paese.

Consigli specifici sui succhi per il malato oncologico

Praticamente ogni ricetta presentata nel capitolo "Settanta favolose ricette di succhi" ha qualche effetto benefico per il malato di cancro. Ma vi avviso: mi piacerebbe che il paziente potesse davvero gustarsi il succo, piuttosto che prenderne uno che poi gli lasci un cattivo gusto in bocca o la nausea. Alcuni succhi sono più potenti di altri, ma sarebbe controproducente per un malato di cancro consumare ciò che il suo organismo non può tollerare.

Il succo più popolare, adatto ai pazienti affetti da tumore è, a ragione, il succo di carota. È una centrale elettrica nutrizionale e il suo sapore, la sua dolcezza, è sia piacevole di suo sia in grado di mischiarsi bene con altre verdure. Spremere 4 carote con una mela può mascherare molto i sapori delle verdure forti, in particolare di quelle che sono considerate tra i più potenti agenti antitumorali come la radice di curcuma e tutte le Crucifere.

Un'altra buona base per il succo del paziente oncologico è il succo di ananas. Che ci crediate o meno, spremere cavolo riccio, spinaci o altre foglie di cavolo con l'ananas, è delizioso. E spremere ¼ di ananas con 1 tazza di mirtilli freschi, lamponi o fragole aggiunge il tocco di flavonoidi antitumorali dei frutti rossi. Spremere i limoni con la buccia e utilizzare liberamente ciliegie e spezie volatili come la menta fresca e il basilico fornisce dei potenti terpeni vegetali anticancro come il D-limonene.

La radice di curcuma contiene un incredibile composto anticancerogeno, la curcumina, e anche lo zenzero è importante per i succhi da somministrare a un paziente oncologico perché ha composti simili. Lo zenzero è anche un alleato estremamente prezioso per alleviare la nausea, spesso provocata dalla chemioterapia e dalla radioterapia, poiché agisce direttamente sul sistema gastrointestinale e sulle aree cerebrali che controllano il senso di vomito. Accanto a studi sulla prevenzione della nausea da cinetosi e da gravidanza, diversi trial in doppio cieco hanno dimostrato che lo zenzero riduce la nausea del post intervento chirurgico e quella causata dalla chemioterapia.[7] Il dosaggio utilizzato in questi studi è pari a circa 60 mm di radice. Una ricetta di succo che calma lo stomaco e il tratto intestinale è Tonico per la pancia (pagina 202). Anche il Ginger ale può essere fatto in casa con l'estrattore (pagina 189); se serve dolcificare, usate la stevia. Anche il succo Uccidete il freddo (pagina 203) può essere molto rilassante.

In sintesi

Il sistema immunitario deve combattere le infezioni e il cancro. Il timo è la principale ghiandola del sistema immunitario e ne controlla molti aspetti. La salute del timo è in gran parte determinata dalle condizioni di stress e di nutrizione. I nutrienti antiossidanti sono fondamentali per proteggere il timo e per migliorare la sua funzione. Alcol, zucchero, stress e alti livelli di colesterolo inibiscono la funzione immunitaria.

I succhi di frutta e verdura freschi offrono sostegno nutrizionale al sistema immunitario, soprattutto grazie al loro elevato contenuto di antiossidanti, come vitamina C, caroteni e minerali. I malati di cancro possono veramente trarre grandi benefici dal supporto nutrizionale offerto dai succhi di frutta e verdura freschi.

FAQ sui succhi di frutta e verdura freschi

Al termine delle mie conferenze, quando lascio spazio alle domande, spesso mi vengono chieste le stesse cose più di una volta. Capita di aver bisogno di ascoltare gli stessi concetti più volte o di sentirli ripetere in una nuova veste, prima di farli nostri. Questo capitolo raccoglie alcune domande che mi vengono poste di frequente, così come argomenti non trattati nei precedenti capitoli.

D. Perché dovrei spremere frutta e verdura?

R. Il principale motivo per cui ho scritto questo libro era proprio quello di rispondere a questa domanda. Lasciatemi riassumere i benefici fondamentali del succo fresco:

- aumento dell'energia;
- aumento della qualità nutrizionale;
- aumento dell'assunzione di fitochimici importanti per la salute;
- è divertente ed è buono!

D. Quando si spremono frutta e verdura si butta la fibra, ma la fibra non è una parte importante della dieta?

R. Certo! La fibra è una parte importante della dieta. Pensate: la fibra è il materiale indigesto presente nelle piante, ma è il succo che ci nutre. Il nostro corpo in realtà trasforma il cibo che mangiamo in succhi per poterlo assorbire. I succhi aiutano il processo digestivo e consentono un rapido assorbimento di elementi nutritivi di alta qualità. La spremitura fornisce rapidamente i benefici nutrizionali di frutta e verdura nella modalità più facilmente digeribile e concentrata: il risultato è l'innalzamento dei livelli energetici.

Spremere frutta e verdura procura della fibra, in particolare fibra solubile. Ed è stato dimostrato che la fibra solubile abbassa i livelli di colesterolo ed esercita altri effetti benefici, oltre al miglioramento della funzione intestinale.

D. Posso riutilizzare la polpa?

R. Sì. La polpa di molti succhi vegetali, come Insalata nel bicchiere (pagina 190) e Potere immunitario vegetariano (pagina 196), può essere usata come base per una zuppa. La polpa di carota e mela si può aggiungere a dei muffin integrali o alla torta di carote per aumentare il contenuto di fibre. Se non consumate la polpa, potete sempre metterla nel compost e restituirla alla terra.

D. Qual è la differenza tra estrattore e frullatore?

R. L'estrattore separa il liquido dalla fibra. Il frullatore è stato progettato per fondere o liquefare il cibo sminuzzandolo a velocità elevate; non necessariamente separa il succo dalla polpa, per cui si ottiene un composto pastoso che, in realtà, non ha un buon sapore nella maggior parte dei casi.

Il frullatore è molto utile se usato in combinazione con l'estrattore per alcuni frutti: è il caso, per esempio, delle banane, che contengono molto poco succo e quindi vanno frullate. Il frullatore si può usare per fare un buon frullato, mischiando per esempio il succo di ananas, appena estratto, con la banana o altra frutta congelata senza zucchero.

D. Ho sentito dire che non si dovrebbe mischiare la frutta con la verdura. Perché?

R. C'è poco (se non nulla) di scientifico in questa affermazione. Tuttavia, alcune persone hanno difficoltà digestive quando combinano frutta e verdura, lamentano un aumento di gas intestinali. Se siete tra queste, dovreste evitare di mischiare frutta e verdura. L'eccezione alla regola vale solo per carote e mele, perché questi alimenti sono in grado di accompagnarsi bene sia con la frutta sia con gli ortaggi. Il mio consiglio è di lasciare che siano il vostro corpo e le vostre papille gustative a guidarvi.

D. Quanto succo dovrei bere ogni giorno?

R. Per la maggior parte delle persone, consiglio di assumere fino a 350 ml di succo di frutta fresca e fino a 700 ml di succo di verdura fresca al giorno. Vi raccomando anche di variare molto e bere un buon assortimento di succhi, visto che stiamo scoprendo sempre di più come i pigmenti di frutta e verdura – caroteni, flavonoidi e clorofilla – siano responsabili di molti aspetti benefici, quindi vi invito a mangiare un "arcobaleno" di frutta e verdura. Cercate di consumare una gran varietà di colori nella vostra dieta.

D. Sono confuso. So che la vitamina A viene immagazzinata nel fegato, dove si può accumulare a livelli tossici e disturbare la normale funzione epatica. La tossicità della vitamina A può anche provocare forti mal di testa, nausea, vomito e pelle secca. Visto che nell'organismo il beta-carotene viene convertito in vitamina A, perché il beta-carotene non è tossico?

R. La vitamina A è disponibile nella dieta come vitamina A preformata nel latte e in altri prodotti di origine animale, o come pro-vitamina A carotene, negli alimenti vegetali. Sono stati individuati più di 400 caroteni, ma solo tra i 30 e i 50 di questi contengono vitamina A. Il beta-carotene è stato definito il più attivo tra i caroteni grazie alla sua maggiore attività di pro-vitamina A. Tuttavia, altri caroteni hanno dimostrato di possedere degli effetti antiossidanti e antitumorali molto più efficaci.

La conversione della pro-vitamina A carotene, come il beta-carotene, in vitamina A dipende da diversi fattori: il livello di vitamina A nell'organismo, lo stato proteico, gli ormoni tiroidei, lo zinco e la vitamina C. La conversione diminuisce man mano che aumenta la disponibilità di carotene e quando i livelli sierici di vitamina A sono adeguati. In poche parole, se i livelli di vitamina A sono sufficienti, il beta-carotene non viene convertito in vitamina A, ma viene trasmesso ai tessuti del corpo per essere accumulato.

La vitamina A e i caroteni si differenziano per come vengono assorbiti dal corpo e dove vengono immagazzinati. Nello specifico, la vitamina A è conservata in primo luogo nel fegato, mentre i caroteni possono essere accumulati nelle cellule adipose, in altri organi (le più alte concentrazioni si trovano nelle ghiandole surrenali, testicoli e ovaie) e nelle cellule epiteliali. Queste ultime si trovano nella pelle e nei rivestimenti degli organi interni, compreso il tratto respiratorio, il tratto gastrointestinale e il tratto genito-urinario.

Non sono mai stati riportati casi di tossicità da vitamina A dovuta all'assunzione di alimenti ricchi di caroteni o integratori di beta-carotene. Inoltre, il beta-carotene non ha mai dimostrato di essere tossico, nonostante sia stato usato in altissimi dosaggi per la cura di numerose malattie. A differenza della vitamina A che, se presa in alte dosi durante la gravidanza, può causare difetti al nascituro, il carotene è sicuro anche per le donne incinte. Anzi, è stato provato che i caroteni possono prevenire danni genetici.

Va sottolineato che, nonostante non vi siano state segnalazioni di tossicità derivanti dal beta-carotene, alcune prove indicano che se si assume troppo succo di carota per un lungo periodo di tempo – da 1 a 2 litri circa al giorno per diversi anni – si può verificare una riduzione del numero di globuli bianchi e l'interruzione delle mestruazioni. Sono effetti attribuibili anche a qualche altro fattore nella dieta o, forse, alle carote stesse. Nessuna di queste conseguenze, né di altro genere, sono state rilevate in soggetti che hanno assunto altissime dosi di beta-carotene puro – per esempio da 300.000 a 600.000 UI al giorno (equivalente a 1,8- 5,4 kg di carote crude) per lunghi periodi di tempo.

Questi possibili effetti dovuti al consumo giornaliero di più di 1 litro di succo di carota per diversi anni può essere scongiurato aggiungendo altri succhi a quello base di carota. È sempre auspicabile consumare una vasta gamma di alimenti ricchi di carotene per ottenerne i migliori benefici.

D. Perché la mia pelle diventa arancione quando bevo molto succo di carota? È un segno di tossicità?

R. L'accumulo di caroteni nella pelle, che porta ad avere un'epidermide dall'aspetto giallo-arancione, si chiama carotenodermia. Non è nulla di cui preoccuparsi e non è associato ad alcuna tossicità. In realtà è, probabilmente, un segnale molto benefico, che indica semplicemente come il corpo abbia una buona scorta di caroteni. La carotenodermia che non dipende direttamente dalla dieta o da un'integrazione di caroteni può essere un segnale di carenza di uno dei fattori necessari alla conversione quali zinco, ormoni tiroidei, vitamina C o proteine.

D. I succhi freschi forniscono maggiori benefici rispetto agli integratori di beta-carotene o ai cibi ricchi di carotene?

R. Certamente. La spremitura rompe le membrane cellulari, liberando in tal modo importanti composti nutrizionali come i caroteni per facilitarne l'assorbimento. Gli integratori di beta-carotene, anche se utili, forniscono solo un particolare tipo di carotene, mentre spremere un'ampia gamma di alimenti ricchi di carotene offre una vasta scelta di caroteni, molti dei quali con proprietà più vantaggiose del beta-carotene.

D. Se bevo succhi di frutta e verdura freschi, devo assumere integratori di vitamine o minerali?

R. La questione se sia necessario o no integrare la dieta con vitamine e minerali è oggetto di accesi dibattiti. Molti esperti sono dell'idea che l'integrazione sia indispensabile; altri sostengono che la dieta, da sola, sia in grado di fornire gli elementi nutritivi fondamentali.

Quale posizione è giusta? Entrambe sono parzialmente corrette. Tutto dipende da che cosa si intende per "nutrizione ottimale".

Un esperto che crede che la nutrizione ottimale sia semplicemente non mostrare alcun segno evidente di deficienza nutrizionale o di salute compromessa risponderà in modo diverso rispetto a un altro che pensa che la nutrizione ottimale sia un grado di nutrizione che consente alle persone di funzionare ai livelli più alti di vitalità, energia ed entusiasmo per la vita.

Può un individuo ottenere tutto il nutrimento di cui ha bisogno solo dalla dieta? È possibile, ma è altamente improbabile. Negli ultimi anni, il governo degli Stati Uniti ha promosso una serie di studi approfonditi per determinare lo stato nutrizionale della popolazione.[1] Queste ricerche hanno dimostrato che le probabilità di consumare una dieta capace di soddisfare la dose giornaliera raccomandata di tutti i nutrienti sono estremamente remote per la maggior parte degli americani, in particolare per bambini e anziani e, di conseguenza, sostengono che l'integrazione dietetica apporti grandi benefici. Io sono un convinto sostenitore della necessità, per la maggior parte delle persone, di integrare la dieta con vitamine e minerali. Anche il più attento sostenitore della salute, come me, non può assolutamente soddisfare le enormi richieste nutrizionali necessarie per mantenere una salute ottimale solo attraverso la dieta. Secondo me, l'integrazione è fondamentale.

Esiste un'ampia documentazione scientifica che sostiene il mio punto di vista. Le ricerche hanno dimostrato che un'integrazione di vitamine e minerali multipla può migliorare la funzione mentale nei bambini e avere effetti benefici sul sistema immunitario nei soggetti anziani.

Con le informazioni disponibili in questo momento, molti esperti ritengono che gli integratori alimentari possano essere di grande aiuto a un numero elevato di persone, soprattutto se combinato con una dieta e uno stile di vita sani. Io sono d'accordo con questa posizione.

D. Quando i bambini possono iniziare a bere succhi freschi?

R. La mia raccomandazione di non far bere succhi freschi ai bambini almeno fino ai 6 mesi di età è condivisa da molti esperti. L'apparato digerente non solo non è pronto, ma bere il succo dal biberon non va assolutamente bene per lo sviluppo dentale, perché i succhi hanno un contenuto di zuccheri naturali molto alto e possono far letteralmente marcire i denti. Dopo i 6 mesi, i succhi freschi possono essere introdotti lentamente. Fate attenzione a eventuali segni di intolleranza, come diarrea o aerofagia. Vi raccomando di diluire sempre il succo con una uguale quantità di acqua. I succhi migliori per i bambini sono sempre i più dolci, come carota, mela, melone, e arancia. Non lasciate mai che il bambino vada a dormire con il biberon in bocca o che succhi dal biberon per periodi di tempo prolungati.

D. È possibile congelare i succhi di frutta?

R. Sì. Si perderanno alcuni dei benefici nutrizionali ed enzimi, ma è meglio che lasciare che il succo vada a male. Potete anche fare dei deliziosi ghiaccioli. Provate a congelare Il preferito dai bambini (pagina 190) usando i contenitori appositi.

D. Quando faccio i succhi devo seguire le ricette alla lettera?

R. Assolutamente no. Spremere deve essere divertente. Le ricette sono pensate solo per fornire degli spunti. Divertitevi e create il vostro succo preferito.

D. Sono ipoglicemico: posso bere i succhi di verdura e frutta?

R. Troppo di qualsiasi zucchero semplice, compresi quelli dei succhi di frutta e verdura freschi, può portare a far saltare i meccanismi che controllano gli zuccheri nel sangue, soprattutto se siete ipoglicemici o diabetici. Il vantaggio dell'assortimento di zuccheri semplici naturali nella frutta e nella verdura, rispetto al saccarosio (zucchero bianco) e ad altri zuccheri raffinati, è che sono bilanciati da una vasta gamma di sostanze nutritive che aiutano nel loro utilizzo. I veri problemi con i carboidrati hanno inizio quando essi sono raffinati e privati di questi nutrienti. Praticamente tutto il contenuto vitaminico viene rimosso dallo zucchero bianco, dal pane bianco, dai dolci e da molti cereali da colazione. Per le persone che hanno la necessità di controllare la glicemia è consigliabile non bere più di uno o due succhi al giorno, ciascuno di 230 ml massimo. Inoltre è bene privilegiare i succhi di verdura rispetto a quelli di frutta, e consumarli a pranzo o a cena per ritardare l'assorbimento degli zuccheri.

D. Soffro di calcoli renali ricorrenti. Devo evitare i succhi di frutta perché molti sono ricchi di calcio?

R. È spesso raccomandato alle persone che soffrono di calcoli renali, dovuti a ossalato di calcio, di evitare i succhi freschi contenenti spinaci, in quanto questa verdura è ricca di calcio e ossalato. Non è probabilmente un gran sacrificio, anche se potrebbe non essere così importante nella prevenzione della formazione di calcoli.

La dieta di chi soffre di calcoli deve sicuramente includere altri succhi freschi. In realtà, sono parecchi i succhi di frutta che dovrebbero essere consumati regolarmente. L'alto tasso di calcoli renali negli Stati Uniti è stato direttamente collegato ai seguenti fattori dietetici: bassa assunzione di fibra, zucchero raffinato, alcol, grandi quantità di proteine animali, alto contenuto di grassi, alto contenuto di calcio, sale e cibi arricchiti di vitamina D come il latte. Il miglior consiglio dietetico per chi soffre di nefrolitiasi è di adottare una dieta vegetariana, visto che è dimostrato che i vegetariani hanno un basso rischio di sviluppare calcoli renali. Tuttavia, gli studi hanno evidenziato che anche tra i carnivori, chi mangia una maggiore quantità di frutta e verdura fresche ha una minore incidenza di calcolosi. Anche le integrazioni di fibra e un semplice passaggio dal consumo di pane bianco a integrale ha portato a una riduzione dell'escrezione urinaria di calcio.

Un succo che fa molto bene per chi soffre di calcolosi renale è quello di cranberry, che riduce la quantità di calcio ionizzato nelle urine di oltre il 50% in pazienti con calcoli renali (elevati livelli di calcio urinario aumentano notevolmente il rischio di sviluppare un calcolo renale).

D. Sono preoccupata per l'osteoporosi. Posso ottenere il calcio che richiedono le mie ossa, senza bere latte vaccino?

R. Osteoporosi significa letteralmente "ossa porose". Colpisce più di 20 milioni di persone negli Stati Uniti e l'80% di loro sono donne. La perdita eccessiva di massa ossea è causata da molti fattori e si sviluppa in molte varianti. L'osteoporosi post menopausa è la forma più comune ed è responsabile di quasi 1,5 milioni di fratture ogni anno.

L'osteoporosi coinvolge i componenti ossei minerali (inorganica) e non minerali (matrice organica composta principalmente di proteine). Questo è il primo indizio per capire che dietro all'osteoporosi c'è molto di più della perdita di calcio. Recentemente c'è stata una spinta incredibile all'aumento di calcio nella dieta per prevenire l'osteoporosi e anche se questo aspetto può sembrare a molti un buon consiglio medico, torno a ripetere che l'osteopo-

Bevande analcoliche e perdita di densità ossea

Gli Stati Uniti si classificano tra i primi Paesi al mondo per il consumo di bevande analcoliche, con una media pro capite di circa 450 ml al giorno. Questa elevata assunzione di bibite può essere annoverata come uno dei più importanti motivi per cui l'osteoporosi è così diffusa in America. Le bevande analcoliche sono piene di fosfati e zuccheri che portano l'organismo ad abbassare i livelli di calcio e ad alzare quelli di fosfati nel sangue. Questa condizione spinge l'osso a rompersi per rilasciare calcio nel sangue al fine di ripristinarne un livello corretto.

Anche il consumo di bibite tra i bambini è un fattore di rischio importante rispetto alla scarsa salute ossea, perché può compromettere la calcificazione delle ossa in crescita e portare a gravi problemi tra cui un aumento del rischio di fratturarsi da piccoli così come a un maggiore rischio di sviluppare l'osteoporosi più tardi nella vita.

L'effetto fortemente negativo delle bevande analcoliche sulla formazione ossea nei bambini è stato chiaramente dimostrato in uno studio che ha messo a confronto 57 bambini con bassi livelli di calcio nel sangue, di età compresa tra i 18 mesi e i 14 anni, con 171 bimbi con livelli di calcio normale.[4] L'obiettivo dello studio era di valutare se l'assunzione settimanale di almeno 1,5 litri di bibite contenenti fosfati portasse a sviluppare bassi livelli di calcio nel sangue. Dei 57 bambini che già avevano livelli bassi di calcio, 38 (66,7%) hanno bevuto più di 4 bottiglie (da 350 a 500 ml) a settimana, ma solo 48 (28%) dei 171 bambini con livelli di calcio normale hanno bevuto una quantità simile di bevande analcoliche. Per tutti i 228 bambini si è verificata una significativa correlazione inversa tra il livello di calcio nel sangue e la quantità di bevande bevuta settimanalmente.

rosi è molto di più che la perdita di calcio. È una condizione complessa che coinvolge gli ormoni, lo stile di vita, la nutrizione e i fattori ambientali.

Piuttosto che fissare la propria attenzione sul calcio, sarebbe meglio concentrarsi su altri elementi del nostro stile di vita e dietetici, quali esercizio fisico, zucchero, proteine e succhi di frutta e verdura freschi.

Infatti, il fattore più decisivo per la densità ossea non è l'assunzione di calcio, ma l'attività fisica.[2] Un'ora di esercizio fisico moderato, tre volte alla settimana, si è dimostrata in grado di prevenire la perdita di massa ossea. Questo tipo di esercizio ha aumentato effettivamente la massa ossea nelle donne in post-menopausa. Per iniziare a muoversi, camminare è probabilmente il miglior esercizio da fare. Teniamo presente che l'immobilità raddoppia la velocità di escrezione di calcio, con un conseguente aumento della probabilità di sviluppare l'osteoporosi.

Caffè, alcol e fumo provocano un equilibrio negativo del calcio (è più il calcio perso che quello assorbito) e sono associati a un aumento del rischio di osteoporosi. Ovviamente, questi elementi dello stile di vita devono essere eliminati.

Anche molti fattori dietetici generali sono stati proposti come causa dell'osteoporosi: assunzione di poco calcio e troppo fosforo, dieta altamente proteica, dieta ad alto contenuto di fosfati e carenza di minerali traccia, solo per citarne alcuni. Per contribuire a rallentare la perdita ossea, si raccomanda di assumere cibi ricchi di calcio. Per soddisfare il fabbisogno di calcio dell'organismo non sono necessari i prodotti lattiero-caseari. Il calcio si trova in quantità elevate in molte verdure a foglia verde e altri alimenti vegetali. Nella tabella 1 trovate una comparazione tra diversi alimenti in base al loro contenuto di calcio.

Una dieta vegetariana, sia lacto-ovo sia vegana, espone a un minor rischio di osteoporosi. I vegani non consumano prodotti lattiero-caseari, ciononostante sviluppano meno l'osteoporosi. Come può essere?

Probabilmente sono parecchi i fattori responsabili. Forse l'elemento più importante è l'apporto ridotto di proteine. Una dieta ad alto contenuto proteico e una dieta ricca di fosfati si associano all'aumento di escrezione di calcio nelle urine. Aumentare le proteine giornaliere da 47 a 142 g raddoppia l'escrezione di calcio nelle urine. La dieta con un così alto contenuto proteico è comune negli Stati Uniti e può essere un fattore significativo che spiegherebbe il numero crescente di persone che soffrono di osteoporosi in questo Paese.

Tabella 1. Contenuto di calcio di alcuni alimenti

Milligrammi per 100 grammi

Alimento	mg	Alimento	mg
Alga kelp	1093	Ricotta	94
Cheddar, formaggio	750	Germogli di soia, cotti	73
Carruba, farina	352	Noci pecan	73
Alga palmaria palmata	296	Germe di grano	72
Cavolo verza	250	Arachidi	69
Cavolo riccio	249	Miso	68
Cime di rapa	246	Lattuga romana	68
Mandorle	234	Albicocche secche	67
Lievito di birra	210	Navone	66
Prezzemolo	203	Uvetta	62
Tarassaco	187	Ribes nero	60
Noci brasiliane	186	Dattero	59
Crescione	151	Fagiolini	56
Latte di capra	129	Carciofi	51
Tofu	128	Prugne secche	51
Fichi secchi	126	Semi di zucca	51
Latticello	121	Fagioli secchi cotti	50
Semi di girasole	120	Cavolo	49
Yogurt	120	Germogli di soia	48
Crusca di frumento	119	Grano duro	46
Latte intero	118	Arance	41
Grano saraceno	114	Sedano	41
Semi di sesamo	110	Anacardi	38
Olive	106	Segale	38
Broccoli	103	Carote	37
Noci	99	Orzo	34

Patate dolci	32
Riso integrale	32
Aglio	29
Zucca estiva	28
Cipolle	27
Limoni	26
Piselli freschi	26
Cavolfiore	25
Cetrioli	25
Lenticchie, cotte	25
Ciliegie	22
Asparagi	22
Zucca	22
Fragole	21
Miglio	20
Ananas	17
Uva	16
Barbabietola	15
Melone	14
Pomodoro	13
Melanzana	12
Pollo	12
Avocado	10
Manzo	10
Banane	8
Mele	7

Fonte: "Nutritive Value of American Foods in Common Units," USDA Agriculture Handbook n. 451.

Un altro responsabile della perdita di massa ossea è lo zucchero raffinato. Dopo aver assunto dello zucchero si verifica un aumento dell'escrezione di calcio nelle urine. Considerando che l'americano medio consuma in un giorno 150 g di saccarosio, più altri zuccheri semplici raffinati, un bicchiere di bevanda gassata caricata di fosfati e una quantità elevata di proteine, non c'è da meravigliarsi se ci sono così tante persone che soffrono di osteoporosi in America. Quando poi si prende in considerazione anche lo stile di vita, è più che evidente come mai l'osteoporosi sia diventata un importante problema medico.

Nell'ambito di un piano per prevenire l'osteoporosi, i succhi di frutta e verdura offrono dei benefici molto importanti, perché sono ricche fonti di un'ampia gamma di vitamine e minerali, quali calcio, vitamina K_1 e boro, importanti al pari del calcio per la salute delle ossa. Un alto consumo di frutta e verdura migliora la qualità ossea e riduce la possibilità di fratture.[3]

La vitamina K_1 è la forma di vitamina K che si trova nelle verdure a foglia verde (cavolo riccio, cavolo a foglia, prezzemolo, lattuga). Una funzione della vitamina K_1, spesso trascurata, è la conversione dell'osteocalcina – una proteina ossea – da forma inattiva a forma attiva. L'osteocalcina è, dopo il collagene, la principale proteina delle ossa, il suo ruolo è di ancorare le molecole di calcio e tenerle al loro posto nell'osso.

La mancanza di vitamina K porta alla mineralizzazione ridotta dell'osso a causa di livelli di osteocalcina inadeguati. Nei pazienti con fratture da osteoporosi sono stati rilevati nel sangue livelli molto bassi di vitamina K_1. La gravità della frattura è fortemente correlata ai livelli in circolo di vitamina K: più basso è il livello di vitamina K, più grave è la frattura. Visto che la vitamina K si trova nelle verdure a foglia verde, si può affermare che esse sono uno dei fattori protettivi chiave nella dieta vegetariana contro l'osteoporosi.

Oltre alla vitamina K_1, gli elevati livelli di molti minerali, come il calcio e il boro, negli ortaggi e nelle verdure a foglia verde in particolare, possono considerarsi responsabili anche di questo effetto protettivo. Il boro è un minerale traccia che ha attirato l'attenzione come elemento protettivo contro l'osteoporosi; ha dimostrato di avere un effetto positivo sul calcio e sui livelli degli estrogeni attivi nelle donne in post-menopausa, le più a rischio per lo sviluppo dell'osteoporosi. In uno studio si è integrata la dieta delle donne in post-menopausa con 3 mg di boro al giorno e così facendo si è verificata una riduzione dell'escrezione urinaria di calcio del 44% e si sono alzati molto i livelli degli estrogeni biologicamente più attivi.[5] Il boro è richiesto per attivare alcuni ormoni coinvolti nella salute delle ossa, tra cui gli estrogeni e la vitamina D. Dal momento che frutta e verdura sono la principale fonte di boro nella dieta, mangiare pochi di questi alimenti può portare a una carenza. L'integrazione di boro non è necessaria, se la dieta è ricca di frutta e verdura.

D. Ho fumato per molti anni e, anche se ho smesso diversi anni fa, ho ancora problemi di respirazione. I succhi di frutta e verdure fresche possono aiutarmi a ripristinare la mia capacità polmonare?

R. Forse. Come sapete i rischi del fumo includono l'enfisema e altre malattie polmonari ostruttive croniche, come l'asma e la bronchite cronica. Tra questi, l'enfisema è il più grave. Il fumo di sigaretta provoca l'enfisema bloccando quegli enzimi fondamentali che prevengono i danni ai polmoni e deteriorano le scorte tissutali dei nutrienti antiossidanti importanti, come la vitamina C. In Gran Bretagna e negli Stati Uniti, diversi studi hanno dimostrato che le persone che fumano consumano meno frutta e verdura dei non fumatori e questo aumenta notevolmente il rischio, non solo per l'enfisema, ma anche per altre patologie, come le malattie cardiache, il cancro e l'ictus.

Un gruppo di ricercatori britannici ha cercato di determinare l'effetto della frutta fresca e dei succhi freschi su fumatori e non.[6] Hanno analizzato la frequenza con cui 1502 non fumatori (mai nella vita) e 1357 fumatori, di età compresa tra 18-69 senza storia di malattie respiratorie croniche, consumavano frutta fresca e succhi freschi. La quantità di aria espulsa in 1 secondo (flusso espiratorio forzato in 1 secondo o FEV_1) in uno spirometro è stato utilizzato come unità di misura. Il consumo di frutta invernale è stato preso come indicatore del consumo annuale (l'idea era che se i soggetti consumavano verdure durante l'inverno, probabilmente le avrebbero consumate anche durante l'estate).

Nei fumatori i risultati sono stati come da previsione: chi aveva mangiato frutta fresca o bevuto succhi freschi presentava una funzione respiratoria migliore rispetto a chi non aveva mai mangiato né frutta né succhi freschi o li aveva assunti meno di una volta alla settimana (i valori del FEV_1 erano in media di 78 ml più bassi in quest'ultimo gruppo). Nei non fumatori si è scoperto qualcosa di inaspettato: la funzione respiratoria era migliore nelle persone che consumavano regolarmente frutta, verdura e succhi freschi: i ricercatori si aspettavano questo risultato nei fumatori, non nei non fumatori.

I ricercatori sono giunti alla conclusione che gli effetti osservati sul miglioramento delle funzioni respiratorie, connessi al consumo di frutta, verdura e succhi freschi, sono correlati più alle abitudini alimentari dell'infanzia che a un'influenza diretta della dieta sull'attività delle vie aeree in età adulta. I ricercatori sono certi del fatto che l'effetto dell'assunzione di frutta fresca nell'infanzia fosse ancora più pronunciato che negli adulti, perché la frutta fresca promuove una migliore crescita e capacità polmonare.

I risultati di questi interessanti studi sulla correlazione tra la salute dei polmoni e l'alimentazione confermano che il consumo di frutta e succhi freschi non solo ci protegge dalle malattie respiratorie croniche come enfisema e asma, ma può migliorare la funzione polmonare in individui sani e, se ciò avviene nell'infanzia, può promuovere una migliore crescita e capacità polmonare.

Da questo studio, concludo che i succhi di frutta e verdura freschi possono essere di grande aiuto per ripristinare la salute dei polmoni.

D. Ho sentito dire che le verdure della famiglia delle Crucifere possono causare il gozzo, ma tutti mi dicono di mangiarle. Dovrei preoccuparmi?

R. Le Crucifere contengono composti che possono interferire con l'azione dell'ormone tiroideo bloccando l'utilizzo di iodio. Ma non vi è alcuna prova che questi composti provochino eventuali problemi quando i livelli di iodio nella dieta sono adeguati. Perciò, è una buona idea consumare grandi quantità di Crucifere, in una dieta che contenga anche una quantità adeguata di iodio. Lo iodio si trova nell'alga kelp e in altre alghe, nelle verdure coltivate vicino al mare, nel sale iodato e negli integratori alimentari.

Q. È possibile spremere i germogli?

R. Sì. In realtà, si può spremere praticamente qualsiasi parte commestibile di una pianta o di un alimento se contiene un elevato contenuto di acqua, germogli inclusi. I germogli forniscono un'ampia gamma di sostanze nutritive e aggiungono sapore a qualsiasi succo di verdura.

In conclusione

Spero che le informazioni presentate in questo libro non solo vi abbiano chiarito come i succhi di frutta e verdura freschi siano parte integrante di una dieta e di uno stile di vita sani, ma vi abbiano anche fatto venire voglia di iniziare. Essere sani richiede impegno. Spesso la ricompensa è difficile da vedere o sentire subito. Di solito fino a quando il corpo non ci abbandona in qualche modo, non realizziamo che non ce ne siamo presi cura. Ralph Waldo Emerson disse: "La prima ricchezza è la salute". Non aspettate di perderla per capire quanto è importante per voi. Iniziate subito a vivere una vita sana.

La ricompensa per la maggior parte delle persone che mantengono un atteggiamento mentale positivo, mangiano in modo sano e fanno esercizio fisico regolarmente è una vita piena, con alti livelli di energia, gioia, vitalità e una tremenda passione per la vita. Questa vita è l'augurio che vi porgo.

APPENDICE

Valori dei principali alimenti

APPENDICE A

Valori acido-base di alcuni alimenti

Uno degli obiettivi basilari dell'organismo per funzionare correttamente è mantenere il giusto equilibrio di acidità e alcalinità (pH) nel sangue e in altri fluidi del corpo. La teoria acido-alcalina è un semplificazione eccessiva, ma in pratica afferma come molte malattie sono causate dall'accumulo di un eccesso di acido nel corpo. Ci sono molte prove che dimostrano come determinate patologie (osteoporosi, artrite reumatoide, gotta e molte altre) potrebbero essere influenzate dall'equilibrio dietetico acido-alcalino. Per esempio, l'osteoporosi può essere il risultato di un'assunzione cronica di cibi che formano acidi, i quali costantemente superano l'assunzione di cibi alcalini e portano le ossa a cedere i propri minerali alcalini (calcio e magnesio) per tamponare l'eccesso di acido.

L'obiettivo della dieta per stare in buona salute è semplice: assicurarsi di assumere molti più alimenti alcalini rispetto a quelli acidi. Ricordate che esiste una differenza tra alimenti acidi e alimenti che formano acidi. Per esempio, cibi come limoni e agrumi sono frutti acidi, ma in realtà hanno un effetto alcalinizzante sul corpo. Ciò che determina la natura del pH del cibo nel corpo è il processo metabolico finale, quando l'alimento è digerito. L'acido citrico negli agrumi viene metabolizzato nel corpo nella sua forma alcalina (citrato) e può anche essere convertito in bicarbonato, un altro composto alcalino.

Nella tabella alle pagine seguenti gli alimenti con un valore negativo esercitano un effetto base (B), o alcalino, e gli alimenti con un valore positivo hanno un effetto acido (A). Gli alimenti neutri sono segnalati con N. Il calcolo è fatto sulla base di un potenziale carico renale in milliequivalenti per una porzione di 100 g.

ALIMENTO (100 g)	A, B o N	POTENZIALE DI CARICO ACIDO
Bevande		
Arancia, succo senza zucchero	B	-2,9
Barbabietola, succo	B	-3,9
Bevanda al cacao, con latte parzialmente scremato	B	-0,4
Birra chiara	A	0,9
Birra scura	B	-0,1
Caffè, infusione, 5 minuti	B	-1,4
Carota, succo	B	-4,8
Coca-Cola	A	0,4
Espresso	B	-2,3
Limone, succo	B	-2,5
Mela, succo senza zucchero	B	-2,2
Pomodoro, succo	B	-2,8
Tè alla frutta, infusione	B	-0,3
Tè indiano, infusione	B	-0,3
Tè verde, infusione	B	-0,3
Tisana	B	-0,2
Uva, succo	B	-1,0
Uva, succo senza zucchero	B	-1,0
Vino bianco, secco	B	-1,2
Vino rosso	B	-2,4
Grassi, oli e noci		
Arachidi	A	8,3
Burro	A	0,6

ALIMENTO (100 g)	A, B o N	POTENZIALE DI CARICO ACIDO
Mandorle	A	4,3
Margarina	B	-0,5
Nocciole	B	-2,8
Noci	A	6,8
Olio di oliva	N	0,0
Olio di semi di girasole	N	0,0
Pistacchi	A	8,5
Prodotti ittici		
Anguilla, affumicata	A	11,0
Aringa	A	7,0
Aringa, sotto sale	A	8,0
Asinello (eglefino)	A	6,8
Carpa	A	7,9
Cozze	A	15,3
Gamberetti	A	7,6
Gamberi	A	15,5
Gamberoni	A	18,2
Halibut	A	7,8
Lucioperca	A	7,1
Merluzzo, filetti	A	7,1
Salmone	A	9,4
Sardine, sott'olio	A	13,5
Sebastes norvegicus (scorfano atlantico)	A	10,0
Sogliola	A	7,4
Trota, al vapore	A	10,8

ALIMENTO (100 g)	A, B o N	POTENZIALE DI CARICO ACIDO
Frutta		
Albicocche	B	-4,8
Ananas	B	-2,7
Anguria	B	-1,9
Arance	B	-2,7
Banane	B	-5,5
Ciliegie	B	-3,6
Fichi secchi	B	-18,1
Fragole	B	-2,2
Kiwi	B	-4,1
Limone	B	-2,6
Mango	B	-3,3
Mele	B	-2,2
Pere	B	-2,9
Pesche	B	-2,4
Pompelmo	B	-3,5
Ribes nero	B	-6,5
Uva	B	-3,9
Uvetta	B	-21,0
Grani e farine		
Amaranto	A	7,5
Avena, fiocchi	A	10,7
Cornflakes	A	6,0
Farina bianca	A	6,9
Farina integrale	A	8,2

ALIMENTO (100 g)	A, B o N	POTENZIALE DI CARICO ACIDO
Farro verde essiccato	A	8,8
Grano saraceno	A	3,7
Mais (grano intero)	A	3,8
Miglio	A	8,6
Orzo	A	5,0
Riso, bianco	A	4,6
Riso, bianco, bollito	A	1,7
Riso, integrale	A	12,5
Segale, farina	A	4,4
Segale, farina integrale	A	5,9
Pasta		
Gnocchetti tedeschi (Spaetzle)	A	9,4
Pasta	A	6,5
Pasta integrale	A	7,3
Tagliatelle	A	6,4
Pane		
Farina di grano	A	3,7
Farina di grano, integrale	A	1,8
Farina di segale	A	4,1
Farina di segale, mista	A	4,0
Farina integrale	A	7,2
Fette croccanti di segale (tipo Wasa)	A	3,3
Pumpernickel (pane tedesco di sola farina integrale di segale)	A	4,2

ALIMENTO (100 g)	A, B o N	POTENZIALE DI CARICO ACIDO
Legumi		
Fagioli di soia	B	-3,4
Latte di soia	B	-0,8
Lenticchie, verdi e marroni, intere, secche	A	3,5
Piselli	A	1,2
Taccole	B	-3,1
Tofu	B	-0,8
Carne e insaccati		
Agnello, tagli magri	A	7,6
Anatra	A	4,1
Anatra, tagli magri	A	8,4
Carne in scatola	A	10,2
Coniglio, tagli magri	A	19,0
Costata di manzo, magra e grassa	A	8,8
Fegato (vitello)	A	14,2
Fegato, maiale	A	15,7
Fegato, manzo	A	15,4
Fegato, salsicce	A	10,6
Maiale, salsiccia	A	7,0
Maiale, salsiccia per hot dog	A	7,7
Maiale, tagli magri	A	7,9
Manzo, tagli magri	A	7,8
Manzo, sotto sale	A	13,2
Oca, tagli magri	A	13,0
Pollo, solo carne	A	8,7
Salame	A	11,6

ALIMENTO (100 g)	A, B o N	POTENZIALE DI CARICO ACIDO
Tacchino, solo carne	A	9,9
Vitello, filetto	A	9,0
Würstel suino	A	6,7
Würstel bovino/suino	A	8,9
Latticini e uova		
Camembert	A	14,6
Cheddar, con ridotto contenuto di grassi	A	26,4
Edam, da latte intero	A	19,4
Emmental, da latte intero	A	21,1
Fiocchi di latte	A	8,7
Formaggio a pasta dura	A	19,2
Formaggio a pasta molle, da latte intero	A	4,3
Formaggio cremoso, da latte intero	A	13,2
Formaggio di Kefir, grasso	N	0,0
Formaggio di latte cagliato	A	0,9
Formaggio fresco (Quark)	A	11,1
Formaggio fuso	A	28,7
Gouda	A	18,6
Latte, intero, condensato	A	1,1
Latte, intero, pastorizzato e sterilizzato	A	0,7
Latte, scremato	A	0,7
Latticello	A	0,5
Panna fresca, acida	A	1,2
Parmigiano	A	34,2
Siero di latte	B	1,66
Uovo, albume	A	1,1

ALIMENTO (100 g)	A, B o N	POTENZIALE DI CARICO ACIDO
Uovo, intero	A	8,2
Uovo, tuorlo	A	23,4
Yogurt, da latte intero, bianco	A	1,5
Yogurt, da latte intero, frutta	A	1,2
Dolci		
Cioccolato, al latte	A	2,4
Cioccolato, fondente	A	0,4
Gelato al latte, vaniglia	A	0,6
Gelato alla frutta	B	-0,6
Marmellata	B	-1,5
Miele	B	-0,3
Torrone alla crema di nocciola	B	-1,4
Torta Madeira	A	3,7
Zucchero, bianco	N	0,0
Zucchero, integrale	B	-1,2
Ortaggi		
Aglio	B	-1,7
Asparagi	B	-0,4
Broccoli	B	-1,2
Carote	B	-4,9
Cavolfiore	B	-4,0
Cavolini di Bruxelles	B	-4,5
Cavolo riccio	B	-7,8
Cavolo rapa	B	-5,5
Cetriolini, in salamoia	B	-1,6
Cetriolo	B	-0,8

ALIMENTO (100 g)	A, B o N	POTENZIALE DI CARICO ACIDO
Cicoria	B	-2,0
Cipolle	B	-1,5
Crauti	B	-3,0
Finocchio	B	-7,9
Funghi, comuni	B	-1,4
Lattuga	B	-2,5
Lattuga, iceberg	B	-1,6
Melanzana	B	-3,4
Patate	B	-4,0
Peperoni, verdi	B	-1,4
Pomodoro	B	-3,1
Porri	B	-1,8
Ravanello, rosso	B	-3,7
Rucola	B	-7,5
Sedano	B	-5,2
Soncino	B	-5,0
Spinaci	B	-14,0
Zucchine	B	-4,6
Erbe e aceto		
Aceto di mele	B	-2,3
Aceto di vino, balsamico	B	-1,6
Basilico	B	-7,3
Erba cipollina	B	-5,3
Prezzemolo	B	-12,0

Fonte: Tabella elaborata dal professor Jürgen Vormanne, Istituto per la Prevenzione e la Nutrizione, Ismaning, Germania. Riprodotta per gentile concessione.

APPENDICE B

Indice glicemico, contenuto di carboidrati e carico glicemico di alcuni alimenti

Una lista completa di tutti gli alimenti di cui si conosce l'indice glicemico (IG) e il carico glicemico (CG) va ben oltre la portata di questo libro, infatti ci sarebbe bisogno di un volume a sé stante. Questo elenco vuole darvi un'idea generale per capire quali sono gli alimenti con un CG alto o basso.

Gli alimenti sono elencati in gruppi e ordinati secondo il loro CG, dal minore al maggiore.

Noterete che alcuni cibi non sono nell'elenco, per esempio noci, semi, pesce, pollame e carni, perché hanno un impatto minimo sulla glicemia avendo un basso contenuto di carboidrati.

ALIMENTO	IG	CARBOIDRATI (g)	FIBRA (g)	CG
Legumi				
Fagioli di soia, cotti, ½ tazza, 100 g	14	12	7,0	1,6
Piselli, verdi, freschi, congelati, bolliti, ½ tazza, 80 g	48	5	2,0	2,0
Fagioli bianchi Navy, bolliti, ½ tazza, 90 g	38	11	6,0	4,2
Fagioli di Lima, bolliti, ½ tazza, 90 g	27	18	7,3	4,8
Piselli gialli, spezzati,bolliti, ½ tazza, 90 g	32	16	4,7	5,1
Lenticchie, ½ tazza, cotte, 100 g	28	19	3,7	5,3
Fagioli di Lima, piccoli, ½ tazza cotti, 85 g	32	17	4,5	5,4
Fagioli neri, in scatola,½ tazza, 95 g	45	15	7,0	5,7

ALIMENTO	IG	CARBOIDRATI (g)	FIBRA (g)	CG
Fagioli borlotti, var. Pinto, in scatola, ½ tazza, 95 g	45	13	6,7	5,8
Ceci, in scatola, scolati, ½ tazza, 95 g	42	15	5,0	6,3
Fagioli rossi, in scatola, scolati, ½ tazza, 95 g	52	13	7,3	6,7
Fave, congelate, bollite, ½ tazza, 80 g	79	9	6,0	7,1
Piselli, essiccati, bolliti, ½ tazza, 70 g	22	4	4,7	8,0
Fagioli stufati in salsa di pomodoro, in scatola, ½ tazza, 120 g	48	21	8,8	10,0
Fagioli dall'occhio, scolati, bolliti, ½ tazza, 120 g	42	24	5,0	10,0
Pane				
Multicereali, non zuccherato, 1 fetta, 30 g	43	9	1,4	4,0
Crusca di avena e miele, 1 fetta, 40 g	31	14	1,5	4,5
Lievito naturale, segale, 1 fetta, 30 g	48	12	0,4	6,0
Integrale, macinato a pietra, 1 fetta, 30 g	53	11	1,4	6,0
Lievito naturale, grano, 1 fetta, 30 g	54	14	0,4	7,5
Frumento integrale, 1 fetta, 35 g	69	14	1,4	9,6
Bianco (farina di grano), 1 fetta, 30 g	70	15	0,4	10,5
Multicereali senza glutine, 1 fetta, 35 g	79	15	1,8	12,0

ALIMENTO	IG	CARBOIDRATI (g)	FIBRA (g)	CG
Baguette 30 g	95	15	0,4	14,0
Panino per hamburger, 1, 50 g	61	24	0,5	15,0
Segale, 1 fetta, 50 g	65	23	0,4	15,0
Segale light, 1 fetta, 50 g	68	23	0,4	16,0
Segale scuro, 1 fetta, 50 g	76	21	0,4	16,0
Croissant, 1, 50 g	67	27	0,2	18,0
Pita, 1, 65 g	57	38	0,4	22,0
Bagel, 1, 70 g	72	35	0,4	25,0
Cereali da colazione				
Crusca di avena, grezza, 1 cucchiaio da tavola, 10 g	55	7	1,0	4,0
Bran con psillio, 1/3 di tazza, 30 g	47	12	12,5	5,6
Bran, 1/3 di tazza, 30 g	58	14	14,0	8,0
All Bran, ½ tazza, 40 g	42	22	6,5	9,2
Farina di avena, cucinata con acqua, 1 tazza, 245 g	42	24	1,6	10,0
Grano macinato, 1/3 di tazza, 25 g	67	18	1,2	12,0
Kellogg's Frosted Mini Wheats (integrali), 1 tazza, 30 g	58	21	4,4	12,0
Cheerios, ½ tazza, 30 g	74	20	2,0	15,0
Kellogg's Frosted Flakes, ¾ di tazza, 30 g	55	27	1,0	15,0
Grano soffiato, 1 tazza, 30 g	80	22	2,0	17,6
Bran flakes, ¾ di tazza, 30 g	74	24	2,0	18,0
Kellogg's Crunchy Nut, ¾ di tazza, 30 g	72	25	2,0	18,0
Cacao Pops, ¾ di tazza, 30 g	77	26	1,0	20,0

ALIMENTO	IG	CARBOIDRATI (g)	FIBRA (g)	CG
Corn Chex, 1 tazza, 30 g	83	25	1,0	20,8
Cornflakes, 1 tazza, 30 g	84	26	0,3	21,8
Rice Krispies, 1 tazza, 30 g	82	27	0,3	22,0
Dolci				
Pan di Spagna, 1 fetta, 60 g	46	32	<1,0	14,7
Cupcake, con glassa e ripieno di crema, 140 g	73	26	<1,0	19,0
Flan, 1 fetta, 80 g	65	55	<1,0	35,8
Gelato, latte scremato, vaniglia, 2 palline, 50 g	38	15	0,0	5,7
Gelato, latte intero, 2 palline, 50 g	61	10	0,0	6,1
Latte vaccino, latte di soia, succhi e bevande				
Latte, intero, 1 tazza, 250 ml	27	12	0,0	3,0
Latte, soia, 1 tazza, 250 ml	31	12	0,0	3,7
Latte, scremato, 1 tazza, 250 ml	32	13	0,0	4,0
Succo di pompelmo, non zuccherato, 1 tazza, 250 ml	48	16	1,0	7,7
Nesquik cioccolato in polvere, 3 cucchiaini in 1 tazza (250 ml) di latte	55	14	0,0	7,7
Latte, scremato al cioccolato, 1 tazza, 250 ml	34	23	0,0	7,8
Succo di frutta, arancia, 1 tazza, 250 ml	46	21	1,0	9,7
Gatorade, 1 tazza, 250 ml	78	15	0,0	11,7
Succo d'ananas, non zuccherato, in scatola, 1 tazza, 250 ml	46	27	1,0	12,4
Succo di mela, non zuccherato, 1 tazza, 250 ml	40	33	1,0	13,2

ALIMENTO	IG	CARBOIDRATI (g)	FIBRA (g)	CG
Coca-Cola, 375 ml	63	40	0,0	25,2
Latte, condensato, zuccherato, ½ tazza, 125 ml	61	90	0,0	55,0
Frutta				
Ciliegie, 20, 80 g	22	10	2,4	2,2
Prugne, 3-4 piccole, 100 g	39	7	2,2	2,7
Pesca, fresca, 1 grande, 110 g	42	7	1,9	3,0
Albicocche, fresche, 3 medie, 100 g	57	7	1,9	4,0
Albicocche, secche, 5-6, 30 g	31	13	2,2	4,0
Kiwi, 1, pelato, 80 g	52	8	2,4	4,0
Arancia, 1 media, 130 g	44	10	2,6	4,4
Pesche, in scatola, in succo naturale, ½ tazza, 125 g	38	12	1,5	4,5
Anguria, 1 tazza, 150 g	72	8	1,0	5,7
Ananas, fresco, 2 fette, 125 g	66	10	2,8	6,6
Mela, 1 media, 150 g	38	18	3,5	6,8
Uva, bianca, 1 tazza, 100 g	46	15	2,4	6,9
Mela, essiccata, 30 g	29	24	3,0	6,9
Prugne essiccate, senza nocciolo (Sunsweet), 6, 40 g	29	25	3,0	7,3
Pera, 1 media, 150 g	38	21	3,1	8,0
Cocktail di frutta in scatola, in succo naturale, ½ tazza, 125 g	55	15	1,5	8,3
Albicocche in scatola, in sciroppo light, ½ tazza, 125 g	64	13	1,5	8,3
Pesche, in scatola, in sciroppo light, ½ tazza, 125 g	52	18	1,5	9,4

ALIMENTO	IG	CARBOIDRATI (g)	FIBRA (g)	CG
Mango, 1 piccolo, 150 g	55	19	2,0	10,4
Fichi secchi, ammorbiditi con acqua, 50 g	61	22	3,0	13,4
Uvetta sultanina, ¼ di tazza, 40 g	56	30	3,1	16,8
Banana, 1 media, 150 g	55	32	2,4	17,6
Uvetta, ¼ di tazza, 40 g	64	28	3,1	18,0
Datteri, secchi, 5, 40 g	103	27	3,0	27,8
Cereali				
Crusca di riso, estrusi, 1 cucchiaio da tavola, 10 g	19	3	1,0	0,6
Orzo, perlato, bollito, ½ tazza, 80 g	25	17	6,0	4,3
Miglio, cotto, ½ tazza, 120 g	71	12	1,0	8,5
Bulgur, cotto, ⅔ di tazza, 120 g	48	22	3,5	10,6
Riso, integrale, al vapore, 1 tazza, 150 g	50	32	1,0	16,0
Cuscus, cotto, ⅔ di tazza, 120 g	65	28	1,0	18,0
Riso, bianco, bollito, 1 tazza, 150 g	72	36	0,2	26,0
Riso, Arborio, bianco, bollito, ½ tazza, 100 g	69	35	0,2	29,0
Riso, Basmati, bianco, bollito, 1 tazza, 180 g	58	50	0,2	29,0
Grano saraceno, cotto, ½ tazza, 80 g	54	57	3,5	30,0
Riso, precotto, 1 tazza, 180 g	87	38	0,2	33,0
Tapioca, al vapore 1 ora, 100 g	70	54	<1,0	38,0
Tapioca, bollita nel latte, 1 tazza, 265 g	81	51	<1,0	41,0

ALIMENTO	IG	CARBOIDRATI (g)	FIBRA (g)	CG
Riso, gelsomino a grano lunga, bianco, al vapore, 1 tazza, 180 g	109	39	0,2	42,5
Marmellata				
Marmellata, senza zucchero, 1 cucchiaio, 25 g	55	11	<1,0	6,0
Marmellata, zuccherata, 1 cucchiaio, 25 g	48	17	<1,0	8,0
Muffin e pancake				
Muffin alla mela, 80 g	44	44	1,5	19,0
Muffin di crusca, 80 g	60	34	2,5	20,0
Muffin al mirtillo, 80 g	59	1	1,5	24,0
Pancake di grano saraceno, 1 piccolo, 40 g	102	30	2,0	30,0
Pancake, 1 grande, 80 g	67	58	1,0	39,0
Pasta				
Tortellini, formaggio, cotti, 1 tazza, 180 g	50	21	2,0	10,5
Ravioli, ripieno di carne, cotti, 1 tazza, 220 g	39	30	2,0	11,7
Vermicelli, cotti, 1 tazza, 180 g	35	45	2,0	15,7
Spaghetti di riso, freschi, cotti, 1 tazza, 180 g	40	44	0,4	17,6
Spaghetti, integrali, cotti, 1 tazza, 180 g	37	48	3,5	17,8
Fettuccine, cotte, 1 tazza, 180 g	32	57	2,0	18,2
Spaghetti, senza glutine, in salsa di pomodoro, 220 g	68	27	2,0	18,5

ALIMENTO	IG	CARBOIDRATI (g)	FIBRA (g)	CG
Maccheroni al formaggio, cotti, 220 g	64	30	2,0	19,2
Pastina, cotta, 1 tazza, 180 g	38	56	2,0	21,0
Spaghetti, senza condimento, cotti, 1 tazza, 180 g	41	56	2,0	23,0
Pasta di riso integrale, cotta, 1 tazza, 180 g	92	57	2,0	52,0
Zuccheri				
Fruttosio, 1 cucchiaino, 10 g	23	10	0,0	2,3
Miele, ½ cucchiaio, 10 g	58	16	0,0	4,6
Lattosio, 1 cucchiaino, 10 g	46	10	0,0	4,6
Saccarosio, 1 cucchiaino, 10 g	65	10	0,0	6,5
Glucosio, 1 cucchiaino, 10 g	102	10	0,0	10,2
Maltosio, 1 cucchiaino, 10 g	105	10	0,0	10,5
Spuntini				
Patatine di mais, 50 g	42	33	<1,0	13,9
Snickers, 59 g	41	35	0,0	14,3
Twix, barretta (caramello), 59 g	44	37	<1,0	16,2
Pretzel, 50 g	83	22	<1,0	18,3
Mars, barretta, 60 g	65	41	0,0	26,6
Zuppe				
Pomodoro, in scatola, 220 ml	38	15	1,5	6,0
Fagioli neri, 220 ml	64	9	3,4	6,0
Lenticchia, in scatola, 220 ml	44	14	3,0	6,0
Piselli in scatola, 220 ml	60	13	3,0	8,0

ALIMENTO	IG	CARBOIDRATI (g)	FIBRA (g)	CG
Ortaggi a basso contenuto glicemico				
Asparagi, 1 tazza cotti o crudi	≈20	≈7	≈1,5	≈1,4
Broccoli, 1 tazza cotti o crudi	≈20	≈7	≈1,5	≈1,4
Cavolfiore, 1 tazza cotto o crudo	≈20	≈7	≈1,5	≈1,4
Cavolini di Bruxelles, 1 tazza cotti o crudi	≈20	≈7	≈1,5	≈1,4
Cavolo riccio, 1 tazza cotto, 2 tazze crudo	≈20	≈7	≈1,5	≈1,4
Cavolo, 1 tazza cotto o crudo	≈20	≈7	≈1,5	≈1,4
Cetrioli, 1 tazza	≈20	≈7	≈1,5	≈1,4
Fagiolini, 1 tazza cotti o crudi	≈20	≈7	≈1,5	≈1,4
Funghi, 1 tazza crudi	≈20	≈7	≈1,5	≈1,4
Lattuga, 2 tazze cruda	≈20	≈7	≈1,5	≈1,4
Melanzana, 1 tazza	≈20	≈7	≈1,5	≈1,4
Peperoni, 1 tazza cotti o crudi	≈20	≈7	≈1,5	≈1,4
Pomodori, 1 tazza crudi	≈20	≈7	≈1,5	≈1,4
Sedano, 1 tazza cotti o crudi	≈20	≈7	≈1,5	≈1,4
Spinaci, 1 tazza cotto o 2 tazze crudi	≈20	≈7	≈1,5	≈1,4
Zucchine, 1 tazza cotte o crude	≈20	≈7	≈1,5	≈1,4
Altri ortaggi				
Carote, crude, ½ tazza, 80 g	16	6	1,5	1,0
Carote, pelate, bollite, ½ tazza, 70 g	49	3	1,5	1,5
Barbabietole, in scatola, scolate, 2-3 fette, 60 g	64	5	1,0	3,0

ALIMENTO	IG	CARBOIDRATI (g)	FIBRA (g)	CG
Zucca, pelata, bollita, ½ tazza, 85 g	75	6	3,4	4,5
Pastinaca, bollita, ½ tazza, 75 g	97	8	3,0	8,0
Mais, pannocchia, dolce, bollita, 80 g	48	14	2,9	8,0
Mais, in scatola, scolato, ½ tazza, 80 g	55	15	3,0	8,5
Patate dolci, pelate, bollite, 80 g	54	16	3,4	8,6
Mais dolce, ½ tazza, bollito, 80 g	55	18	3,0	10,0
Patate, sbucciate, bollite, 1 media, 120	87	13	1,4	10,0
Patate, con la buccia, bollite, 1 media, 120 g	79	15	2,4	11,0
Igname, bollito, 80 g	51	26	3,4	13,0
Patate, al forno, 1 media, 120 g	93	15	2,4	14,0
Patate, purè, ½ tazza, 120 g	91	16	1,0	14,0
Patate, purè istantaneo in busta, ½ tazza	83	18	1,0	15,0
Patate, nuove, pelate, cotte, 5 piccole, 175 g	78	25	2,0	20,0
Farina di mais (polenta), 1/3 di tazza, 40 g	68	30	2,0	20,0
Patatine fritte, tagliate fini, 120 g	75	49	1,0	36,0
Yogurt				
Yogurt, basso contenuto di grassi, addolcito artificialmente, 200 g	14	12	0,0	2,0
Yogurt alla frutta, 200 g	26	30	0,0	8,0
Yogurt, basso contenuto di grassi, 200 g	33	26	0,0	8,5

Note

Negli ultimi trent'anni, con molta fatica, ho raccolto da riviste mediche, migliaia di articoli scientifici sul potere curativo di alimenti e componenti alimentari. Le referenze che trovate di seguito non vogliono assolutamente essere un elenco completo di tutti gli studi esaminati o citati in questo libro. Ho scelto di concentrarmi sulle pubblicazioni più importanti e sugli articoli più completi. In generale, questo tipo di riferimenti scientifici sono utili solo a chi opera nell'ambito sanitario.

Oltre agli articoli qui indicati, per ulteriori approfondimenti consigliamo a chi è interessato di consultare il sito internet della National Library of Medicine (NLM): http://gateway.nlm.nih.gov.

La NLM Gateway è un sistema su web che consente agli utenti di effettuare ricerche, contemporaneamente, in diversi sistemi di ricerca presso la NLM. Da questo sito si può accedere a tutti i database NLM, incluso il database PubMed. Quest'ultimo database è stato sviluppato in collaborazione con gli editori di letteratura biomedica come strumento di ricerca per accedere a citazioni o articoli interi degli editori che partecipano a questo progetto. Gli editori che fanno parte di PubMed forniscono versioni elettroniche alla NLM, precedenti o contemporanee al momento della pubblicazione dei testi. Se l'editore ha un sito web che offre il testo completo dei suoi articoli, PubMed fornisce il link del sito così come i link per altri siti pertinenti a studi biologici e così via.

PubMed offre l'accesso a informazioni bibliografiche che comprendono MEDLINE, il database bibliografico di NML che copre i settori di medicina, infermieristica, odontoiatria, medicina veterinaria, sistema sanitario pubblico e scienze precliniche. MEDLINE contiene citazioni bibliografiche e abstract autorali provenienti da più di 4000 riviste mediche pubblicate negli Stati Uniti e in altri 70 Paesi. Il database contiene oltre 11 milioni di citazioni che datano dalla metà degli anni Sessanta del Novecento. La copertura è mondiale, ma la maggior parte delle registrazioni sono da fonti in lingua inglese o hanno abstract in inglese. Effettuare una ricerca è abbastanza semplice e il sito ha un link a un tutorial che spiega molto bene come muoversi.

Perché i succhi?

1. K. A. Steinmetz, J. D. Potter, "Vegetables, Fruit, and Cancer. II. Mechanisms," *Cancer Causes and Control* 2 (1991): 427-42.
2. J. Konowalchuk, J. I. Speirs, "Antiviral Effect of Apple Beverages," *Applied and Environmental Microbiology* 36 (1978): 798-801.
3. C. Gerhauser, "Cancer Chemopreventive Potential of Apples, Apple Juice, and Apple Components," *Planta Medica* 74 (2008): 1608-24.
4. C. Soler, J. M. Soriano, J. Mañes, "Apple-Products Phytochemicals and Processing: A Review," *Natural Product Communications* 4, n. 5 (Maggio 2009): 659-70.
5. E. Bakkalbas, O. Mentes, N. Artik, "Food Ellagitannins-Occurrence, Effects of Processing and Storage," *Critical Reviews in Food Science and Nutrition* 49, n. 3 (Marzo 2009): 283-98.
6. D. P. Jones, R. J. Coates, E. W. Flagg et al., "Glutathione in Foods Listed in the National Cancer Institutes Health Habits and History Food Frequency Questionnaire," *Nutrition and Cancer* 17 (1995): 57-75.
7. P. L. White, N. Selvey, *Nutritional Qualities of Fresh Fruits and Vegetables* (Mount Kisco, NY: Futura 1974).
8. Ibid.
9. J. M. Douglass, I. M. Rasgon, P. M. Fleiss et al., "Effects of a Raw Food Diet on Hypertension and Obesity," *Southern Medical Journal* 78 (1985): 841-44.

Che cosa c'è nei succhi? I nutrienti

1. S. M. Kleiner, "Water: An Essential but Overlooked Nutrient," *Journal of the American Dietetic Association* 99 (1999): 200-6.
2. InterAct Consortium, "Consumption of Sweet Beverages and Type 2 Diabetes Incidence in European Adults: Results from EPIC-InterAct," *Diabetologia* Aprile 26, 2013, diabetologia-journal.org.
3. V. S. Malik, B. M. Popkin, G. A. Bray et al., "Sugar-Sweetened Beverages and Risk of Metabolic Syndrome and Type 2 Diabetes: A Meta-Analysis," *Diabetes Care* 33, n. 11 (2010): 2477-83; E. S. Eshak, H. Iso, T. Mizoue et al., "Soft Drink, 100% Fruit Juice, and Vegetable Juice Intakes and Risk of Diabetes Mellitus," *Clinical Nutrition* 32, n. 2 (Aprile 2013): 300-8.
4. A. S. Christensen, L. Viggers, K. Hasselström et al., "Effect of Fruit Restriction on Glycemic Control in Patients with Type 2 Diabetes - A Randomized

Trial," *Nutrition Journal* 12 (2013): 29. doi: 10.1186/1475-2891-12-29; S. V. Hegde, P. Adhikari, M. N. et al., "Effect of Daily Supplementation of Fruits on Oxidative Stress Indices and Glycaemic Status in Type 2 Diabetes Mellitus," *Complementary Therapies in Clinical Practice* 19, n. 2 (Maggio 2013): 97-100.

5. F. H. Nielsen, "Boron: An Overlooked Element of Potential Nutrition Importance," *Nutrition Today* 23 (Gennaio-Febbraio 1988): 4-7.
6. K. T. Khaw, E. Barrett-Connor, "Dietary Potassium and Stroke-Associated Mortality," *New England Journal of Medicine* 316 (1987): 235-40; B. Jansson, "Dietary, Total Body, and Intracellular Potassium-to-Sodium Ratios and Their Influence on Cancer," *Cancer Detection and Prevention* 14 (1991): 563-65.
7. P. K. Whelton, J. He, "Potassium in Preventing and Treating High Blood Pressure," *Seminars in Nephrology* 19 (1999): 494-99; F. M. Sacks, L. P. Svetkey, W. M. Vollmer et al., "Effects on Blood Pressure of Reduced Dietary Sodium and the Dietary Approaches to Stop Hypertension (DASH) Diet." *New England Journal of Medicine* 344 (2001): 3-10.

Che cosa c'è nei succhi? I fitochimici

1. E. Howell, *Enzyme Nutrition* (Wayne, NJ: Avery, 1985); M. I. Grossman, H. Greengard, A. C. Ivy, "The Effect of Diet on Pancreatic Enzymes," *American Journal of Physiology* 138 (1943): 676-82.
2. S. Taussig, R. Batkin, "Bromelain: The Enzyme Complex of Pineapple (*Ananas comosus*) and Its Clinical Application: An Update," *Journal of Ethnopharmacology* 22 (1988): 191-203.
3. K. Izaka, M. Yamada, T. Kawano et al., "Gastrointestinal Absorption and Anti-inflammatory Effect of Bromelain," *Japanese Journal of Pharmacology* 22 (1972): 519-34.
4. N. I. Krinsky, E. J. Johnson, "Carotenoid Actions and Their Relation to Health and Disease," *Molecular Aspects of Medicine* 26, n. 6 (2005): 459-516.
5. R. M. Russell, "Physiological and Clinical Significance of Carotenoids," *International Journal of Vitamin and Nutrition Research* 68, n. 6 (1998): 349-53.
6. R. G. Cutler, "Carotenoids and Retinol: Their Possible Importance in Determining Longevity of Primate Species," *Proceedings of the National Academy of Sciences* 81 (1984): 7627-31.
7. J. A. Mares-Perlman, A. E. Millen, T. L. Ficek et al., "The Body of Evidence to Support a Protective Role for Lutein and Zeaxanthin in Delaying Chronic Disease," *Journal of Nutrition* 132, n. 3 (2002): 518S-24S.
8. A. V. Rao, S. Agarwal, "Role of Antioxidant Lycopene in Cancer and Heart Disease," *Journal of the American College of Nutrition* 19, n. 5 (2000): 563-69.

9. J. H. Weisburger, "Lycopene and Tomato Products in Health Pro- motion," *Experimental Biology and Medicine* 227, n. 10 (2002): 924-27.
10. A. Bendich, "The Safety of Beta-Carotene," *Nutrition and Cancer* 11 (1988): 207-14.
11. G. Di Carlo, N. Mascolo, A. A. Izzo et al., "Flavonoids: Old and New Aspects of a Class of Natural Therapeutic Drugs," *Life Sciences* 65 (1999): 337-53; B. H. Havsteen, "The Biochemistry and Medical Significance of the Flavonoids," *Pharmacology and Therapeutics* 96 (2002): 67-202; E. Middleton, Jr., C. Kandaswami, T. C. Theoharides, "The Effects of Plant Flavonoids on Mammalian Cells: Implications for Inflammation, Heart Disease, and Cancer," *Pharmacological Reviews* 52 (2000): 673-751; R. J. Nijveldt, E. van Nood, D. E. van Hoorn et al., "Flavonoids: A Review of Probable Mechanisms of Action and Potential Applications," *American Journal of Clinical Nutrition* 74 (2001): 418-25.
12. M. L. McCullough, J. J. Peterson, R. Patel et al., "Flavonoid Intake and Cardiovascular Disease Mortality in a Prospective Cohort of US Adults," *American Journal of Clinical Nutrition* 95, n. 2 (Febbraio 2012): 454-64.
13. H. A. Rafsky, C. I. Krieger, "The Treatment of Intestinal Diseases with Solutions of Water-Soluble Chlorophyll," *Review of Gastroenterology* 15 (1945): 549-53.
14. M. C. Nahata, C. A. Sleccsak, J. Kamp, "Effect of Chlorophyllin on Urinary Odor in Incontinent Geriatric Patients," *Drug Intelligence and Clinical Pharmacy* 17 (1983): 732-34.
15. R. Gubner, H. E. Ungerleider, "Vitamin K Therapy in Menorrhagia," *Southern Medical Journal* 37 (1944): 556-58.
16. T. Ong, W. Z. Whong, J. Stewart et al., "Chlorophyllin: A Potent Antimutagen Against Environmental and Dietary Complex Mixtures," *Mutation Research* 173 (1986): 111-15.
17. S. Ohyama, S. Kitamori, H. Kawano et al., "Ingestion of Parsley Inhibits the Mutagenicity of Male Human Urine Following Consumption of Fried Salmon," *Mutation Research* 192 (1987): 7-10.
18. J. Sun, "D-limonene: Safety and Clinical Applications," *Alternative Medicine Review* 12, n. 3 (Settembre 2007): 259-64; P. L. Crowell, "Prevention and Therapy of Cancer by Dietary Monoterpenes," *Journal of Nutrition* 129, n. 3 (1999): 775S-78S; D. M. Vigushin, G. K. Poon, A. Boddy et al., "Phase I and Pharmacokinetic Study of d-Limonene in Patients with Advanced Cancer," *Cancer Chemotherapy and Pharmacology* 42 (1998): 111-17.

Per cominciare. Come spremere

1. A. Blair, S. H. Zahm, "Agricultural Exposures and Cancer," *Environmental Health Perspectives* 103, n. 58 (1995): 205-8; Y. Mao, J. Hu, A. M. Ugnat et al., "Non-

Hodgkin's Lymphoma and Occupational Exposure to Chemicals in Canada," *Annals of Oncology* 11, n. 51 (2000): 69-73.

2. C. Lu, K. Toepel, R. Irish et al., "Organic Diets Significantly Lower Children's Dietary Exposure to Organophosphorus Pesticides," *Environmental Health Perspectives* 114, n. 2 (Febbraio 2006): 260-63.

Guida alla frutta da spremere

1. H. R. Maurer, "Bromelain: Biochemistry, Pharmacology and Medical Use," *Cellular and Molecular Life Sciences* 58, n. 9 (2001): 1234-45.
2. E. M. Galati, A. Trovato, S. Kirjavainen et al., "Biological Effects of Hesperidin, a Citrus Flavonoid. (Note III): Antihypertensive and Diuretic Activity in Rat," *Farmaco* 51, n. 3 (1996): 219-21; P. Rapisarda, A. Tomaino, R. Lo Cascio et al., "Antioxidant Effectiveness as Influenced by Phenolic Content of Fresh Orange Juices," *Journal of Agricultural and Food Chemistry* 47, n. 11 (1999): 4718-23.
3. K. T. Khaw, E. Barrett-Connor, "Dietary Potassium and Stroke-Associated Mortality: A 12-year Prospective Population Study," *New England Journal of Medicine* 316 (1987): 235-40.
4. L. W. Blau, "Cherry Diet Control for Gout and Arthritis," *Texas Reports on Biology & Medicine* 8 (1950): 309-11.
5. R. A. Jacob, G. M. Spinozzi, V. A. Simon et al., "Consumption of Cherries Lowers Plasma Urate in Healthy Women," *Journal of Nutrition* 133, n. 6 (2003): 1826-29.
6. D. S. Kelley, R. Rasooly, R. A. Jacob et al., "Consumption of Bing Sweet Cherries Lowers Circulating Concentrations of Inflammation Markers in Healthy Men and Women," *Journal of Nutrition* 136, n. 4 (2006): 981-86.
7. Y. Zhang, T. Neogi, C. Chen et al., "Cherry Consumption and the Risk of Recurrent Gout Attacks," *Arthritis and Rheumatism* 64, n. 12 (2012): 4004-11, doi:10.1002/art.346718.
8. J. T. Belanger, "Perillyl Alcohol: Applications in Oncology," *Alternative Medicine Review* 3, n. 6 (1998).
9. J. Avorn, M. Monane, J. H. Gurwitz et al., "Reduction of Bacteriuria and Pyruia After Using Cranberry Juice," *Journal of the American Medical Association* 272 (1994): 590.
10. R. J. Kiel, J. Nashelsky, B. Robbins et al., "Does Cranberry Juice Prevent or Treat Urinary Tract Infection?" *Journal of Family Practice* 52, n. 2 (2003): 154-55.
11. J. Reed, "Cranberry Flavonoids, Atherosclerosis and Cardiovascular Health," *Critical Reviews in Science and Nutrition* 42, n. 53 (2002): 301-16.
12. Ibid.; X. Yan, B. T. Murphy, G. B. Hammond et al., "Antioxidant Activities and Antitumor Screening of Extracts from Cranberry Fruit (*Vaccinium*

macrocarpon)," *Journal of Agricultural and Food Chemistry* 50, n. 21 (2002): 5844-49.

13. R. L. Galli, B. Shukitt-Hale, K. A. Youdim et al., "Fruit Polyphenolics and Brain Aging: Nutritional Interventions Targeting Age-Related Neuronal and Behavioral Deficits," *Annals of the New York Academy of Science* 959 (2002): 128-32.
14. J. A. Joseph, B. Shukitt-Hale, N. A. Denisova et al., "Reversals of Age-Related Declines in Neuronal Signal Transduction, Cognitive, and Motor Behavioral Deficits with Blueberry, Spinach, or Straw- berry Dietary Supplementation," *Journal of Neuroscience* 19, n. 18 (1999): 8114-21.
15. Soler, Soriano, Mañes, "Apple-Products," 337.
16. S. M. Hannum, "Potential Impact of Strawberries on Human Health: A Review of the Science," *Critical Reviews in Food Science and Nutrition* 44, n. 1 (2004): 1-17.
17. T. Chen, F. Yan, J. Qian et al., "Randomized Phase II Trial of Lyophilized Strawberries in Patients with Dysplastic Precancerous Lesions of the Esophagus," *Cancer Prevention Research* 5, n. 1 (Gennaio 2012): 41-50.
18. O. Sommerburg, J. E. Keunen, A. C. Bird et al., "Fruits and Vegetables That Are Sources for Lutein and Zeaxanthin: The Macular Pigment in Human Eyes," *British Journal of Opthalmology* 82, n. 8 (1998): 907-10.
19. S. Farchi, F. Forastiere, N. Agabiti et al., "Dietary Factors Associated with Wheezing and Allergic Rhinitis in Children," *European Respiratory Journal* 22, n. 5 (2003): 772-80.
20. J. Sun, "D-Limonene: Safety and Clinical Applications," *Alternative Medical Review* 12, n. 3 (Settembre 2007): 259-64.
21. S. S. Percival, S. T. Talcott, S. T. Chin et al., "Neoplastic Transformation of BALB/3T3 Cells and Cell Cycle of HL-60 Cells Are Inhibited by Mango (*Mangifera indica L.*) Juice and Mango Juice Extracts," *Journal of Nutrition* 136, n. 5 (Maggio 2006): 1300-4.
22. M. Pandey, V. K. Shukla, "Diet and Gallbladder Cancer: A Case-Control Study," *European Journal of Cancer Prevention* 11, n. 4 (2002): 365-68.
23. B. S. Drammeh, G. S. Marquis, E. Funkhouser et al., "A Randomized, 4-Month Mango and Fat Supplementation Trial Improved Vitamin A Status Among Young Gambian Children," *Journal of Nutrition* 132, n. 12 (2002): 3693-99.
24. D. I. Thurnham, C. A. Northrop-Clewes, F. S. McCullough et al., "Innate Immunity, Gut Integrity, and Vitamin A in Gambian and Indian Infants," *Journal of Infectious Diseases* 182, n. S1 (2000): S23-28.
25. M. Ponce-Macotela, I. Navarro-Alegría, M. N. Martinez-Gordillo et al., "In Vitro Effect Against Giardia of 14 Plant Extracts," *Revista de Investigacion Clinica* 46 (1998): 343-47.

26. C. Roongpisuthipong, S. Banphotkasem, S. Komindr et al., "Postprandial Glucose and Insulin Responses to Various Tropical Fruits of Equivalent Carbohydrate Content in Non-Insulin-Dependent Diabetes Mellitus," *Diabetes Research and Clinical Practice* 14, n. 2 (1991): 123-31.
27. D. A. Hyson, "A Comprehensive Review of Apples and Apple Components and Their Relationship to Human Health," *Advances in Nutrition* 2, n. 5 (Settembre 2011): 408-20.
28. P. Knekt, R. Jarvinen, A. Reunanen et al., "Flavonoid Intake and Coronary Mortality in Finland: A Cohort Study," *British Medical Journal* 312, n. 7029 (1996): 478-81.
29. Hyson, "Comprehensive Review," 408-20; R. Sable-Amplis, R. Sicart, and R. Agid, "Further Studies on the Cholesterol- Lowering Effect of Apple in Humans: Biochemical Mechanisms Involved," *Nutrition Research* 3 (1983): 325-83.
30. V. Garcia, I. C. Arts, J. A. Sterne et al., "Dietary Intake of Flavonoids and Asthma in Adults," *European Respiratory Journal* 26, n. 3 (Settembre 2005): 449-52.
31. Hyson, "Comprehensive Review," 408-20.
32. C. Soler, J. M. Soriano, J. Mañes, "Apple-Products Phytochemicals and Processing: A Review," *Natural Product Communications* 4, n. 5 (Maggio 2009): 459-70.
33. D. Heber, "Multitargeted Therapy of Cancer by Ellagitannins," *Cancer Letters* 269, n. 2 (Ottobre 2008): 262-68.
34. D. H. Barch, L. M Rundhaugen, G. D. Stoner et al., "Structure-Function Relationships of the Dietary Anticarcinogen Ellagic Acid," *Carcinogenesis* 17, n. 2 (1996): 265-69.
35. M. D. Sumner, M. Elliott-Eller, G. Weidner et al., "Effects of Pomegranate Juice Consumption on Myocardial Perfusion in Patients with Coronary Heart Disease," *American Journal of Cardiology* 96, n. 6 (2005): 810-14; M. Aviram, M. Rosenblat, D. Gaitini et al., "Pomegranate Juice Consumption for 3 Years by Patients with Carotid Artery Stenosis Reduces Common Carotid Intima-Media Thickness, Blood Pressure and LDL Oxidation," *Clinical Nutrition* 23, n. 3 (2004): 423-33; A. Esmaillzadeh, F. Tahbaz, I. Gaieni et al., "Concentrated Pomegranate Juice Improves Lipid Profiles in Diabetic Patients with Hyperlipidemia," *Journal of Medicinal Food* 7, n. 3 (2004): 305-8.
36. C. B. Stowe, "The Effects of Pomegranate Juice Consumption on Blood Pressure and Cardiovascular Health," *Complementary Therapies Clinical Practice* 17, n. 2 (2011): 113-15.
37. V. M. Adhami, N. Khan, H. Mukhtar, "Cancer Chemoprevention by

Pomegranate: Laboratory and Clinical Evidence," *Nutrition and Cancer* 61, n. 6 (2009): 811-15.

38. S. L. Pinski, J. D. Maloney, "Adenosine: A New Drug for Acute Termination of Supraventricular Tachycardia," *Cleveland Clinic Journal of Medicine* 57 (1990): 383-88.
39. R. C. Robbins, F. G. Martin, J. M. Roe, "Ingestion of Grapefruit Lowers Elevated Hematocrits in Human Subjects," *International Journal for Vitamin and Nutrition Research* 58 (1988): 414-17.
40. M. Stacewicz-Sapuntzakis, P. E. Bowen, E. A. Hussain et al., "Chemical Composition and Potential Health Effects of Prunes: A Functional Food?" *Critical Reviews in Food Science and Nutrition* 41, n. 4 (2001): 251-86.
41. J. Shi, J. Yu, J. E. Pohorly et al., "Polyphenolics in Grape Seeds - Biochemistry and Functionality," *Journal of Medicinal Food* 6 (2003): 291-99.
42. A. P. Day, H. J. Kemp, C. Bolton et al., "Effect of Concentrated Red Grape Juice Consumption on Serum Antioxidant Capacity and Low-Density Lipoprotein Oxidation," *Annals of Nutrition and Metabolism* 41, n. 6 (1997): 353-57.
43. J. E. Freedman, C. Parker III, L. Li et al., "Select Flavonoids and Whole Juice from Purple Grapes Inhibit Platelet Function and Enhance Nitric Oxide Release," *Circulation* 103, n. 23 (2001): 2792-98; Y. Miyagi, K. Miwa, H. Inoue et al., "Inhibition of Human Low-Density Lipoprotein Oxidation by Flavonoids in Red Wine and Grape Juice," *American Journal of Cardiology* 80, n. 12 (1997): 1627-31.

Guida agli ortaggi da spremere

01. D. Spigelski, P. J. Jones, "Efficacy of Garlic Supplementation in Lowering Serum Cholesterol Levels," *Nutrition Reviews* 59, n. 7 (2001): 236-41.
02. C. A. Silagy, A. W. Neil, "A Meta-Analysis of the Effect of Gar- lic on Blood Pressure," *Journal of Hypertension* 12 (1994): 463-68.
03. G. S. Sainani, D. B. Desai, N. H. Gohre et al., "Effect of Dietary Garlic and Onion on Serum Lipid Profile in Jain Community," *Indian Journal of Medical Research* 69 (1979): 776-80.
04. O. Manousos, N. E. Day, D. Trichopoulus, et al, "Diet and Colorec- tal Cancer: A Case-Control Study in Greece," *International Journal of Cancer* 32 (1983): 1-5.
05. P. Bobek, S. Galbavy, M. Mariassyova, "The Effect of Red Beet (*Beta vulgaris* var. *rubra*) Fiber on Alimentary Hypercholesterolemia and Chemically Induced Colon Carcinogenesis in Rats," *Nahrung* 44, n. 3 (2000): 184-87.
06. A. P. Ilnitskii, V. A. Iurchenko, "Effect of Fruit and Vegetable Juices on the Changes in the Production of Carcinogenic N-Nitroso Compounds in Human Gastric Juice," *Vopr Pitan* 4 (1993): 44-46.

07. A. J. Webb, N. Patel, S. Loukogeorgakis et al., "Acute Blood Pressure Lowering, Vasoprotective, and Antiplatelet Properties of Dietary Nitrate via Bioconversion to Nitrite," *Hypertension* 51, n. 3 (2008): 784-90.

08. G. D. Miller, A. P. Marsh, R. W. Dove et al., "Plasma Nitrate and Nitrite Are Increased by a High-Nitrate Supplement but Not by High-Nitrate Foods in Older Adults," *Nutrition Research* 32, n. 3 (Marzo 2012): 160-68.

09. L. T. Coles, P. M. Clifton, "Effect of Beetroot Juice on Lowering Blood Pressure in Free-Living, Disease-Free Adults: A Randomized, Placebo-Controlled Trial," *Nutrition Journal* 11 (2012): 106, doi:10.1186/1475-2891-11-106; S. J. Bailey, P. Winyard, A. Vanhatalo et al., "Dietary Nitrate Supplementation Reduces the O2 Cost of Low-Intensity Exercise and Enhances Tolerance to High-Intensity Exercise in Humans," *Journal of Applied Physiology* 107, n. 4 (Ottobre 2009): 1144-55; K. E. Lansley, P. G. Winyard, J. Fulford et al., "Dietary Nitrate Supplementation Reduces the O2 Cost of Walking and Running: A Placebo-Controlled Study," *Journal of Applied Physiology* 110, n. 3 (2011): 591-600; N. M. Cermak, M. J. Gibala, L. J. van Loon, "Nitrate Supplementation's Improvement of 10-km Time-Trial Performance in Trained Cyclists," *International Journal of Sport Nutrition and Exercise Metabolism* 22, n. 1 (Febbraio 2012): 64-71.

10. Bailey, Winyard, Vanhatalo et al., "Dietary Nitrate Supplementation," 1144-55; Lansley, Winyard, Fulford et al., "Dietary Nitrate Supplementation," 591-600; Cermak, Gibala, and van Loon, "Nitrate Supplementation's Improvement," 64-71.

11. Cermak, Gibala, van Loon, "Nitrate Supplementation's Improvement," 64-71.

12. J. W. Fahey, Y. Zhang, P. Talalay, "Broccoli Sprouts: An Exceptionally Rich Source of Inducers of Enzymes That Protect Against Chemical Carcinogens," *Proceedings of the National Academy of Sciences USA* 94, n. 19 (1997): 10367-72.

13. K. P. Latté, K. E. Appel, A. Lampen, "Health Benefits and Possible Risks of Broccoli - An Overview," *Food and Chemical Toxicology* 49, n. 12 (2011): 3287-309.

14. J. W. Fahey, X. Haristoy, P. M. Dolan et al., "Sulforaphane Inhibits Extracellular, Intracellular, and Antibiotic-Resistant Strains of *Helicobacter pylori* and Prevents Benzo[a]pyrene-Induced Stomach Tumors," *Proceedings of the Academy of Sciences USA* 99, n. 11 (2002): 7610-15.

15. S. B. Kritchevsky, "Beta-carotene, Carotenoids and the Prevention of Coronary Heart Disease," *Journal of Nutrition* 129, n. 1 (1999): 5-8.

16. D. S. Michaud, D. Feskanich, E. B. Rimm et al., "Intake of Specific Carotenoids and Risk of Lung Cancer in 2 Prospective US Cohorts," *American Journal of Clinical Nutrition* 72, n. 4 (2000): 990-97.

17. M. M. Mathews-Roth, “Neutropenia and Beta-carotene,” *Lancet* 2, n. 8291 (1982): 222.
18. M. M. Mathews-Roth, “Amenorrhea Associated with Carotenemia,” *Journal of the American Medical Association* 250 (1983): 731.
19. E. M. Rosen, S. Fan, “Inhibitory Effects of Indole-3-carbinol on Invasion and Migration in Human Breast Cancer Cells,” *Breast Cancer Research and Treatment* 63, n. 2 (2000): 147-52.
20. Ibid.; J. J. Michnovicz, H. L. Bradlow, “Altered Estrogen Metabolism and Excretion in Humans Following Consumption of Indole-3-carbinol,” *Nutrition and Cancer* 16, n. 1 (1991): 59-66; G. van Poppel, D. T. Verhoeven, H. Verhagen et al., “Brassica Vegetables and Cancer Prevention: Epidemiology and Mechanisms,” *Advances in Experimental Medicine and Biology* 472 (1999): 159-68.
21. G. Cheney, “Anti-peptic Ulcer Dietary Factor,” *Journal of the American Dietetic Association* 26 (1950): 668-72; G. Cheney, “Rapid Healing of Peptic Ulcers in Patients Receiving Fresh Cabbage Juice,” *California Medicine* 70 (1949): 10-14.
22. K. T. Augusti, “Therapeutic Values of Onion (*Allium cepa* L.) and Garlic (*Allium sativum* L.),” *Indian Journal of Experimental Biology* 34, n. 7 (1996): 634-40.
23. W. Dorsch, M. Ettl, G. Hein et al., “Antiasthmatic Effects of Onions: Inhibition of Platelet-Activating Factor-Induced Bronchial Obstruction by Onion Oils,” *International Archives of Allergy and Immunology* 82, nos. 3-4 (1987): 535-36.
24. J. S. Jurenka, “Anti-inflammatory Properties of Curcumin, a Major Constituent of *Curcuma longa:* A Review of Preclinical and Clinical Research,” *Alternative Medicine Review* 14, n. 2 (2009): 141-53.
25. W. Wongcharoen, A. Phrommintikul, “The Protective Role of Curcumin in Cardiovascular Diseases,” *International Journal of Cardiology* 133, n. 2 (2009): 145-51.
26. E. Sikora, A. Bielak-Zmijewska, G. Mosieniak et al., “The Promise of Slow Down Ageing Maggio Come From Curcumin,” *Current Phar- maceutical Design* 16, n. 7 (2012): 884-92.
27. J. Biswas, D. Sinha, S. Mukherjee et al., “Curcumin Protects DNA Damage in a Chronically Arsenic-Exposed Population of West Bengal,” *Human and Experimental Toxicology* 29, n. 6 (2010): 513-24.
28. A. Shehzad, F. Wahid, Y. S. Lee, “Curcumin in Cancer Chemoprevention: Molecular Targets, Pharmacokinetics, Bioavailability, and Clinical Trials,” *Archiv der Pharmazie* (Weinheim) 343, n. 9 (Settembre 2010): 489-99.
29. N. Ahmad, M. R. Hassan, H. Halder et al., “Effect of *Momordica charantia* (Karolla) Extracts on Fasting and Postprandial Serum Glucose Levels in NIDDM Patients,” *Bangladesh Medical Research Council Bulletin* 25, n. 1 (1999): 11-13.

30. L. Foa-Tomasi, G. Campadelli-Fiume, L. Barbieri et al., “Effect of Ribosome-Inactivating Proteins on Virus-Infected Cells: Inhibition of Virus Multiplication and of Protein Synthesis,” *Archives of Virology* 71, n. 4 (1982): 323-32.
31. A. J. Claflin, D. L. Vesely, J. L. Hudson et al., “Inhibition of Growth and Guanylate Cyclase Activity of an Undifferentiated Prostate Adenocarcinoma by an Extract of the Balsam Pear (*Momardica charantia abbreviata*),” *Proceedings of the Academy of Science USA* 75, n. 2 (1978): 989-93.
32. J. H. Weisburger, “Lycopene and Tomato Products in Health Promotion,” *Experimental Biology and Medicine* 227, n. 10 (2002): 924-27.
33. E. Giovannucci, E. B. Rimm, Y. Liu et al., “A Prospective Study of Tomato Products, Lycopene, and Prostate Cancer Risk,” *Journal of the National Cancer Institute* 94, n. 5 (2002): 391-48.
34. O. Kucuk, F. H. Sarkar, W. Sakr et al., “Phase II Randomized Clinical Trial of Lycopene Supplementation Before Radical Pros- tatectomy,” *Cancer Epidemiology Biomarkers and Prevention* 10 (2001): 861-68.
35. S. Ohyama, S. Kitamori, H. Kawano et al., “Ingestion of Parsley Inhibits the Mutagenicity of Male Human Urine Following Consumption of Fried Salmon,” *Mutation Research* 192 (1987): 7-10.
36. Q. T. Le, W. J. Elliott, “Hypotensive and Hypocholesterolemic Effects of Celery Oil Maggio Be Due to BuPh,” *Clinical Research* 39 (1991): 173A; Q. T. Le and W. J. Elliott, “Dose-Response Relationship of Blood Pressure and Serum Cholesterol to 3-n-butylphthalide, a Component of Celery Oil,” *Clinical Research* 39 (1991): 750A.
37. S. Soundararajan, B. Daunter, “Ajvine: Pilot Biomedical Study for Pain Relief in Rheumatic Pain,” School of Medicine, University of Queensland, Brisbane, Queensland, Australia, 1991-92; S. Venkat, S. Soundararajan, B. Daunter et al., “Use of Ayurvedic Medicine in the Treatment of Rheumatic Illness,” Department of Orthopaedics, Kovai Medical Center and Hospitals, Coimbatore, India, 1995.
38. D. Tsi, B. K. Tan, “The Mechanism Underlying the Hypocholesterolaemic Activity of Aqueous Celery Extract, Its Butanol and Aqueous Fractions in Genetically Hypercholesterolaemic RICO Rats,” *Life Sciences* 66, n. 8 (2000): 755-67; G. Zheng, P. M. Kenney, J. Zhang et al., “Chemoprevention of Benzopyrene-Induced Forestomach Cancer in Mice by Natural Phthalides from Celery Oil,” *Nutrition and Cancer* 19 (1993): 77-86; L. Y. Zhang and Y. P. Feng, “Effect of dl-3-n-butylphthalide (NBP) on Life Span and Neurological Deficit in SHRsp Rats,” *Yao Hsueh Hsueh Pao* 31 (1996): 18-23.

39. Y. Peng, J. Sun, S. Hon et al., "L-3-n-butylphthalide Improves Cognitive Impairment and Reduces Amyloid-beta in a Transgenic Model of Alzheimer's Disease," *Journal of Neuroscience* 16, n. 30 (Giugno 2010): 8180-89.
40. R. Edenharder, G. Keller, K. L. Platt et al., "Isolation and Characterization of Structurally Novel Antimutagenic Flavonoids from Spinach (*Spinacia oleracea*)," *Journal of Agricultural and Food Chemistry* 49, n. 6 (2001): 2767-73.
41. T. He, C. Y. Huang, H. Chen et al., "Effects of Spinach Powder Fat-Soluble Extract on Proliferation of Human Gastric Adenocarcinoma Cells," *Biomedical and Environmental Sciences* 12, n. 4 (1999): 247-52; A. Nyska, L. Lomnitski, J. Spalding et al., "Topical and Oral Administration of the Natural Water-Soluble Antioxidant from Spinach Reduces the Multiplicity of Papillomas in the Tg.AC Mouse Model," *Toxicology Letters* 122, n. 1 (2001): 33-34.
42. M. P. Longnecker, P. A. Newcomb, R. Mittendorf et al., "Intake of Carrots, Spinach, and Supplements Containing Vitamin A in Relation to Risk of Breast Cancer," *Cancer Epidemiology, Biomarkers and Prevention* 6, n. 11 (1997): 887-92.
43. F. Susnik, "Present State of Knowledge of the Medicinal Plant *Taraxacum officinale* Weber," *Medicinski Razgledi* 21 (1982): 323-28.
44. E. Racz-Kotilla, G. Racz, A. Solomon, "The Action of *Taraxacum officinale* Extracts on the Body Weight and Diuresis of Laboratory Animals," *Planta Medica* 26 (1974): 212-17.
45. S. Kolida, K. Tuohy, G. R. Gibson, "Prebiotic Effects of Inulin and Oligofructose," *British Journal of Nutrition* 87, n. S2 (2002): S193-97.
46. A. Grontved, T. Brask, J. Kambskard et al., "Ginger Root Against Seasickness: A Controlled Trial on the Open Sea," *Acta Otolaryn- gol* 105 (1988): 45-49.
47. W. Fischer-Rasmussen, S. K. Kjaer, C. Dahl et al., "Ginger Treat- ment of Hyperemesis Gravidarum," *European Journal of Ob Gyn Reproductive Biology* 38 (1990): 19-24.
48. K. C. Srivastava, T. Mustafa, "Ginger (*Zingiber officinale*) and Rheumatic Disorders," *Medical Hypotheses* 29 (1989): 25-28.

Il succo di frutta come farmaco

1. G. Cheney, "Anti-Peptic Ulcer Dietary Factor," *Journal of the American Dietetic Association* 26 (1950): 668-72; G. Cheney, "Rapid Healing of Peptic Ulcers in Patients Receiving Fresh Cab- bage Juice," *California Medicine* 70 (1949): 10-14.
2. E. Sheen, G. Triadafilopoulos, "Adverse Effects of Long-Term Proton Pump Inhibitor Therapy," *Digestive Diseases and Sciences* 56, n. 4 (2011): 931-50.
3. L. G. Darlington, N. W. Ramsey, "Clinical Review: Review of Dietary Therapy for Rheumatoid Arthritis," *British Journal of Rheumatology* 32 (1993): 507-14.

4. J. Kjeldsen-Kragh, M. Haugen, C. F. Borchgrevink et al., "Controlled Trial of Fasting and One-Year Vegetarian Diet in Rheumatoid Arthritis," *Lancet* 338 (1991): 899-902.
5. J. Kjeldsen-Kragh, "Rheumatoid Arthritis Treated with Vegetarian Diets," *American Journal of Clinical Nutrition* 70, n. 53 (1999): 594-600; O. Lindahl, L. Lindwall, A. Spangberg et al., "Vegan Diet Regimen with Reduced Medication in the Treatment of Bronchial Asthma," *Journal of Asthma* 22, n. 1 (1985): 45-55.
6. Lindahl, Lindwall, Spangberg, "Vegan Diet Regimen," 45-55.
7. P. Anand, A. B. Kunnumakkara, R. A. Newman et al., "Bioavailability of Curcumin: Problems and Promises," *Molecular Pharmacology* 4, n. 6 (Novembre-Dicembre 2007): 807-18.
8. H. Sasaki, Y. Sunagawa, K. Takahashi et al., "Innovative Preparation of Curcumin for Improved Oral Bioavailability," *Biological and Pharmaceutical Bulletin* 34, n. 5 (2011): 660-65; M. Kanai, A. Imaizumi, Y. Otsuka et al., "Dose-Escalation and Pharmacokinetic Study of Nanoparticle Curcumin, a Potential Anticancer Agent with Improved Bioavailability, in Healthy Human Volunteers," *Cancer Chemotherapy and Pharmacology* 69, n. 1 (2012): 65-70.

Digiunare con i succhi

1. A. Goldhamer, S. Helms, T. K. Salloum, "Fasting," *A Textbook of Natural Medicine*, ed. J. E. Pizzorno, M. T. Murray (London: Churchill Livingstone, 2012), 296-305.
2. M. Imamura, T. Tung, "A Trial of Fasting Cure for PCB Poi- soned Patients in Taiwan," *American Journal of Industrial Medicine* 5 (1984): 147-53.
3. R. A. Shakman, "Nutritional Influences on the Toxicity of Environmental Pollutants: A Review," *Archives of Environmental Health* 28 (1974): 105-33.

Perdere peso con i succhi

1. A. S. Abdelhameed, S. Ang, G. A. Morris et al., "An Analytical Ultracentrifuge Study on Ternary Mixtures of Konjac Glucomannan Supplemented with Sodium Alginate and Xanthan Gum," *Carbo- hydrate Polymers* 81 (2010): 141-48; S. E. Harding, I. H. Smith, C. J. Lawson et al., "Studies on Macromolecular Interactions in Ternary Mixtures of Konjac Glucomannan, Xanthan Gum and So- dium Alginate," *Carbohydrate Polymers* 10 (2010): 1016-20.
2. R. A. Reimer, X. Pelletier, I. G. Carabin et al., "Increased Plasma PYY Levels Following Supplementation with the Functional Fiber PolyGlycopleX in Healthy Adults," *European Journal of Clinical Nutrition* 64, n. 10 (Ottobre 2010): 1186-91; M. R. Lyon, R. G. Reichert, "The Effect of a Novel Viscous

Polysaccharide Along with Lifestyle Changes on Short-Term Weight Loss and Associated Risk Factors in Overweight and Obese Adults: An Ob- servational Retrospective Clinical Program Analysis," *Alternative Medicine Review* 15, n. 1 (Aprile 2010): 68-75.

3. V. Vuksan, J. L. Sievenpiper, R. Owen et al., "Beneficial Effects of Viscous Dietary Fiber from Konjac-Mannan in Subjects with the Insulin Resistance Syndrome: Results of a Controlled Metabolic Trial," *Diabetes Care* 23 (2000): 9-14.
4. J. C. Brand-Miller, F. S. Atkinson, R. J. Gahler et al., "Effects of PGX, a Novel Functional Fibre, on Acute and Delayed Postprandial Glycaemia," *European Journal of Clinical Nutrition* 64, n. 12 (De- cember 2010): 1488-93; A. L. Jenkins, V. Kacinik, M. R. Lyon et al., "Reduction of Postprandial Glycemia by the Novel Viscous Polysaccharide PGX in a Dose-Dependent Manner, Independent of Food Form," *Journal of the American College of Nutrition* 29, n. 2 (2010): 92-98.

La funzione immunitaria dei succhi e il paziente oncologico

1. Centers of Disease Control and Prevention. "National Health and Nutrition Examination Survey," NHANES 2007-2008, consultato il 1° Maggio 2013, http://www.cdc.gov/nchs/nhanes/nhanes2007-2008/ nhanes07_08.htm.
2. A. Sanchez, J. Reeser, H. Lau et al., "Role of Sugars in Human Neutrophilic Phagocytosis," *American Journal of Clinical Nutrition* 26 (1973): 1180-84.
3. J. Bernstein, S. Alpert, K. Nauss et al., "Depression of Lymphocyte Transformation Following Oral Glucose Ingestion," *American Journal of Clinical Nutrition* 30 (1977): 613.
4. G. Mann, P. Newton, "The Membrane Transport of Ascorbic Acid," *Annals of the New York Academy of Sciences* 258 (1975): 243-51.
5. A. Martí, A. Marcos, J. A. Martínez, "Obesity and Immune Function Relationships," *Obesity Review* 2, n. 2 (Maggio 2001): 131-34.
6. J. Palmblad, D. Hallberg, S. Rossner, "Obesity, Plasma Lipids and Polymorphonuclear (PMN) Granulocyte Functions," *Scandinavian Journal of Hematology* 19 (1977): 293-303.
7. M. E. Bone, D. J. Wilkinson, J. R. Young et al., "Ginger Root - A New Antiemetic: The Effect of Ginger Root on Postoperative Nausea and Vomiting After Major Gynaecological Surgery," *Anaesthesia* 45 (1990): 669-71; S. Phillips, R. Ruggier, S. E. Hutchingson, "*Zingiber officinale* (Ginger) - An Antiemetic for Day Case Surgery," *Anaesthesia* 48 (1993): 715-16; K. Meyer, J. Schwartz, D. Craer et al., "*Zingiber officinale* (Ginger) Used to Prevent 8-Mop Associated Nausea," *Dermatology Nursing* 7 (1995): 242-44.

FAQ sui succhi di frutta e verdura freschi

1. Centers of Disease Control and Prevention. "National Health and Nutrition Examination Survey," NHANES 2007-2008, consultato il 1° Maggio 2013, http://www.cdc.gov/nchs/nhanes/nhanes2007-2008/ nhanes07_08.htm.
2. N. A. Pocock, J. A. Eisman, M. G. Yeates et al., "Physical Fitness is the Major Determinant of Femoral Neck and Lumbar Spine Density," *Journal of Clinical Investigation* 78 (1986): 618-21.
3. S. A. New, "Intake of Fruit and Vegetables: Implications for Bone Health," *Proceedings of the Nutrition Society* 62, n. 4 (Novembre 2003): 889-99.
4. E. Mazariegos-Ramos, E. Guerrero-Romero, M. Rodriguez-Moran et al., "Consumption of Soft Drinks with Phosphoric Acid as a Risk Factor for the Development of Hypocalcemia in Children: A Case-Control Study," *Journal of Pediatrics* 126 (1995): 940-42.
5. F. H. Neilsen, C. D. Hunt, L. M. Mullen et al., "Effect of Dietary Boron on Mineral, Estrogen, and Testosterone Metabolism in Postmenopausal Women," *FASEB Journal* 1 (1987): 394-97.
6. D. P. Strachan, B. D. Cox, S. W. Erzinclioglu et al., "Ventilatory Function and Winter Fresh Fruit Consumption in a Random Sample of British Adults," *Thorax* 46, n. 9 (1991): 624-29.

Indice dei succhi

Albicocca-arancia....70
Albicocca-mango....179
Albicocca-pera....70
Ananas-ginger ale....179
A qualcuno piace caldo....178
Arancia-papaia....75
Arancia-pesca....75
Asparagi-carota-sedano....120
Asparagi-sedano....120
Barbabietola-carota-peperone....123
Barbabietola-carota-prezzemolo....124
Barbabietola-carota-sedano....124
Barbabietola-carota-spinaci....124
Barbabietola-carota....123
Barbabietola–patata dolce....124
Broccoli-carota....126
Broccoli-carota-prezzemolo....126
Broccoli-carota-sedano....126
Carota-cavolfiore....129
Carota-cavolo riccio....129
Carota-cetriolo-prezzemolo....129
Carota-cipolla-prezzemolo....129
Carota-erba di grano....130
Carota-finocchio....130
Carota-foglie di tarassaco....130
Carota-lattuga....130
Carota-patata dolce....130
Carota-patata messicana....130
Carota-peperone....130
Carota-porro-prezzemolo....130
Carota-radice di tarassaco....130
Carota-rapa....130
Carota-ravanello....130
Carota-sedano....130
Carota-sedano-prezzemolo....130
Carota-spinaci....130
Carota-tarassaco-spinaci....130
Carota-topinambour....130
Cavolini di Bruxelles-carota-spinaci....133
Cavolo-carota....137
Cavolo-carota-prezzemolo....137
Cavolo-carota-sedano....137
Cetriolo-pomodoro-crescione....140
Cetriolo-pomodoro-prezzemolo....140
Cetriolo e sedano servito freddo....180
Ciliegia-ananas....80
Ciliegia-pera....80
Ciliegia-pesca....80
Ciliegia pop....180
C maiuscola....179
Cocktail depurativo....180
Cocktail depurativo estremo....181
Cocktail per le ossa....181
Colorami di rosa....182
Colorami di rosso....182
Cranberry-pera....82
Delizia digestiva....182
Digestivo di fuoco....183
Di tutto un po'....183
Dolce risveglio....184
Dolore vai via....184
Don Giovanni....184
Energizzante....185
Energizzante più....185
Enzimi a bizzeffe....185
Enzimi a bizzeffe più....186
Femme fatale....186
Ferro più....187
Fiesta di patate messicane....187
Formula diuretica....187
Formula diuretica più....188
Fresco mojito di cetriolo e sedano....188
Frutti di bosco-ananas....85
Frutti di bosco-arancia....85

Frutti di bosco felici 188
Frutti di bosco-pera 85
Ginger ale 189
Gotta vai via 189
Il dolce sole di Gina 189
Il preferito dai bambini 190
Il preferito di Mike 190
Insalata nel bicchiere 190
Insalata Waldorf 191
Kiwi-arancia 87
Kiwi-papaia 87
Mango-ananas 93
Mango-arancia 93
Mango-papaia 93
Mango-pera 93
Meglio rossi che morti 191
Meglio rossi che morti - versione alla frutta 191
Mela-albicocca 96
Mela-albicocca-pesca 96
Mela alle spezie 192
Mela-arancia 96
Mela-carota succo base 192
Mela-ciliegie 96
Mela-frutti di bosco 96
Melagrana-mirtillo 99
Mela-kiwi 96
Mela-menta 96
Mela meraviglia 193
Mela-mirtillo acidulo 193
Mela-papaia 96
Mela-pera-zenzero 96
Mela-pesca 96
Mela-pompelmo 97
Mela-uva-limone 97
Melone-anguria 101
Mix di agrumi e finocchio 193
Mucca viola 194
Papaia-ananas 102
Papaia-pera 102
Patata messicana-carota-mela 194
Peperone-pomodoro 159
Pera-prugna 104
Pesca-pera 106
Pompelmo-ananas 108
Pompelmo-arancia 108
Pompelmo-papaia 109
Potente bevanda di Braccio di Ferro 194
Potere del potassio 195
Potere immunitario della frutta 195
Potere immunitario vegetariano 196
Potere immunitario vegetariano estremo 196
Prezzemolo-pomodoro 164
Prezzemolo-spinaci-pomodoro 164
Pugno di potassio 197
Regolatore intestinale 197
Salto di zenzero 197
Salto di zenzero più 198
Schiuma di menta 198
Sedano-cavolo 168
Sedano-cetriolo-cavolo riccio 168
Sedano-cetriolo-prezzemolo 169
Sedano-cetriolo-prezzemolo-spinaci 169
Sedano-cetriolo 168
Sferzata di pomodoro 198
Smoothie banana-melone 77
Sorpresa di Crucifere 199
Sorpresa di Crucifere estrema 199
Spinaci-pomodoro 171
Stimolatore epatico 199
Succo verde 200
Succo verde per bambini 200
Super-pomodoro 200
Tonico abbassa colesterolo 201
Tonico epatico 202
Tonico epatico più 202
Tonico per la pancia 202
Tris di frutti di bosco 85
Trito di cranberry 203
Uccidete il freddo 203
Un aiuto arancione 204
Uva-limone-ananas 112
Uva-pompelmo 112
Vai di verde 204
Vitamina U per l'ulcera 204

Indice degli ingredienti

A

aglio 196, 201
albicocca 70, 96, 179
ananas 80, 85, 93, 102, 108, 112, 179, 183, 184, 185, 186, 190, 195, 204
anguria 101
arancia 70, 75, 85, 87, 93, 96, 108, 179, 184, 186, 189, 194, 195, 197, 203, 204
asparago 120

B

banana 77, 184, 197
barbabietola 123, 124, 181, 182, 185, 187, 191, 192, 200, 202
bietola 200
broccolo 126, 180, 183, 187, 199

C

cannella 192
carota 120, 123, 124, 126, 129, 130, 133, 137, 181, 182, 183, 185, 187, 188, 191, 193, 194, 195, 196, 197, 198, 199, 201, 202
cavolfiore 129
cavolini di Bruxelles 133
cavolo 137, 168, 182, 199, 200
cavolo riccio 129, 168, 187, 194, 199, 200, 204
cavolo rosso 194
cetriolo 129, 140, 168, 169, 180, 182, 183, 188, 190, 201, 204
ciliegia 80, 96, 180, 189, 192
cipolla 129
coriandolo 181
cranberry 82, 203
crescione 140
curcuma 184, 200, 202

D

daikon 130, 179, 181, 184, 186, 187, 188, 196, 198, 199, 200, 202

E

erba di grano 130, 181, 200, 204

F

finocchio 130, 186, 194, 203
fragola 85, 96, 188, 190, 192, 195, 200
frutti di bosco 85, 96, 188

K

kiwi 87, 96, 183, 184, 186, 198

L

lampone 96, 182, 188
lattuga 130
lime 193
limone 97, 112, 189, 193, 200, 203

M

mango 93, 179
mela 80, 85, 96, 124, 180, 181, 183, 186, 187, 188, 192, 193, 194, 196, 197, 198, 199, 200, 201, 202, 203
melagrana 99, 188, 192
mela verde 189, 191, 198
melone 77, 101, 190
menta 96, 183, 184, 188, 193, 198, 203
mirtillo 96, 99, 184, 188, 190, 193
mora 85, 188

P

papaia 75, 87, 93, 96, 102, 109, 184, 186, 197
patata dolce 124, 130, 191
patata messicana 130, 187, 194
peperone 123, 130, 159, 179, 180, 181, 182, 183, 190, 194, 198, 201, 204
pera 70, 80, 82, 85, 93, 96, 102, 104, 106, 187, 188, 197, 200
pesca 75, 80, 96, 106, 197
pomodoro 140, 159, 164, 171, 179, 180, 183, 190, 195, 198, 201, 204
pompelmo 97, 108, 109, 112, 182, 194
porro 130
prezzemolo 124, 126, 129, 130, 137, 140, 164, 169, 180, 181, 182, 185, 187, 188, 190, 194, 195, 196, 200, 201, 204
prugna 104, 197

R

rapa 130
ravanello 130, 183, 187, 200, 201

S

sedano 120, 124, 126, 130, 137, 168, 169, 179, 180, 181, 183, 184, 186, 187, 188, 189, 190, 191, 193, 195, 200, 201, 204
spinacio 124, 130, 133, 164, 169, 171, 183, 195, 200, 201, 204

T

tarassaco 130, 187, 188, 202
topinambur 130, 196

U

uva 97, 112, 189, 193

V

verza 204

Z

zenzero 96, 179, 183, 184, 185, 186, 187, 189, 190, 192, 196, 197, 198, 200, 201, 202, 203

Indice analitico

I numeri in grassetto si riferiscono alle schede in cui l'argomento è trattato in modo approfondito.

A

Abitudini alimentari 11
Acidi biliari 271
Acidi fenolici 141
Acidi grassi 209, 271
Acidi grassi essenziali 34
Acidi grassi insaturi 34
Acidi grassi monoinsaturi 34
Acidi grassi saturi 34
Acidi grassi trans 34
Acido arachidonico 209
Acido clorogenico 109
Acido ellagico 18, 84, 94, 95, 97, 98
Acido folico 87, 119, 151, 158, 159, 167
Acido gamma-aminobutirico (GABA) 213
Acido ippurico 81
Acido linolenico 34
Acido pantotenico 159
Acidosi 91
Acido urico 78, 167
Acne **211**
Acqua 24
Additivi alimentari 12, 20, 228, 229
Adenosina 99
Adrenalina 269
Afte **211**
Aglio **116**, 210
AIDS 152
Albicocca **68**
Alcol 207, 271, 283
Alcol perillyl 60, 78
Alfa-carotene 50
Algina 249
Allergeni 225
Allergie 54, 58, 101, 218
Allicina 118
Alliinasi 141
Alzheimer 93, 167
American Cancer Society 15, 35, 45
American Heart Association 35
Amidi vedi carboidrati complessi
Analisi dei capelli 231
Ananas 48, 49, **70**, 209, 273
Anemia 91, **211**
Angina **212**
Anguria **72**
Anidride solforosa 69
Ansia **212**
Antiacidi, farmaci 207
Antiossidanti 13, 15
Antocianidine 55, 58, 78, 83, 97
Apprendimento, difficoltà di 167, 229
Arancia **73**
Arginina 28
Artrite 58, 208, **213**
Artrite reumatoide 55, 175, 208, 209, **213**
Asma 58, 93, 94, 117, 142, 209, **214**
Asparagina 119
Asparago **119**
Astaxantina 49
Aterosclerosi 58, 97, 111, 142, 143, **214**
Attività antivirale 17

B

Bambini e bevande analcoliche 282
Bambini e pesticidi 66
Bambini e succhi 280
Banana **75**
Barbabietola **120**
Beta-carotene 14, 49, 50, 51, 52, 54, 77, 127, 129, 158, 159, 277, 278
Beta-zeacarotene 50
Betaina 120
Bevande analcoliche 282
Bile 165, 172, 199, 202, 215
Bioflavonoidi 55

Biotina 159
Boro 41, 77, 131, 285, 286
Broccolo **124**
Bromelina 48, 49, 71, 175
Bronchite **215**

C

Caffè 207, 233, 283
Calcio 41, 120, 134, 138, 224, 281, 282, 283, 284, 285
Calcoli biliari 88, **215**
Calcoli renali 81, **215**, 281
Cancro 15, 45, 50, 51, 52, 54, 55, 65, 74, 78, 81, 84, 90, 91, 93, 94, 97, 101, 105, 107, 120, 125, 127, 134, 138, 142, 144, 146, 153, 159, 165, 167, 169, 170, 230, 272
Cancro ai polmoni 127
Cancro al colon 78, 120
Cancro alla cistifellea 91
Cancro alla prostata 52, 54, 58, 153, 160
Cancro allo stomaco 121
Cancro al pancreas 66
Cancro al seno 66, 79, 107, 124, 127, 134, 170
Cancro e succhi 272–274
Candidiasi 68
Candidosi 117
Cantaxantina 50
Capsantina 50
Carboidrati 30–33, 280
Carboidrati complessi 30, 245
Carenze nutrizionali 269–270
Carico glicemico 30–33, 300–309
Carminativi 149, 175, 202
Carota **126**, 278
Carotene provitamina A 37, 49
Caroteni 15, 49–54, 90, 94, 101, 105, 109, 127, 129, 138, 155, 156, 158, 159, 163, 277
Carotenodermia 54, 129, 278
Carotenoidi 46, 49
Carotenoidi provitamina A 126
Cataratta 54, 84, 159, **216**
Catecolo ossidasi 91
Cavolfiore **131**
Cavolini di Bruxelles **132**
Cavolo **134**, 206, 207
Cavolo laciniato vedi cavolo riccio
Cavolo riccio **137**
Centrifughe 63
Cereali 245–246
Cetriolo **139**
Charantina 152
Chemioterapia 267, 272, 274
Ciliegia **77**
Cima di rapa vedi cavolo riccio
Cimicifuga racemosa 223
Cinetosi 175
5-idrossitriptofano 220 Cipolla **141**
Clordano 66
Clorofilla 15, 59–60, 138, 151, 163
Coenzima Q_{10} 212
Colesterolo 34, 35, 74, 76, 94, 103, 107, 111, 116, 117, 143, 158, 161, 167, **214**, 245, 271
Colina 235
Colite ulcerosa **221**
Collagene 55, 58
Colore di frutta e verdura 15–16
Composizione corporea 248, 250
Composti solforati 46
Conservazione dei succhi 21
Cortisolo 269
Cottura 20, 22, 114, 121
Crampi muscolari 91
Cranberry o mirtillo rosso americano **80**
Criptoxantina 50
Crocetina 50
Cromo 151
Crucifere 45
Crudismo 22
Crusca di avena 225, 226
Cumarine 46, 149, 167
Curcuma **143**, 210, 273
Curcumina 210

D

D-limonene 60, 88, 107, 273, 313
Daikon **145**
DDE (dichlorodiphenyltrichloroethylene) 66
DDT (dichlorodiphenyltrichloroethane) 66
Degenerazione maculare 52, 54, 84, 105, 107, 159, **216**
Densità ossea 282, 283
Department of Agriculture 23
Department of Health and Human Services 23
Detossificazione 14, 228, 235, 236

DGL (liquirizia deglicirrizinata) 207, 211, 226
Diabete (tipo 2) **216**
Diabete 31, 58, 68, 91, 117, 141, 142, 147, 152, 173, 280
Diagnosi di tossicità 231
Diarrea 91, 101, **217**
Dieldrin 66
Dieta e malattia 14
Dieta mediterranea 35
Dieta per il dimagrimento 252–265
Dieta vegana 283
Dieta vegetariana 41, 209, 214, 218, 281, 283
Difenilamina 95
Digestione processo 47
Digiuno 208, 228–236
Diindolimetano (DIM) 135
Dimagrimento 237–265
Dimagrimento, succhi per il 252
Dismenorrea (mestruazioni dolorose) **217**
Disolfuro di dialille 118
Disturbi digestivi **217**
Dithiolthione 46
Diuretici 43, 72, 119, 146, 165, 166, 171, 172, 187, 188
Dolcificanti 248
Dose giornaliera raccomandata 26

E

Ecchimosi **218**
Echinacea 224
Eczema (dermatite atopica) **218**
Ellagitannini 97
Ematocrito 106, 107
Emicrania 167
Emorroidi 84
Enfisema 286–287
Enzimi 14, 37, 47–54
Enzimi digestivi 47
Enzimi metabolici 47
Epatica, funzionalità 165, 172, 176, 192, 199, 202, 215, 231, 236, 245, 277
Epatite **218**
Equilibrio acido-base 26, 43, 291–299
Equilibrio sodio e potassio 42
Erbicidi 65
Escherichia coli 81
Esercizio fisico 213, 220, 224, 233, 237, 238, 241, 248, 269, 272, 283
Esperidina 74
Estratto di edera 215
Estratto di semi d'uva 218
Estrattori 62–65, 276
Estrogeni 41
European Food Safety Authority 95

F

Fagiolo asparago o stringa **147**
Fattori ambientali 14
Fenilalanina 28
Fenoli 45
Ferite cutanee 59
Ferro 91, 109, 120, 134, 138, 169, 212, 223
Fibre 17, 83, 103, 120, 230, 275
Finocchio **148**
Fitochimici 15, 45–60
Flavonoidi 15, 18, 46, 54–58, 58, 74, 78, 81, 83, 87, 90, 101, 105, 106, 109, 111, 141, 169
Folati 101
Foruncoli **219**
Fosforo 133
Fragola vedi frutti di bosco
Frullatore 276
Frutta 244
Frutti di bosco **82**
Ftalidi 46
Fumo 13, 94, 144, 207, 283, 286–287
Funzioni cellulari 39–41

G

Gamma-carotene 50
Gastrointestinali, disturbi 117, 175, 207
Germanio 118
Germogli 288–289
Glaucoma 84, **219**
Glicemia 31, 32, 141, 147, 152, 173, 239, 249, 251, 280
Glicogeno 43
Globuli bianchi 58, 121, 129, 267, 269, 270
Globuli rossi 59, 106
Glucarati 107
Glucomannano 249
Glucosamina-solfato 213
Glucosinolati 45, 46, 118, 134, 135
Glutatione 19, 20, 95
Glutatione-S-transferasi 107, 121

Glutatione perossidasi 121
Goitrogeni 135, 136
Gomma di guar 226
Gotta 58, 68, 78, 167, **219**
Gozzo 288–289
Grassi 34–37, 247

H

Health Canada 17
Helicobacter pylori 125
Herpes simplex 153

I

Ictus 58, 76, 122, 158
Idrocarburi policiclici aromatici 95
Idrolasi 47
Igname **155**
Immunodepressione 268
Indice glicemico 30–33, 300–309
Indoli 45, 46
Indolo 3-carbinolo (I3C) 134
Infezione alla vescica (cistite) **220**
Infezioni 91, 117
Infezioni del tratto urinario 80–81
Infezioni virali 97
Insonnia **220**
Insulina 34, 141, 142, 152, 271
Integratori 47, 52, 53, 278, 279
Inulina 173
Invecchiamento 51, 93, 144
Iodio 136, 222, 288–289
Iperplasia prostatica benigna (Ipb) **220**
Ipertensione 21–22, 42, 97, 116, **221**
Ipoglicemia 68, **221**
Isoleucina 28
Isoquercitrina 78
Isotiocianati 45, 46, 136
Istamina 58
Istidina 28

K

Kiwi **86**

L

L-teanina 220
Lampone vedi frutti di bosco **87**
Lattasi 91
Lattuga **150**
Legumi 245
Leucemia 66, 153
Licopene 49, 52, 53, 54, 69, 107, 158, 159, 160
Lime **87**
Limone **88**
Limonene 87
Limonoidi 46
Linfociti T 268
Linfomi 66
Lisina 28, 154
Livello energetico 48
Luteina 49, 50, 52, 53, 69, 86, 169, 216

M

Magneferina 91
Magnesio 76, 91, 212, 216, 222
Malattia di Crohn **221**
Malattia parodontale (piorrea) **222**
Malattie autoimmuni 230
Malattie cardiache 45, 52, 54, 55, 76, 81, 94, 99, 101, 105, 106, 107, 116, 117, 158, 159
Malattie cardiovascolari 54, 93, 127
Malattie cerebrali 83
Malattie coronariche 78
Mal di testa **222**
Mandarino vedi arancia
Manganese 71, 151
Mango **90**
MAP 30 153
Mastopatia fibrocistica **222**
Mela **93**
Melagrana **97**
Melatonina 220
Melone **99**
Melone amaro **152**
Membrana cellulare 34, 43, 270
Menopausa (vedi anche osteoporosi) 109, 149, **223**
Menorragia (sanguinamento mestruale abbondante) **223**
Metabolismo 21, 173, 238, 239, 248, 252, 254
Metalli pesanti 228, 229, 231
Metionina 28, 235
Minerali 39–44
Mirtillo rosso americano vedi cranberry
Morbo di Alzheimer 13, 23, 83, 144, 167

Morbo di Parkinson 83

N

N-acetilcisteina 214, 215
Naringina 106
National Academy of Science 23
National Cancer Institute 23
National Health Institution 11
National Research Council 23
Nausea 175, **223**, 274
Nettarina vedi pesca **101**
Niacina 159
Nitriti 121
Nitrosammine 55, 121, 146

O

Obesità 21–22, 172, 237, 271
OCP 55
Oli 34–37
Oligomeri procianidolici 111
Olio di pesce 214, 217, 219, 224
Omega 3 35, 214, 219
Organizzazione Mondiale della Sanità 13
Ortaggi 242–243
Ossalati 281
Ossido nitrico 121
Osteocalcina 286
Osteoporosi **224**
Osteoporosi 39, 41, 133, 138, 281, 282, 283, 285, 286

P

P-polipeptide 152
Pane 245–246
Papaia **101**
Papaina 91, 101
Pastorizzazione 17
Patata **154**
Patata dolce **155**
Patata messicana **157**
PCB (policlorobifenili) 66
PCP (pentaclorofenolo) 66
Pectina 76, 77, 94, 103, 141, 217
Peperone **158**
Pera **103**
Perdita di peso 22
Pesca **104**
Pesticidi 65, 66, 128, 229, 230
PGX (PolyGlycopleX) 217, 221, 249–251
Pigmenti organici 49
Polifenoli 55, 97
Polline 54
Polmonite **215**
Pomodoro **159**
Pompa sodio-potassio 43
Pompelmo **106**
Porro **161**
Post-menopausa 41, 127, 281, 283, 286
Potassio 40–44, 75, 76, 77, 83, 87, 88, 90, 91, 101, 105, 109, 134, 138, 157, 165, 167, 221
Pressione sanguigna 21, 42, 44, 74, 76, 97, 117, 121, 122, 141, 167, 239
Prestazioni fisiche 122
Prezzemolo 59, **162**
Problemi cardiaci 91
Processi digestivi 17
Propoli 54
Prostaglandine 175
Proteine 25–29, 231, 283
Proteine animali 247
Provitamina A 51
Prugna **109**
Psillio 225, 226
Psoriasi **224**
Purina 219

Q

Quercetina 55, 58, 141
Quercitrina 78

R

Radicali liberi 13, 55, 58, 71, 83, 101, 144, 160, 267
Radioterapia 267, 272
Raffreddore **224**
Raffreddore da fieno **214**
Ravanello **164**
Retinite pigmentosa 84
Retinolo 91
Retinopatia diabetica 84
Riboflavina 119
Ritenzione idrica **225**

S

Saponine 141
Sedano **166**
Selenio 15, 118, 216
Semi di zucca 220
Senape indiana **169**
7 Day Total Nutritional Cleansing Program 235
Silice 139
Silimarina 218, 235
Sindrome dell'intestino irritabile **225**
Sindrome del tunnel carpale **225**
Sintetasi 47
Sistema immunitario 267–274
SlimStyles Weight Loss Drink Mix 252
Sodio 42, 43, 167, 225
Solfuro di allile propile (ADP) 141
Sonno 269
Sostanze chimiche tossiche 229–231
Sovrappeso 21–22
Spinacio **169**
Steroli 46, 141
Stipsi **226**
Stress 207, 269
Sulforafano 124, 125
Susina **109**

T

Tannini 97
Tarassaco **171**
Tea tree oil 219
Terpeni 60, 106
Tessuti epiteliali 50
Test del dosaggio ematico degli acidi biliari 231
Test dell'indicano urinario 231
Tiamina 158
Timo 267–268, 269
Tiocianati 46
Topinambur **173**
Tossine batteriche 230
3-butylphthalide-N (3NB) 167
Treonina 28
Trigliceridi 117, 271
Triptofano 28
Trisolfuro di dialille 118
Trombossani 175
Tumore vedi cancro

U

Ulcera peptica 76, 84, 93, 125, 135, 206, 207, **226**
Uva **111**
Uva ursina 220

V

Valina 28
Vene varicose 84, 111, **226**
Visione notturna 127
Vitamina A 49, 50, 91, 101, 120, 127, 129, 151, 171, 277
Vitamina B_1 151, 167
Vitamina B_2 151
Vitamina B_6 87, 158, 159, 167, 216, 223, 225
Vitamina B_{12} 212
Vitamina C 14, 15, 19, 20, 21, 37, 38, 39, 55, 74, 77, 87, 88, 90, 101, 119, 120, 134, 151, 158, 159, 165, 216, 218, 224
Vitamina D 41
Vitamina E 15, 101, 222
Vitamina K 37, 39, 151, 158, 159, 194, 285, 286
Vitamina K_1 41
Vitamina P 55
Vitamine 22, 37–39
Vitamine del gruppo B 39, 213
Vitamine idrosolubili 37
Vitamine liposolubili 37
Vomito gravidico **223**

X

Xantano 249

Z

Zeaxantina 50, 86
Zenzero **174**, 210, 273, 274
Zinco 211, 224
Zolfo 69
Zuccheri 43, 68, 270

Sommario

5 Prefazione alla nuova edizione
7 Prefazione alla prima edizione
9 Introduzione
11 Perché i succhi?
24 Che cosa c'è nei succhi? I nutrienti
45 Che cosa c'è nei succhi? I fitochimici
62 Per cominciare. Come spremere
68 Guida alla frutta da spremere
114 Guida agli ortaggi da spremere
177 Settanta favolose ricette di succhi
206 Il succo di frutta come farmaco
228 Digiunare con i succhi
237 Perdere peso con i succhi
267 La funzione immunitaria dei succhi e il paziente oncologico
275 FAQ sui succhi di frutta e verdura freschi

APPENDICE

291 Valori dei principali alimenti
310 Note
325 Indice dei succhi
327 Indice degli ingredienti
329 Indice analitico